全世界无产者，联合起来！

邓小平文集

（一九四九——一九七四年）

上卷

人民出版社

出 版 说 明

邓小平是伟大的马克思主义者，无产阶级革命家、政治家、军事家、外交家，中国社会主义改革开放和现代化建设的总设计师，邓小平理论的创立者。他最主要的著作已经编入《邓小平文选》第一至三卷，但还有大量的文稿没有编辑出版。其中新中国成立后至二十世纪七十年代中期的一批重要文稿，对于深入学习邓小平理论，了解其形成的历史渊源，具有重要价值。经中共中央批准，我们将这批重要文稿选编成《邓小平文集（一九四九——一九七四年）》出版。

这部《文集》分为三卷。上卷编入一九四九年十月至一九五二年八月上旬的文稿一百零六篇。中卷编入一九五二年八月中旬至一九五八年九月的文稿一百三十五篇。下卷编入一九五九年一月至一九七四年十一月的文稿一百六十五篇。大部分文稿是第一次公开发表。

编入《文集》的文稿，包括讲话、报告、谈话、文章、批语、书信、题词等。已公开发表过的，做了文字、标点、史实订正。第一次公开发表的，凡有手稿的按手稿刊用。对讲话、报告、谈话记录稿做了必要的文字整理。对有些文稿拟了题目。对文稿涉及的重要事件、人物、文献、地名等，做了简要的注释。

中共中央文献研究室

二〇一四年七月

目　　录

中华人民共和国建国日题词

（一九四九年十月一日）

永远铭记着：在过去长期艰难的岁月里，人民英雄们用了自己的鲜血，才换得了今天的胜利。

邓小平敬题

一九四九年建国日

工作重心转移的三个步骤*

（一九四九年十月二十七日）

党的七届二中全会决议明确指出，党今后的工作重心是由农村转移到城市。这个决议是完全正确的，如果没有这个转变，我们就要犯大错误。形势变了，党的任务变了，工作方针也要变，这是对的。但应该采取什么具体步骤去实现这个方针呢？几个月来我党在工作中有了一些经验。党的七届二中全会决议说先城市后农村，我们有些同志理解成为只要城市不要农村，以为只要城市工作搞起来了农村工作就可以跟着起来。大批干部拥挤在城市，在农村工作的同志也不愿在农村工作，重视城市而轻视农村。这就产生了封建的农村包围相对发达的城市的现象，农村不与城市合作，有些还封锁城市，粮食困难影响各种物价飞涨；票子不下乡，或者票子到乡下去买不到粮、棉、油，造成城市局部通货膨胀，粮煤不济，人心惶惶不安。很重要的原因是城市与农村没有配合，使城市孤立，增加了城市建设的困难，以致站不住脚。

我们贯彻党的七届二中全会工作重心转移的方针，应该采取三个步骤：

第一步，接管城乡。重点是接管好城市，但同时必须派

---

* 这是邓小平在西南服务团云南支队干部大会上报告第一部分的节录。

干部去农村，哪怕少些也有必要。派干部下乡，大体上可以把一般区乡抓到，使城乡同时接管。城市接管工作，这一步骤要一到两个月。这时立即在城市建立政权，搭好党政军民班子的架子。接管干部在质不在量，是起骨干作用的。原来移交我方的人员一概要用，全部留下，原职不动。政权机关则量才录用。我们可以只派少数干部做骨干，一定要起领导作用，要懂政策，懂得领导方法，善于团结人，发挥人家的积极性。派干部要注意宁缺毋滥，不称职的干部派去了反而坏事。

乡村干部数量上要多些，但也要有骨干。乡村接管一是要指望部队，指望干部，把党政军民班子架子搭起来。凡这样做的，工作就很顺利，否则部队过一下路就走，地方干部又未接上，则工作起来很困难，必然使地方工作受到很大损失。二是大胆利用保甲〔1〕。建立政权的干部只派到区为止，有的次要区甚至暂时不派。不要一去就下命令取消保甲，因为在群众未发动、下层无基础的地区，那是办不到的。再就是当前大军过境，支前任务重，要粮要物资，非供应不可，所以必须大胆利用保甲，大胆使用当地知识分子。可采取各级都办训练班的方法，训练三五天，最多一个礼拜左右，派出去当宣传员。他们情况熟悉，与地方有联系，可作为我们联系群众的桥梁。当然，这样做也有毛病，因为保甲是封建势力，知识分子中也有些是坏的。我们利用保甲不是依靠保甲，我们可以通过保甲筹粮。我们不要把自己耳朵封起来，把眼睛闭起来。我们可以召开农民代表会议来讨论合理负担，从中识别好坏分子，组成新的政权去代替保甲。使用知识分子也是这样，把工作表现积极、与群众有联系的提拔起来，不好的洗刷下去，不行的调去训练。

这一时期的工作主要是肃清残敌，一切为了这个任务。办法是对顽抗者坚决消灭，配合政治攻势瓦解。一般地讲，当顽敌被打垮后，当地反动武装最猖狂，所以在政权建立后，应立即以军事、政治攻势去肃清。对收编的部队决不能成建制收编，必须编散。此外是筹粮、筹款，保护公司、电讯、交通，安定人心，恢复秩序。

第二步，把工作重点放在农村，为时可能两三年。主要是剿匪、反霸、土地改革，直到完全消灭封建剥削。这样，农民的生产力和购买力才能提高，才能谈到国家工业化的发展。占全国人口百分之八十以上的农民的生产力和购买力不提高，是谈不上工业化的。这一时期，城市不要空谈发展，只求得恢复到原来水平，个别地方求得发展就算本事了。城市应该为农村服务。

第三步，农村经过土地改革之后，重点又回到城市，全面建设国家工业化。有了繁荣的农村就会有繁华的城市。

注　释

〔1〕保甲，指保甲制度，这是国民党政府实行统治的基层政治制度。一九三二年八月，蒋介石在河南、湖北、安徽三省颁布《各县编查保甲户口条例》，其中规定“保甲之编组以户为单位，户设户长，十户为甲，甲设甲长，十甲为保，保设保长”，实行各户互相监视和互相告发的联保连坐法，以及各项强迫劳役办法。一九三四年十一月七日，国民党政府正式决定在其所统治的各省市一律推行这种制度。

反对关门主义*

（一九四九年十月、十一月）

一

统一战线路线，大家都赞成，但遇到具体问题，特别是组织问题，就发生很大抵触，就要挡驾，喜欢“清一色”。毛主席对陈毅、刘晓〔1〕说，上海一般工作做得好，但在对待旧人员问题上，迟迟不召开代表会议，接管中“清一色”。这些问题上做得不好，要提到思想上、策略上来检讨。这些问题之所以处理得不好，就是觉得他们讨厌，感到共事麻烦，原因是不懂得他们。党外人士的作用不是我们党员能够代替的。毛主席到车站去接程潜〔2〕影响很大。我们的《共同纲领》〔3〕拿到政协会议上去通过，就有了全国代表性，就有了广泛的代表性。这次政协会议，大家都满意。资产阶级今天对反封建、反帝国主义没有问题，能够跟上来，就是对社会主义还有问题。这问题要主动讲、多讲，现在中央每月召集各党派中央机关干部开一次会，由负责同志去作报告。中央要各地也照这样每月开一次会，作一次报告，党内、党外不要分开。这样做，就

---

* 这是邓小平两次讲话的摘要。

可以把党员和进步分子武装起来，把中间分子争取过来。

（一九四九年十月底在中共中央华中局会议上讲话的摘要）

二

现在党内普遍存在着一种严重的思想问题，就是不懂得统一战线的重要性。今天的胜利之所以迅速的原因之一，就是我们的统一战线工作搞得好，正确地执行了统一战线政策，使中立者和右派大多数站在我们方面来，瓦解了敌人，分散了敌人，孤立了敌人。党内存在不重视统一战线的思想，毛主席认为有三个基本原因：（一）认为吃亏；（二）不想管饭；（三）怕麻烦。我们要反对关门主义，做吃亏的人、管饭的人、不怕麻烦的人。我们能够这样做，保证条件在哪里呢？一有四百万党员，二有四百万军队，三有四万万人民，四有一个苏联。有了这四个保证条件，全国大团结，革命就会胜利，任何人也反抗不了。各级领导机关要把统战对象安置好，每一个共产党员要转变不正确的认识，才能贯彻好毛主席的统一战线思想。

（一九四九年十一月六日在西南服务团部分团员参加的大会上讲话的摘要）

注　释

〔1〕陈毅，当时任中共中央华东局第二书记兼上海市委第二书记、上海市市长。刘晓，当时任中共中央华东局组织部部长、上海市委第三书记。

〔2〕程潜，原任国民党长沙绥靖公署主任兼湖南省主席。一九四九年八月

率部起义。当时任中央人民政府委员会委员、湖南省人民军政委员会主任。

〔3〕《共同纲领》，即《中国人民政治协商会议共同纲领》，一九四九年九月二十九日由中国人民政治协商会议第一届全体会议通过。一九五四年九月《中华人民共和国宪法》颁布以前，它起了临时宪法的作用。

发展生产，繁荣经济*

（一九四九年十二月十八日）

今天这个座谈会证明，工商业界对于人民政府采取了拥护的态度，同时对政府提出了许多希望和要求，工商业界的困难是确实的，这些要求也是合理的。应当看到，这些困难都是能够克服的，但不是一下子都能克服的，而且只有在照顾各方面的基础上，制定方方面面的政策，采取正确可行的办法，才能逐渐地予以克服。政府只能在政策上给予各方面以一切可能的协助，但主要还靠工商业界自己多想办法。如果希望超出了政府力所能及的范围，即可能产生失望的结果。希望大家同人民政府通力合作，共同想办法克服困难，为发展生产，繁荣经济，建设新中国的共同事业而努力。

---

* 这是邓小平在重庆市军管会、市委、市政府召开的全市工商界座谈会上讲话的摘要。

第二野战军感谢电*

（一九五〇年一月一日）

中共中央华北局、华东局、华中局、西北局并转全区党政民同志们，一野、三野、四野全体指战员同志们：

继重庆、贵阳解放之后，云南、川、康[1]国民党军在全国胜利和我军强大攻势下，相继宣布起义脱离国民党反动营垒，转到人民方面来。由陕甘退集于成都周围的胡宗南[2]部，也在我一野、四野和二野三大兄弟部队的联合进攻下，或宣布起义，或放下武器，或迅速遭到歼灭，截至十二月二十七日已告全军覆灭。至此，整个西南，除西昌贺国光[3]部及滇南李弥、余程万[4]部还在暂时徘徊一隅之外，业已全部获得解放。值此西南七千万人民欢庆解放之际，我们特向你们致诚挚的感谢和兄弟的敬礼。

我们二野是在华北生长起来的一支队伍。多年以来，一直是在华北党、政府和人民的抚育下，而逐步壮大坚强起来的。华北人民的子弟一直是这个部队的骨干和核心。我们深感自己没有辱没华北人民子弟兵的光荣的称号。这除了由于在毛主席、朱总司令的英明领导下完成任务之外，同时也由于华北人民给了我们以经常的支援、督促和鼓励。因此，我

---

* 这封电报是邓小平起草的。

们应该向华北尤其是原晋冀鲁豫区的同志们致诚挚的感谢和兄弟的敬礼。

我们从解放战争第一天起，就同三野兄弟们一直亲密和谐地并肩战斗着，从淮海战役起就在华东区同华东人民一块奋斗着。在此期间，华东区的党、政府、人民和三野兄弟们，给了我们以热情的帮助和鼓舞，在待遇上往往超过三野的标准和财政的可能。当我们准备向西南进军的时候，在你们的帮助下，我们没有感到丝毫物质的困难，而在兵员和干部的补充上，更使我们增强了进军西南的信心。一直到现在，我们还在你们的财政援助下，减少了不少的困难。因此，我们应该向华东区和三野的同志们致诚挚的感谢和兄弟的敬礼。

我们在向西南的进军中，几乎通过了华中的全部地区，在四野兄弟们和华中党、政和人民的殷勤招待下，使我们没有遇到任何的困难。党政机关支前工作的周到，沿途人民的欢迎和鼓励，四野兄弟部队的谦逊的态度、友爱的精神和模范的纪律，都深深地感动了我们每一个人。我们知道四野部队很苦，而对二野部队则超过了可能的款待，这也使我们感到一些不安。而在整个西南进军中，两个野战军的配合作战也是很好的。二野四兵团在林彪〔5〕同志的模范指挥下，获得了新的胜利和新的锻炼。四野的四十七军、五十军、四十二军，鄂独一、二师及工兵部队，在协同入川入黔的作战中，表现了吃苦耐劳、英勇奋斗和守纪律的模范。因此，我们应该向华中区和四野的同志们致诚挚的谢意和兄弟的敬礼，向四野入川作战部队指战员同志们致慰问与感谢之忱。

西南战役之能如此迅速地完成，尤其是西南敌人主力胡宗南部之能如此迅速地被歼灭，其主要原因之一，是一野十八兵团在贺龙〔6〕同志率领下前进的神速。此次西北党、政、人民和一野弟兄们在协助西南解放和干部的援助上，尽了极大的努力。因此，我们应该向西北区及一野的同志们致诚挚的感谢和兄弟的敬礼，向十八兵团同志们致热烈的祝贺。

亲爱的同志们！西南局面打开了，但是在继续胜利的前进道路上，我们的困难还很多，我们应当虚心地学习全国先进区的经验，来巩固和发展我们的胜利。

同志们！在毛主席的旗帜下共同努力吧！敬祝你们新年健康！

刘伯承〔7〕、邓小平、张际春、李达〔8〕

率第二野战军全体同志叩

一九五〇年元旦日

注　释

〔1〕康，指西康，旧省名，辖今四川省西部地区和西藏自治区东部地区。一九五〇年十月后，仅辖今四川省西部地区。一九五五年撤销。

〔2〕胡宗南，一九四九年十一月时任国民党军川陕甘边区绥靖公署主任，十二月被任命为国民党军西南军政长官公署副长官兼参谋长。

〔3〕贺国光，当时任国民党军西南军政长官公署副长官、西昌警备司令部司令。

〔4〕李弥，原任国民党军第十三兵团司令官兼第八军军长，一九四九年十二月九日国民党云南省主席兼云南绥靖公署主任卢汉发动云南起义时被扣留。余程万，原任国民党军第二十六军军长兼滇东南“剿匪”指挥官，云南起义时曾被卢汉扣留。李、余两人被卢汉释放后，又率部进攻昆明被击溃。

〔5〕林彪，当时任中共中央华中局第一书记、中南军政委员会主席、中国人民解放军第四野战军司令员兼华中军区司令员。

〔6〕贺龙，当时任中共中央西南局第三书记、中国人民解放军西南军区司令员、川西北临时军政委员会主任。

〔7〕刘伯承，当时任中国人民解放军第二野战军司令员。

〔8〕张际春、李达，当时分别任中国人民解放军第二野战军副政治委员兼政治部主任、参谋长。

在重庆市军管会第一次接管干部代表会议上的讲话

（一九五〇年一月四日）

今天是接管干部代表会议。这种会议以前开得很少，今后应该多开，哪怕时间很短，只讲一两个问题，特别是牵涉到思想方面的问题，也是很必要的。

第一，关于群众路线、群众观点的问题。

接管财经部门的同志接触这个问题最多。一谈到薪水或工资问题，有些同志便力争要多为工人增加工资，似乎很有群众观点，很走群众路线，显得很革命。而市委和西南局则强调财政困难。如此上下不一致，就会发生很多问题。中央号召工人年终不领奖金、双薪，而国民党时期，领年终奖金和双薪却是惯例。是不是国民党讲工人利益，共产党反而不讲工人利益呢？事实显然不是那样。问题在于怎样做才是符合工人利益的。

今天摆在我们面前的首要任务是巩固人民政权，否则就不符合工人阶级的利益。在目前全国经济处于严重困难的情况下，如果我们不忍受暂时的困难，我们就不能巩固政权。巩固政权有很多方面，如肃清特务、土匪及反革命分子等等。但任何政权巩固的基础都在于经济的稳定。今天，为了巩固人民政权，农民在忍受困难，工人阶级和其他阶级也要忍受这个困难。从解决经济问题本身来说，也有一个目前利益和长远利益之分。如果我们只讲眼前利益，要工人有饭吃还要吃得好是可以的，但为时很短。因为工人要多得工资，资本家拿不出来就要关工厂的大门，这就不符合工人阶级的长远利益了。如果由于我们过左的行动，影响工厂生产甚至导致工厂关门，那么，我们共产党所做的是有利于工人呢？还是有害于工人呢？

从总的方面说，目前的日子人人都不好过，资产阶级也是一样。因此，我们应该从全盘来考虑问题。工人需要钱，钱从国家拿，从人民身上拿，主要的还是从农民身上拿，但这种收入并不多。我们的财政开支，目前主要的是靠发票子。但是，如果票子发得过多，赤字增大，物价一定上涨，到头来还是人民吃亏，这当然不符合人民利益。

在现有条件下，我们收入很少有盈余的可能，即使有盈余应该放到哪里去呢？是不是都拿去分给工人呢？当然不是。我们应该把盈余放在发展生产方面，放在积累资本上面，用来繁荣经济，增大我们的工业比重，使国家迅速发展成为工业国，迅速进入社会主义阶段，这样才叫符合工人阶级的长远利益。作为工人阶级，必须要有省吃俭用、渡过困难、发展生产的思想，这才是有前途的思想。但很多同志却不这样看问题。如给工人一开始就发了一万元[1]的补助费，过年又发了三万元、四万元不等。即便如此，我们同志还是纷纷反映发得太少，其实这是不了解目前我们经济的全面情况。还有的同志这样讲："发多了，就算了；发少了，就照补。"这种思想是农民小资产阶级的思想，是农业社会主义即分散的个体农业经济的思想，而不是走向社会主义的经济的思想，是后退而不是前进的思想。十月革命成功后，列宁曾经号召共产党人要学会做生意，学会赚钱，为国家积累资本。目前我们要积累资本，节约一斤铁、一个人力，就是替国家多积累一分资本。我们这样做，不同于资产阶级的剥削和克扣，而是站在无产阶级的立场、社会主义的立场，来确定应给的就得给、不应给的就不能给的原则，这完全符合我们的阶级利益。我们不能再像以前那样拆房子分砖，那是没有前途的，如果现在还要这样做，我们就将成为一个没落的阶级。

目前，我们的日子不好过，所以我们一定要注意节约。不要以为全国胜利了，我们就可以坐着享福了。要知道我们的地盘愈大，负担也就愈大。从整体的、长远的利益来说，地盘扩大是好事，但在短时期内解放一个城市，就使我们背上一个大包袱。大家应该明白一下大局，现在整个西南要我们养活的人，国民党旧人员有四十多万，国民党军队有六七十万，还有大批学生要我们帮助找出路，向我们要饭吃，我们都要养活他们。毛主席说："宜集不宜散，宜养不宜赶。"就是要养，我们连罗广文〔2〕等人都要养。再说工厂的机器，这里哪怕是三等的最坏的却是山西太原头等的最好的。但我们目前还是开不了工，一开工就要开支，这是一个庞大的数字。目前单维持一个钢铁厂每个月就需要六亿元，开工的话还得再加上二十亿元。因此，今天来说很好的东西，也都可能成为我们很大的一个包袱！

在重庆，党、政、军、民加在一起有一百来万。我们一定要节约，即使我们有钱也得这样做，因为钞票不能多发。全体同志必须准备在一两年内不要想过好日子。去年的灾害很重，今年要发生粮荒，西南还负有支援别的地区的责任。我们不但要养活自己，而且要养活别人。而我们的干部很少，摊子还没有摆开，工作还没有下乡，今后的困难是很大的。从全国财政来说，占领西南就是增加一分困难。例如，西南缺棉花就要从上海运过来，今年的夏衣，就是由上海为我们做了两百万套。我们得靠中央及上海、华东来帮助我们。

我们应该检查一下，用水电、住房子有没有浪费？用纸浪费了没有？我们只有从各个方面提倡节约，才有前途，才是社会主义思想。

第二，关于在工厂及其他部门依靠谁的问题。

我们在接管工作上当然还有些不很妥善的地方，但总算完成了，乱子也出得很少。这是因为我们有了上海、南京、济南、西安等大城市接管的经验。我常听到同志们说人少，这是事实。因为麻雀虽小，肝胆俱全，各种摊子都要摆开来，干部确实太少，而且工作条件也差些。因此，我们要依靠当地原来的人，在他们身上扎下根打基础。如果这个方针明确，把握得好，干部问题在三年内就可以解决。

在农村，从工作的第一天起就要开农民代表会，办训练班。在城市，我们要依靠原来的人员。目前不要因为他们思想不对头，就认为毫无用处。经过半年后，我们可以加以审核。最近一个工程师设计修建成渝铁路，照他的计算两年内这条路可以建成，但是需要一万亿元。一万亿元就要整个西南的部队与干部一年半不吃饭，这是不切实际的。然而他们有技术，对我们的事业有用，只要换脑筋就行了。在中国，工业愈发展，技术人员就愈缺乏、愈宝贵。最近三兵团十一军、十二军在这里招生，把有些学校招垮了，这是不好的。

我们一定要确信原来的人比我们行，相信他们可以改造。同时，我们也要知道目前他们还不行，他们的思想不对头，要帮助他们，对他们多做工作。这是行与不行的两个方面，丢掉任何一方面都是错误的。依靠他们，团结他们，我们的军事代表就要多做工作。毛主席为了做傅作义[3]的工作，曾与他做过七次谈话。开始傅作义想走，后来不但没走，还做了水利部长。我们要依靠原来的人员，团结他们，改造他们，以便为国家所用。当然，在某些部门，如贸易部就必须自己搭架子，否则会出毛病的。前一阶段，北京决定提高盐税，结果走漏了消息，商人们在法令公布以前拼命收购囤积食盐，以致影响了国家财政收入。汉口提高纱价时，也遇到同样的情形。因此，我们对原有旧人员，一方面要依靠他们，团结他们；另一方面要提高我们的警觉，教育他们，改造他们。

我们更需要依靠的是工人阶级。要依靠工人群众揭发贪污分子、特务。没有工人群众，我们的工作是做不好的。如果我们不去依靠工人阶级，那就是一个根本的思想问题。对于工人，我们要团结他们，教育他们。工人群众对我们的军事代表反映不一，有好有坏。有一个军事代表，到工厂后便同工人们一道吃饭，工人们觉得共产党就是与国民党不同，是自己的亲人，十分高兴，这是好的。而另一个军事代表，工人去看他，要和他说话他却推掉，说是事忙没有工夫，一转身却去与厂长一道喝酒，这就是不好的。

作为一个共产党员，应该做到谦虚谨慎，不要“吹”。能做到十分只说五六分。现在我们说话必须慎重，任务完成了还得说“尚待检讨”。例如，一个军事代表在发言时透露了修筑成渝铁路的计划这件事，于是报纸为我们写社论加以赞扬。如果我们现在做不到，人家会不会说我们共产党和国民党一样放空炮呢？有一个资本家为了劳资纠纷问题请示我们，军事代表说“值得考虑”，于是资本家便凭这四个字来向我们进攻了。有些军事代表怕麻烦，不去做工作。比如有的资本家向他说：“我们困难呀！”军事代表不去分析各种情况，就说“我很同情你们”，这就不是慎重的态度。另外，我们还要小心人家“拍”。拍就是拍马屁，你一定要警惕。

我们每一句话都要踏踏实实，懂得十分只能说五六分，不要怕人家说你不懂，因为人家会看得出来的。你说你是土包子，人家还要看看你是不是土包子呢！毛主席说，老实这是主动。切不要不知以为知。你不懂，但只要你善于团结、争取，还可虚心学习；反之，你吹，结果牛皮吹破了，群众就要脱离你。要领导就要老老实实，这样人家才佩服你。共产党员就要老实，这是毛主席教育我们的。不这样就要处于被动。有一个纱厂，在国民党统治时设两道门岗检查，防止工人偷纱。解放后我们取消了一道门岗，而偷纱的工人却比以前少了。有一次，一个工人偷纱出去，军事代表知道这回事却不声张，而与他个别谈话，结果不但说服了偷纱工人，而且感动了其他工人，这就起了很大的教育作用。总之，军事代表必须区别什么是主动什么是被动，什么是轻什么是重，什么是暂时的利益什么是长远的利益。

第三，关于工资问题。

工资问题是一个很重要、很困难的问题，因为国家财政也很困难。重庆兵工厂有三万二千人，加上其他公营企业工人共有六万人。如果不开工，一年的维持费要一百亿元左右。如果开工，再加上各机关的人员要四百亿元。这是一笔很大的开支，所以我们要很慎重地解决这个问题。

这里有三个原则：第一是要大家暂时勉强维持，因此我们发薪资，只能低于或者相同于过去，不能高于过去的薪资。第二是国营企业的工资不能高于私营企业，只能低于或相同于私营企业的工资。生产条件特别优异者例外。不然，私营企业一定要发生劳资纠纷，如果资本家负担不起，工厂要关门，工人就要失业。第三是此地工资不能高于外地，只能低于或相同于外地的工资。

军事代表一定要掌握这三个原则来确定工资。至于计算的标准，要按照折实单位〔4〕来计算。教授薪水此地最高为八百斤米，比较低，可以按实际情况核加一点。教授们的兼课兼薪的问题，原则上尽量不兼，要兼也得经过批准，确定兼职时间，发给车马费和适当的劳动报酬。

第四，关于改造起义部队和警惕特务、帮会问题。

从总的方面说，西南解放了，战争结束了，但真正艰苦的斗争还在后头。这次进军西南，我们消灭了敌人六十万，但其中俘虏并不多，大都是起义的。这好不好呢？好。从乡下安宁、没有土匪的角度去看，分散他们不如集中他们。我们是反对封建主义的，而这些军队起义前却是拿着武器的封建势力。因此，我们必须对他们明白表示，要改编他们的武装，进行土地改革，他们可以从事劳动生产，这对社会主义前途有好处。但是不管经不经过减租减息，我们在坚持土地改革过程中，每一步都是打击他们的，因此每一步都要进行斗争。

西南解放战争有一个特点，就是我们没有把敌人的力量打碎，所以，社会秩序很快地安定了。但同志们要明白，最大、最艰苦的斗争还在后面。从反恶霸到土改，都有一系列的困难。在这些斗争中，必然会比这次解放西南战役的困难要大、要残酷得多。如果我们依靠群众，发动群众，事情要好办些，不然则更困难。在西南，特务一方面用“起义”旗帜作掩护，一方面又做了长期的计划准备潜伏下来。特务分散隐藏在很多角落里，甚至会钻到我们阵营里从事破坏活动，我们的干部必须警惕。所以，今后农村反封建斗争与改造起义军队是很重要的，同时这两个问题应该联系起来不要分开。

巩固政权需要完成土地改革，土地改革是我们的主要任务。因此，在城市工作一个时期以后，大批干部就得调到乡下去工作。发展生产，繁荣经济，基本条件就在于土改，所以得合理安排。剿匪反霸到土改，才是我们今后真正的战争。

帮会问题，不要把它作为一个正式问题提出来。对于他们有四个字，就是置之不理。刘司令员〔5〕说，帮会是“提起千斤，放下四两”，置之不理也就没有事。帮会问题是一个群众问题，将来土改完成，这个问题也就随之解决了。

总结我今天讲话的内容就是：这个阶段的困难还很多，真正的斗争在后面。

注　释

〔1〕这里指旧人民币。一九五五年三月一日起中国人民银行在全国发行新人民币，新人民币一元等于旧人民币一万元。

〔2〕罗广文，原任国民党军第十五兵团司令官兼第一〇八军军长，一九四

九年十二月二十四日在四川率部起义。

〔3〕傅作义，原任国民党军华北“剿总”总司令，一九四九年一月在平津战役中率部起义。当时任中央人民政府委员会委员、水利部部长。

〔4〕折实单位，新中国建立初期，为减轻通货膨胀对国家经济建设和人民生活的影响所实行的一种用于货币换算的标准实物单位。折实单位由各地人民银行按日或按旬挂牌公布。随着全国财政经济状况的好转，一九五四年年底中国人民银行停止公布折实牌价。

〔5〕刘司令员，指刘伯承，当时任中共中央西南局第二书记、西南军政委员会主席、中国人民解放军第二野战军司令员。

对进军西藏的意见*

（一九五〇年一月八日）

中央请转毛主席并贺[1]：

一、毛主席及德怀[2]同志关于西藏问题的两电[3]均收到。经我们考虑后，完全同意于今年即九月占领全藏。根据敌情，尤其交通经济条件说来，在兵力派遣上先以一个军去，惟在开辟时，则准备以另一个师给予加强之。在康[4]藏两侧之新青两省及云南邻界，各驻防兄弟部队如可能时则予以协助（原马步芳[5]骑兵经玉树入康）。

二、拟定以二野之十八军担任入藏任务，以张国华[6]为统一领导的核心，已指令该军集结整训，并召张及各师干部速来重庆受领任务，解决进军西藏中的运输诸问题。

三、拟请由十八兵团在经营西康之部队中，指定一个师随同十八军先期进入西康之西部。如需要时，则由张国华统一指挥参加藏东作战，任务完成后，随即归还西康。

四、我们在调查研究康、藏情形，并望中央情报局[7]、新、青、滇省供给该方情报。

---

* 这是邓小平起草的和中国人民解放军第二野战军司令员刘伯承联名的电报。

以上意见是否可行，请中央、毛主席及贺龙同志审核。

刘 邓

子齐七时

注 释

〔1〕贺，指贺龙，当时任中共中央西南局第三书记、中国人民解放军西南军区司令员、川西北临时军政委员会主任。

〔2〕德怀，即彭德怀，当时任中共中央政治局委员、西北局第一书记，中国人民解放军第一野战军兼西北军区司令员，西北军政委员会主席。

〔3〕两电，指一九五〇年一月二日毛泽东给中共中央、彭德怀转刘伯承、邓小平、贺龙的电报和一九四九年十二月三十日彭德怀给中共中央并报毛泽东的电报。

〔4〕康，见本卷第11页注〔1〕。

〔5〕马步芳，曾任国民党青海省主席、国民党军新编第二军军长、第四十集团军总司令、西北军政长官公署长官。一九四九年十月后逃往沙特阿拉伯。

〔6〕张国华，当时任中国人民解放军第二野战军第五兵团第十八军军长。

〔7〕中央情报局，指中央军委作战部第二局。

今后斗争要比普通军事斗争复杂艰苦得多*

（一九五〇年一月十七日）

西南的仗打完了没有？实际上，西南的封建势力还原封原样地保留着，而且手里还掌握着武装。这意味着更尖锐的阶级斗争还在面前。这场斗争要到完成土地改革、彻底消灭了封建阶级以后，才算获得基本的胜利。这场斗争是极端复杂的，表现于军事、政治、经济、文化等各方面，还包含着流血的斗争，例如剿匪和对付可能发生的叛变。要取得经济、政治、文化各方面的斗争的胜利，我们不仅要坚定勇敢，更重要的还要有智慧、有策略、有方法。今后的斗争要比普通的军事斗争复杂与艰苦得多，不是打几个冲锋就能解决问题的。

我们今后的任务第一个是改造“九十万”，即是要教育与改造在解放西南作战中起义、投诚与俘虏的国民党军队。在进行这一工作中，必须正确执行“宜集不宜散，宜养不宜赶”的政策。我们这一时期基本上是这样做的，所以地方秩序没有大乱，才可能征收公粮和进行工作。这就是政策发生

* 这是邓小平在中国人民解放军第二野战军第三兵团团以上干部会议上讲话的要点。

了效果。我们养这九十万人，要花很多钱，不养又要发生很坏的结果。怎样办？办法只有一个，就是对他们做工作，下苦功夫把这九十万人改造过来。有的改造成为真正的人民军队，有的在教育后妥善地安置回乡去生产，不使成为游民和土匪。如果这九十万人的工作做好了，其他事情就好办了，障碍也就少得多了。

第二个任务是发动“六千万”，即是如何发动西南七千多万人口中的百分之九十的基本群众。一待城市接管工作告一段落，大量干部必须立即下乡，工作重点应由城市转移到农村。为达到明冬后春能够分配土地，就要加紧进行准备工作。教育改造“九十万”以安定农村秩序，就是重要准备之一。进行农民的组织与教育，发动群众，组织农会，开办训练班，培养农民自己的领袖，建立精干的党和训练干部等等，都是要加紧进行的工作。

第三个任务是提高“六十万”，即是提高我们现有的六十万人部队的质量。“九十万”、“六千万”的任务都依靠于这六十万人为主去完成。要引导大家的思想向前看，部队要执行放手分散的方针，在改造“九十万”与发动“六千万”的斗争中去磨炼，这样，部队的阶级觉悟与政治水平必将大大提高。经过一个时期后，再逐步地集中整训。纠正部分干部的错误思想，同一切落后思想做斗争。克服落后思想就要引导大家向前看，提新任务。总的来说，目前部队存在着许多不好的倾向，其根源是以为仗打完了。怎样克服这些不好的倾向？要提出新任务，仗还没有打完，任务还繁重得很；要引导大家向前看，加强纪律的严肃性，保证新任务的完成。

团结起来，战胜困难[*]

（一九五〇年一月二十九日）

这次重庆市各界人民代表会议开得很好，解决了许多问题，而且解决得很好。为了在若干问题上更加说明我们的观点，下面我讲三个问题，并请大家予以指正。

一、困难的所在。

人民解放军解放了重庆，接着很快基本地解放了大西南。军管会成立了，人民政府成立了，给西南人民带来了光明，人民对共产党和人民政府抱有很大的希望，这是很自然的事。但是，时间过了两个月，问题解决得不多，于是有人怀疑，也有人开始埋怨。有人说，“共产党来了我们为什么还是这样苦呢?”甚至有个别人说，“现在的日子还不及国民党在的时候好过”。这种埋怨，有其部分的道理，因为人民对于政府的信赖，不是靠它的口号，而是看它的实际。例如职工和公教人员的生活一时尚难改善，工厂生产一时难以全部恢复，原料来源及产品推销问题一时难以全部解决，许多应办事宜一时难以俱兴，这些困难是实在的。其中有些是因为我们工作尚未做好，亟应加强，改正缺点；有些确系一时难以克服，应向各界说明理由，使大家明了情况，而后共同

---

* 这是邓小平在重庆市第一届各界人民代表会议上的讲话。

努力，逐渐地加以克服。这项工作我们这一时期确实做得不够，由此而引起的若干怀疑与批评，是值得所有同志加以注意并诚恳接受的。

当前存在的困难很多，其原因何在呢？

第一，这是一百多年来帝国主义、几千年来封建主义和几十年官僚资本主义残酷掠夺统治的结果。过去一切经济结构都是服务于帝国主义的侵略和封建阶级、官僚资产阶级的掠夺剥削的，对于人民只能是日益贫乏与痛苦。我们今天要把这个半殖民地半封建的经济结构变成为服务于国家和人民的经济，变成为使国家日益强盛、使人民日益幸福的经济，当然不是一件轻而易举的事情。

最近听到有人说“重庆没有帝国主义的侵略”，谁也懂得这种说法是错误的。历史教科书告诉我们，在《马关条约》〔1〕里，帝国主义要求的条款之一是开放四口通商，这四口中间就有一个重庆，证明帝国主义对重庆很有兴趣。以事实而言，过去我们的工业，究竟有多少可以脱离对帝国主义的依赖？许多器材靠外国，许多原料靠外国，甚至于许多产品的推销也靠外国，更不用说官僚资本的垄断与封建势力的障碍，这些正是民族工业不能发展的真正原因。现在我们打倒了帝国主义、封建主义和官僚资本主义的集中政治代表蒋介石政权，只是为我们在经济上摆脱帝国主义、封建主义和官僚资本主义创造了极其有利的条件，并不等于我们已经完全摆脱了它们的羁绊。而为了完全摆脱它们的羁绊，改变我们国家的经济面貌，不能不遭遇许多困难，需要我们逐渐地去克服这些困难。

帝国主义知道我们有困难，想利用我们的困难来迫使我们向其屈服，以便保持帝国主义在中国的特权，使中国永远处于殖民地半殖民地的状态，它们的办法就是封锁。封锁对于我国恢复破碎的经济增加了困难，对于西南和重庆的影响也是同样的。上海和沿海人民正视了敌人的封锁和我们的困难，他们在共产党领导下，在全国的支援下，坚决地站起来反对敌人的封锁，而不为困难所屈服，这正是中国人民必须采取的立场，我们西南人民当然也要采取同样的态度。《新华日报》〔2〕的一名读者认为，我们应量力而行，不要得罪英国、美国帝国主义。这种想法在其他地方也遇到过。例如上海，封锁一来，有人就叫共产党搞“左”了。事实上怎样呢？我们到上海后，外国的侨民和财产受到保护，外国的电台照常通报，外国的商船欢迎进港，我们欢迎外国人来做生意，甚至规定棉花进口免税，这还不算宽大吗？结果帝国主义还是要封锁，其用心是很清楚的，帝国主义终究是帝国主义，只希望中国永远是一个殖民地或半殖民地的国家。毛主席说，你刺激它也好，不刺激它也好，都是一样的，就是这个道理。对于中国人来说，是站起来呢，还是又倒下去？不愿再倒下去，就只能自己想办法，只能在社会主义苏联和各新民主主义国家朋友们那里想办法，绝不能向帝国主义摇尾乞怜。

第二，这是帝国主义、封建主义和官僚资本主义的集中代表蒋介石政权长期进行卖国反人民的战争的结果。以重庆而言，这里有一个庞大的战争机构和一个庞大的军事工业，国民党在撤退时还进行了严重的破坏，而以动力的损失为最大，现在要把它们恢复起来，改变成为有利于国计民生的民用工业或改变成为切合实际的国防工业，当然不是一件轻而易举的事情。而重庆的私营企业也普遍呈现着瘫痪的状态，同国营企业一样，亟待找寻出路。我们到重庆后，工商界说出了自己的困难，大约不外有：（一）资金问题，要求政府给以贷款；（二）原料问题，要求政府给想办法；（三）产品推销问题，要求政府予以收购；（四）劳资问题，要求政府予以调解；（五）动力问题，要求政府予以解决等。这些困难是真实的。工人职员在保护国家财产的斗争中，尽了自己的责任，他们要求复业生产，要求保障最低的生活，这是完全合理的。其他各界也有各种要求，在这次大会上提出了三百几十条提案，这些要求大都是合理的。问题是这样多的事情，哪些是能办的，哪些是不能办的；哪些是今天就应该办的，哪些是今天还不可能而要等到明天办的；哪些是虽然合理但在一个时期内还不能办的，必须分清先后缓急，量力而行。困难只能逐步克服，我们今天绝不可能百废俱举，如果百废俱举，其结果将一事无成。

第三，我们接收了一个很大的摊子，其中包括起义投诚和俘虏的国民党军队九十万人，国民党政府的公务人员和其他教职员约四十万人，国营企业的员工十万人，加上人民解放军六十万人，共二百万人。这是最低的数字，可能还要超过这个数目。这些人必须养。当然也还有另外一个简便的办法，就是把九十万国民党军队和四十万公务人员一脚踢开，遣散回家，但这是一种不负责任的办法、错误的办法，其结果要造成社会极大的不安和混乱，所以绝对不能采取。当然我们并不需要这样多脱离生产的人员，但只能在养的过程中加强教育改造工作，逐渐把他们转到生产上去，使之各得其所，就是人民解放军也要逐渐转到生产，以减轻人民的负担。实行这个政策好处很多，但是国家和人民的负担现在确实很重。我们正征收公粮，而且征收的数目很大，农民阶级仍然是主要的负担者。就是这样大的公粮数目还不能养活二百万人，还有相当大的赤字，还要要求城市人民在可能范围内多负担一些。这件事情确实是我们一个很大的包袱，这使得我们在一个相当长时期内，很难抽出大量资金来恢复和发展经济建设事业。

第四，战争还未最后结束，西南还有西藏没有解放，支援战争的任务仍然繁重。

第五，对政策即《共同纲领》[3]的宣传还不深入。有些人对共产党和人民政府的经济政策表示怀疑，有钱的不愿拿出钱来，有力量的不愿尽量使出力量来，致使若干可能克服的困难不能克服。这点尤需我们多做工作。

二、克服困难的条件。

克服困难的方针，在刘司令员的报告[4]中提出了，大会已经接受了这个报告，这就对克服困难、建设新重庆提供了可靠的保证。我只谈一谈克服困难的条件。且不谈战争业已基本结束，我们有可能集中力量来恢复与发展生产，逐步地按照自己的意志来建设我们的国家；不谈中国确实是地大物博、人口众多，加之中国人民是非常勤劳的，这使我们比较易于克服困难，建设一个崭新的新中国；也不谈社会主义苏联和各个新民主主义国家的帮助，它们已经给了和将继续给予我们以热情友谊的援助，这种援助无疑地将大大缩短我们建设的过程。我只讲另外三个问题。

第一，政府的政策。《共同纲领》中关于经济政策共十五条，其根本方针是“以公私兼顾、劳资两利、城乡互助、内外交流的政策，达到发展生产、繁荣经济之目的”。这个政策是毛主席制定，由共产党向人民政协提出而又经过政协会议所通过的，因此全国人民都应加以实行，共产党员更有坚决实行的责任。为什么呢？因为政协的《共同纲领》是与中共的最低纲领相符合的，是完全符合中国人民的共同利益的。如果共产党员不执行，就是违背了人民的利益，就是违反了党的最低纲领，也就是在政治上犯了错误。对于这个纲领发生任何怀疑或者阳奉阴违，都是不许可的。

共产党和人民政府的政策既然是确定的，是不是问题都解决了呢？不是。首先是人民相不相信的问题。我们每到一个新的地区，总会遇到这样的问题，人民受反动政府的欺骗太多了，加上国民党反动派进行了许多反面的宣传、封建王朝历史的教训，使他们不能不怀有戒心。共产党员和人民政府工作人员的责任，就是要用事实让怀疑的人相信，《共同纲领》不仅符合于各阶层人民的共同利益，而且是要认真实行的。

“你们说公私兼顾，会不会变成只顾公不顾私呢？是否会像过去官僚资本那样拥公排私呢？”这种怀疑是很自然的，但是不必要的。因为《共同纲领》规定了“凡有利于国计民生的私营经济事业，人民政府应鼓励其经营的积极性，并扶助其发展”。人民政府在考虑国营经济事业的时候，必须兼顾到私营经济事业，但所鼓励和扶助的只能是有利于国计民生的私营经济事业。另一方面，私营经济事业在考虑自己的业务时，也应兼顾到公的方面，除了有利可图之外，还要设法使自己的事业有利于国计民生。如果做到了兼顾，就可以在国营经济的领导之下，发挥整个社会经济的力量，获得共同的发展，困难也就容易克服了。

“你们说劳资两利，很好，但是你们共产党既是工人阶级的政党，是否会变成只顾劳方不顾资方的一利呢?”是的，我们共产党是工人阶级的政党，这是千真万确、名副其实的。正因为我们是工人阶级的政党，才懂得把工人阶级的目前利益与长远利益结合起来，并把它体现在劳资两利的政策中。人民政府在处理劳资纠纷时，总是按照两利原则的，也只有按照两利原则才易于解决问题并利于发展生产。在劳资纠纷中，固然有些是因为工人方面提出了较高的要求，遇到这样的事情我们总是向工人进行说服工作，求得合理的解决，既能保障工人的最低生活，又能维持生产并使资方有利可图。但是有些纠纷则是由于资方实行一利政策，对于工人合理要求不予接受的结果，有的还是由于资方使用不正当方法如收买、分化、欺诈或贱视工人等行为而致引起工人愤怒的结果。遇到这样的事情，我们总是说服资方，接受应该接受与可能接受的要求或改变自己的不良作风，以求合理解决，达到团结生产的目的。事实证明，只要真是按照两利原则，问题都是能够解决的。我们在一定时候还要建议劳资双方订立集体合同，做到了这一步，就可使劳资关系较好地稳定起来，这对于克服困难和发展生产是有极大好处的。

“你们要实行社会主义。”是的，我们将来要实行社会主义，但要在一个相当长的时间之后，条件准备成熟了，才能实行社会主义。同时并不因为将来要实行社会主义，现在就不扶持正当的私营资本的发展，这是因为我们认为正当的私营经济不但为今天国计民生所必需，而且私营经济的发展，在客观上也是为社会主义的经济条件做了准备。

“那么到了实行社会主义的时候，私人资本不是一切完蛋了么?”是的，到那个时候，私人资本是要收归国有，用什么方法收归国有，则要看那个时候的各种条件而决定。至于资本家个人，那时也不会打倒。因为他们对于社会经济的发展做了一定的贡献，其中有能力的人更不愁没有事情做。你现在管一个厂，那时可能请你管许多厂。只要有本事，汽车也还是有坐的，所以用不着发愁。不要怕发展，你今天事业的正当发展，就是对社会做了更多的贡献，到了社会主义社会，不但不是增加了你的罪状，相反地还要在功劳簿上多记上一功，试问还有什么顾虑的必要呢?

第二，自力更生。政府对于私营经济的扶持，首先主要表现在政策上，其次才是在各种具体办法上。由于政府目前的困难大，包袱很重，事实上对于许多正当的要求，也难以给予完满的答复。所以，政府当然应尽力之所及，更重要的还在于自己多想办法。我们相信有些问题是非常困难而且办法不多的，但确实也有许多问题，只要打破顾虑，是能够想到办法的，希望他们赶快积极起来想办法。有办法的人动起来了，很自然地会带动办法少的人也动起来，即使再有少数没有办法的，问题也就容易解决了。拿资金来说，政府银行应该举办一些贷款，但为数是不会很大的，主要靠工商业界自己想办法。例如，现在和将来都没有出路的经济事业，很可能将他们的资金转到有前途又有利于国计民生的事业上去；向外逃走的资金，可以设法鼓励他们转回来；可以宣传某些开明一点的地主把他们的资金投到工商业、主要是工业方面去，这对他们本身也是一个很好的出路。拿原料来说，过去依赖外国而现在又无来源的，应找寻新的来源或考虑新的出路；过去依靠外区而现在来源困难的，应共同设法消除困难。例如西安的棉花，公私纱厂可以按上海办法组织联合采购。拿产品来说，应设法开辟销路，其关键之一，还在于改善管理、减低成本、提高产品质量，以利推销。因为在国内不可能也不应该建立关税壁垒，只有使自己的东西比人家好、价格比人家低才有销路，这对于鼓励提高技术水平也是有好处的。至于由政府收购产品问题，这要根据总体情形来决定，如确系临时周转发生困难，而政府又力所能及的，政府应积极帮助其解除暂时的困难；又如这个产品是很难卖出或根本不能卖出的，就不应要求政府来代替私人背上这个包袱。

此外，还要说一说，革命的胜利很自然地引起了社会各方面的变革，哪一行都要遇到许多新的问题，需要加以解决。在报上看到有些工厂、商店正在考虑新的业务方针，有的甚至在考虑转业的问题，这是完全必要的。例如银钱业、绸缎业、国营的兵工厂，都遇到这样的问题。改变营业方针或转业，确是一件令人苦恼的事情，尤以工业方面更为困难，可是应该开刀的不愿开刀，其后果又将如何呢？这也是值得有关行业考虑的。

第三，面向农村。这不单是工商界的出路，也是工商界的任务。一个封建落后的农村，是不可能为工业开辟一条广阔的发展道路的。中国如果不把百分之八十以上的农村人口从封建压迫下解放出来，是不能设想出现一个新中国的。农民多年来对于革命出力之大、负担之重，城市对之应有愧色，所以城市各界应该对农民做些有益的工作。解放农村的道路，一是发动与组织农民实行土地改革，一是城市为农村服务以达到城乡互助的目的。土地改革一定要彻底实行，现在就是要积极准备土改的条件，力求在两年左右开始分配土地。完成了这件大事，就可以为现代化的中国奠定坚固的基础。农业生产发展了，就能够更好地为工业积累资本。农民生活改善了，购买力增加了，工业的出路也就解决了，现在遇到的困难那时也就不会有了。城市为农村服务的道路很多，工业方面应该研究农民的需要，在现实的基础上，考虑自己的生产计划。商业方面无论在收购农产品方面或供给农民工业品方面，都应讲求给农民以便利，并减轻农民的负担。政府各部门更应做更多的工作，而且每一部门都有其自身的责任。

此外，商业界有人怀疑："国家贸易机构建立起来了，合作社建立起来了，私人商业将来有无生意可做呢?"这种顾虑是不必要的。老实说，私人商业在一个相当长时期内还是会占着主要比重的，国计民生还不能离开私人商业，国营商业和合作社的作用不是代替、打倒私营商业，而是更好地调节市场，并有力地对付投机者，以保持正当的营业。因此正当的私人商业应与国家商业合作起来，应该恐惧的只是那些做投机生意的。

在国家的明确政策扶持下，积极起来自动想办法，并使自己的业务纳入正轨，就不但可以逐渐地克服困难，而且新的社会正为一切有利于国计民生的工商业开辟一条广阔的发展道路，一切有待于我们共同的努力。困难是暂时的，前途是光明的。

三、团结就是力量。

前面讲的主要是经济方面的问题，其他方面的困难也是很多的。例如，文教方面、公务人员方面都有很多困难，都需要采取三个人的饭五个人吃的办法，逐渐加以克服。又例如，国民党特务机关绝不会停止其破坏活动，甚至他们还企图利用地方流氓分子打游击战争。帝国主义、封建主义、官僚资本主义是不甘心死亡的，故应引起我们严重的警惕。

艰难的斗争并未完结，而且还只是开始。毛主席说夺取全国胜利只不过是万里长征走了第一步，就是这个道理。在每一步的前进中，都要遇到不少的困难，都需要在克服了困难、扫除了障碍之后，才能继续前进。而克服困难的关键，则在于人民内部的团结。

中国新民主主义革命的阵营，在国内是团结四个朋友、反对三个敌人。四个朋友是工人阶级、农民阶级、小资产阶级、民族资产阶级和其他爱国分子，而以工人阶级为领导，以工农联盟为基础；三个敌人是帝国主义、封建主义和官僚资本主义。在国际上是站在以苏联为首的世界人民民主阵线，反对以美国为首的世界帝国主义阵线。在我们的生活和斗争中，第一件事就是分清敌我界限，对朋友要团结，对敌人要斗争。

朋友的团结不是没有问题的。因为是四个阶级的联合，而阶级与阶级之间是有一定程度的矛盾的，如劳资关系就是这样，所以朋友之间要做工作，遇事用协商方法以求合理解决。在我们共产党内部也还存在着关门主义，我们党正在不断地加以克服。所谓团结，当然也是有原则的，就是说要在《共同纲领》的基础上团结起来，遇有争执，也要在《共同纲领》的基础上获得解决。是否分清了敌我，是否执行了《共同纲领》，正是我们鉴别谁是朋友、谁是敌人的标准。

对于敌人营垒中的人，我们也希望他们觉悟，只要他们愿意回头，不继续反动，不搞阴谋活动，人民政府也要热忱地帮助他们改造并给以生活出路。我们对于那些过去参加反动阵营的人施行宽大政策，在分配土地时同样分给地主一份，并保留其工商业部分不予没收；我们号召特务分子悔过自新，立功赎罪；我们告诉那些隐匿官僚资本、吞食国家财产的人赶快觉悟，对觉悟者免予追究或从宽处理。凡此种种，都是我们宽大政策的具体实施。但是对于那些毫不觉悟继续作恶的分子，一定要严办。我们对于人民要民主，对于敌人就一定要专政。

四个朋友团结好了，任何敌人都是可以打倒的，任何困难都是可以克服的。团结的最好形式，就是各界人民代表会议或人民代表大会。这次重庆市第一次召开各界人民代表会议，解决了不少问题，就是一个明显的例子。以后这样的会三个月左右要开一次，而且要选出一个协商委员会进行经常的协商工作。我们相信这件工作做好了，就一定能够继续解决许多问题。这里必须指出，人民代表会议和协商委员会的工作能否做好，关键之一是共产党员要善于以谦逊诚恳的态度与党外人士共事，这是值得共产党员注意的。

不用怀疑，在人民代表会议的领导下，我们的困难是能够逐渐克服的。

不用怀疑，人民的新重庆，是会在重庆人民团结的基础上加速地建立起来的。

注　释

〔1〕《马关条约》，是一八九五年日本强迫中国清政府订立的关于结束甲午战争的不平等条约。其主要内容是：中国割让台湾全岛及所有附属各岛屿、澎湖列岛和辽东半岛（后来在俄、德、法三国干涉下，日本同意由清政府偿付白银三千万两“赎还”该半岛），赔偿军费白银二亿两，允许日本人在中国通商口岸开设工厂，开放沙市、重庆、苏州、杭州四地为商埠。

〔2〕《新华日报》，这里指中共中央西南局的机关报。一九四九年十二月十日在重庆创刊，一九五四年八月三十一日停刊。

〔3〕《共同纲领》，见本卷第7页注〔3〕。

〔4〕刘司令员的报告，指一九五〇年一月二十三日中共中央西南局第二书记、西南军政委员会主席、中国人民解放军第二野战军司令员刘伯承在重庆市第一届各界人民代表会议上所作的《为建设人民的生产的重庆而斗争》的报告。

法律要为保护农民的佃权撑腰*

（一九五○年二月一日）

各地并报中央：

川东对地主抽田问题的指示〔1〕，我们原则上同意，但在执行中必须以保护佃权为主，即对小地主亦应如此。因为目前农民尚未组织起来，尚无力量抵挡地主的进攻，故在法律上要给农民撑腰。这个问题在其他各地也可能发生，亦望予以研究并将意见和经验告诉我们。

西 南 局

二月一日

注 释

〔1〕中共川东区委的指示提出：各级党委与政府遇到抽田情况，应坚决站在农民方面，阻止和打击任何抽田及转嫁负担的阴谋。但在不损害佃农利益原则下，可以准许有劳动力并确系自力耕种的小地主抽回一部分土地自种，大中地主为了加重剥削企图抽田转佃者则严格禁止。

---

* 这是邓小平为中共中央西南局起草的电报。

克服享乐思想，反对铺张浪费*

（一九五〇年二月二日）

自去冬胜利入城以来，有的机关住房多，有的机关不够住，没有根据实际需要加以适当分配，形成一时的混乱现象。为此，我们曾组织了专门的房屋分配委员会，按照各机关的真正需要予以调整，现已大体上解决了这个问题。房子问题仅是享乐思想的表现之一。这个问题，贵阳处理得很有秩序，而重庆是处理得很不好的。某单位负责同志在住房问题上不从机关人员的实际需要出发，而总想自己另外住个小洋房，这是“第一是我，第二是群众”的脱离群众的思想。必须依照中央取消私人公馆的指示加以检讨。

有的单位不爱护国家财产，把电灯、马桶、水管、家具等等搞得乌七八糟，直到现在还未引起各机关的认真注意。各机关不仅有上述的物力浪费，由于编制和工作方式的不合理，还浪费着许多人力。有的把农村工作方式用于都市，拖拖拉拉；有的单位庞大冗杂，吃饭者多，做事者少；有的干部在此时此地本可不用警卫员，需要按实际情况予以减少，而实际上却没有减少。一辆小汽车每月开支六百万元[1]，

---

* 这是邓小平在中共中央西南局驻重庆市各机关中共党员干部大会上讲话的摘要。

约等于一个县政府的开支，现在用汽车的人太多，也应按西南局下发的规定执行。

总之，各机关早有整编节约之必要，应采取各地业已通行的集体办公制度，节约用房，减少冗员，省下人力开展农村工作。现已组成整编委员会，根据各机关实际需要审查编制，今后则按新编制发经费、分配住所。全体干部必须从长远利益出发，坚决克服享乐思想倾向，反对铺张浪费，一切为了克服困难与发展生产。所有同志必须保持与发扬艰苦奋斗的光荣传统，以批评与自我批评的精神认真检讨，困难是完全可以克服的。

注　释

〔1〕这里指旧人民币，见本卷第20页注〔1〕。

在西南局委员会第一次全体会议上的报告提纲*

（一九五〇年二月六日）

一、我们进入西南之前，曾对西南情况做了初步估计，并拟定了一般的政策和步骤：

军事上，由于我军各路进展均快，特别是大势所趋，敌军大部起义、投诚，战事很快结束，超过了我们的预计。我们瓦解敌军的政策，包括四项忠告〔1〕，对于沿途地方团队，允其立功赎罪，暂维持地方秩序，不采取单纯收枪遣散的办法，现在看来这种处置是正确的。

沿途利用旧人员和地方开明人士，组织解放委员会或支前委员会等类的组织，保甲长照常供职，这个办法也收到良好的效果。

少数民族政策得到了少数民族的拥护，贵州苗族首先缴纳公粮即其一例。

原定经济措施的方案在常德时曾有一些修正，这些规定按照重庆的情况看也还算稳当。

部队的士气很好。但按照湖南群众的反映，纪律不及四

---

* 这个报告提纲经中共中央西南局委员会讨论通过，作为此后一个时期西南区的工作方针。

野，二野五兵团比三兵团好，据四兵团报告他们的纪律问题也很严重。

因预有准备，会师没有出什么大问题，小问题还是有的，其原因主要还是由于外来同志对本地同志尊重不够，或在某些问题上处理不当所致。同时，根据已有材料，四川地下党在最近一个时期有相当大的发展，因而成分颇为复杂，研究清楚之后，规定办法加以整理是必要的。

二、自进入西南集中军队主力与敌军决战之时起到现在，我们做了下列的事情：

（一）首先集中力量于城市的接管，凡我已经进入的城市，包括成都，接收的工作大体已告一段落。这次各地接管城市的干部很少，但因为：1. 其中许多干部有了一些接管城市的经验；2. 依靠群众和充分利用旧人员的思想明确，故接的工作尚称顺利。但是在进入到管的时候，情况就非常复杂了，解决问题极其迟缓，原因是干部少而弱，经验不多，也还有客观的困难。

（二）对于起义、投诚和俘虏的九十万国民党军和地方游杂部队，这一时期指示最多，主要精神在于防止可能发生的急性病和不负责任怕麻烦及草率处理的现象，并在一月十日发出了综合性的指示[2]，以后又由军区作了处理俘虏军官等问题的具体指示[3]。我们一直贯彻的方针是：遵照毛主席“包下来”的原则，提出“宜集不宜散，宜养不宜赶，集中整理，认真改造，分别对象，逐步处理，使之各得其所，不使散之四方，且不为蒋匪利用，扰乱社会”的方针。我们强调这九十万人的工作，关系到今后西南的全部斗争，其本身就是一个复杂尖锐的斗争，必须有策略、有步骤、有方法才能做好，也必须做好。

对于西康[4]、云南的问题，已有了原则的规定，对云南的方针中央已批准。

（三）在集中力量于城市接管的同时，农村工作开始铺摊子和布置征粮。因为战争去年十二月底才结束，才能抽得出军队和干部，所以川东、川南和贵州的部队和干部，在一月中旬和下旬，有的要在二月上旬才能大体分布完毕，川北、川西还更迟一些，西康才进入，云南须二月中旬才能正式进入。公粮数目在南京时预计吃饭人数一百五十万，每人以三千斤计，除税收以外，故决定屯三十亿斤。入川后吃饭人数增至二百万，每人需四千斤，故增至五十亿斤，如能达到八成收入，即算很大成绩。这个数目极大，开始时干部无信心，但川东会议计算有可能完成，最近在璧山、大竹两个分区证明比起国民党各种负担总和还要轻些。只要依靠群众，利用旧保甲人员及旧粮食机构（有的乡长也可以用），同时负担面放大一些，合理一些，是可能完成的。现在屯粮中的反映，除川东外，还不多，特别是坏的反映很少，尤其是春耕已届，其影响如何，值得各地特别注意。

（四）在常德时即曾强调，无论城市农村，均须注意团结大多数人的工作，迅速与各界见面，尽快地筹备召开各界人民代表会议，这件事已引起各地注意，许多县市开了这种会议。重庆开得还好，已催问其他各地报告情况。

（五）干部的主要来源靠部队，而部队曾发现有集中整训野战化的倾向，我们在一月八日的指示[5]中做了批判，并明确规定要实行包干制，正规军实行彻底的分散，如此才能解决干部问题，并可集中全力剿匪，发动群众。现在各地大体上都是这样做的，也还有思想仍未认识的。

（六）进入重庆后，发现享乐腐化倾向开始抬头，我们发出了专门指示〔6〕，开了专门干部会议予以防止。

（七）进军西藏的任务，中央一月初才交给我们，十八军在接受这个任务时的精神状态是好的，现正加紧做各项准备工作。

以上是这时期我们做的工作，这次西南局会议需要加以审查。

三、西南现在的基本情况是：

支援西藏进军，任务繁重，开支很大，今后每年的贴补也不会小。

两百万人要吃饭，庞大的工业机构需要维持，若干紧迫的建设事业必须兴办，入不敷出，赤字增加，人民负担很重，又必须逐步地减轻。

九十万国民党军队需要认真改造和处理，并须在半年内做出成绩来。

农村土匪、特务活动正在普遍发展，农民尚待组织与发动，春耕已届，原有生产水平必须保持。

战争结束很快，大批国民党军起义是很好的，因为不但破坏少、流血少，而且使我们能够赢得时间来进行征粮，布置春耕生产；但同时带来的问题是封建势力原封原样保持着，而且在一个时期内还拿着武器。改造国民党军和农村发动群众的每一步，都带有严重复杂的斗争，而每一步能否胜利，都决定于策略是否正确、步骤是否恰当。

西南军政委员会亟待建立，西南各省市政府的人选需要早日确定。

我们的干部，特别是各部门的骨干分子确实太少，能力不够，需要加强教育，提高现有干部水平，特别是在群众中培养大批新干部，以克服干部不足的困难。

所以，后面的斗争更为复杂，困难更多，需要我们团结人民予以克服。

四、进军西藏的物质准备正加紧进行，主要困难是交通问题。对于各项必须的准备，应尽一切可能设法完成，但是有些方面是在目前条件下难于办到的，故进军西藏的部队要预计到可能遭遇到的困难，并动员全体同志予以克服。政治准备尚在研究之中，因为材料太少，知识不够，许多问题须在精细研究之后，才能得出结论。

五、九十万国民党军的改造，是非常艰苦的斗争，做好了就是给反动势力以致命的打击，做不好就会再度演成混乱局面。现在的情况是，我们的同志尚未完全认识这个工作的严重性，或者并未精细讨论西南局一月十日指示，而在实际工作中显得没有办法；或者由于最近在剿匪之初已经开始发生几次小股叛变而又张皇起来，企图采取简单武力解决的办法，或消极等待上级命令改编。这些倾向都是错误的，必须按照一月十日指示认真执行。

六、学会管理城市，是西南党的一个重要任务。这方面我们经验非常缺乏，干部又少又弱，克服的办法仍然只能是依靠群众，利用旧人员，同时改造旧人员，在群众中和旧人员中培养大批干部。而我们派到各部门的同志，则应加紧学习，逐渐地熟悉管理生产的方法与生产的技术，以至精通业务，并善于与党外人士共事，始终保持谦虚的美德和艰苦朴素的作风。

七、农村阵地全部还在封建阶级的掌握中，而当前的征粮、剿匪、春耕三大工作尤为迫切，各级党委必须以充分的注意力加强对于农村工作的指导。

这次征粮中，已看到农民的积极性，如果我们屯粮工作做得好，就形成了农村工作的良好开端。这次征粮求其非常合理是不可能的，但所有同志必须紧紧掌握两个衡量政策是否正确的原则，即（一）各阶层负担比例不超过中央的规定；（二）负担面力求达到百分之七十到八十。凡与此不合者，应根据本身具体情况加以必要的和可能的调整。

完成征粮之后，农村工作在一个阶段内，应以剿匪反霸为中心，同时在屯粮和剿匪反霸的斗争中，组织强有力的农民协会。各地应尽速地准备成立农协筹委会，党委指定负责干部担任农会主席，党对农运的指导完全经由农会去做。由农会开办大量的训练班，培养农民干部，挑选其中最好的当农会组织员，派他们下乡去担任乡村农会的组织工作，首先扎正农村基层的根子。县区乡的农民代表会议亦应有计划地召开，并且要使农民代表会议实际起到乡村政权的作用。正规军须以足够兵力化作县、区干队，以保卫政权、奠定农村革命秩序。

农村中另一极端重要的紧迫任务，是立即布置春耕。应研究农业生产中的有关问题，用最大力量予以解决。减租条例[7]需要早点公布，重庆代表会议上农民就提出了此项要求，到今年夏秋时可能成为较普遍的要求，故应早点公布，使农民、地主均有所准备，以免被动，对生产亦有好处。准备明冬后春开始土改，如果工作做得好是可能的。

反霸阶段是农村斗争必经的过程，但因为我们的力量尚未布置妥善，九十万国民党军尚未改造，而西南封建势力又甚强大，如果现在就提出反霸的口号，可能促成封建势力很快地团结起来，与我公开为敌，这对于我们是非常不利的。因此，今天农村的口号应是剿匪生产、完成征粮。我们在策略上，第一步打击的对象，只能是那些明目张胆拿起武器反对我们和坚决抵抗政府法令、破坏经济建设的首要分子。这实际上也必然要打到主要的恶霸头上。要使同志们懂得：农村斗争的策略，在任何时候都要注意到把打击面缩得很小，树敌要少；对于过去作恶的分子，着重采取教育改造，给以立功赎罪改过自新之路。这个政策已经见效，务必贯彻下去。

土匪，特别是政治性的反动武装正在繁殖，剿匪工作必须全盘计划，严密布置，认真进行。仍然采取以政治为主、军事为辅的方针，采取首恶必办、胁从不问、立功受奖的政策。对首恶不办是不对的。

八、财经状况是极端困难的。我们做了一个一九五〇年全年的收支概算，人民负担很重，而且赤字还有十八点五亿斤大米，等于人民币一万亿元[8]，必须想办法予以补救：

（一）除去耗损及不能完成的部分外，必须完成公粮的实际收入四十亿斤，税收二十五亿斤，而且在税收方面要力求超过，以使城乡负担合理。

（二）采取有效办法核实部队机关的人数，并在可能的基础上逐渐减少吃饭人数。第一批三个月内从地方游杂中减少十五万人，可减少三季开支；第二批六个月内再减少十五万人，可减少两季开支。严禁滥招学生，只按规定数目办学校，以免增加开支。

（三）在军队、地方提倡节约。军队逐渐投入生产（禁止做生意），至少做到自己解决一部分困难。

（四）注意春耕领导，组织与鼓励生产，整理保护灌溉，以保持原有生产水平，勿使降低。

（五）推销公债，必须按分配数字完成。

（六）尽可能抽调一批骨干干部到财经部门，这是完成财经任务的关键。

九、积极准备成立西南军政委员会。加强统一战线工作，各省区统战部应加强，认真地进行各党派和各界的工作。

建立各种群众团体，并成立中苏友好协会。

各地应认真地进行人民代表会议的工作，并注意总结经验，以求改进。

十、巩固和建设西南，主要靠我们的军队。改造九十万国民党军，剿匪征粮和组织发动六千万农民，抽调干部管理城市，不久的将来还要逐步地抽出部队投入生产，这些重担都加到部队的身上。所以部队面临着一个很大的转变，即由对付集中之敌转到对付分散之敌，由公开的斗争转到公开与秘密相结合的斗争，由单纯的战斗队转到战斗队与工作队相结合，有些部队在不久的将来还要执行战斗队、工作队、生产队三者相结合的任务。为便于执行新的任务，部队的组织在一个时期内，还需要暂时地由集中到分散，由野战军到地方军。部队的责任加重了，经过这一阶段，军队将在素质上大大地提高一步。因此，必须加强动员和组织工作，使指战员同志很快地学会新的斗争，像过去一样地完成自己的光荣任务。

十一、内部工作秩序的建立。加强组织性和纪律性。

注　释

〔1〕四项忠告，指一九四九年十一月二十一日中国人民解放军第二野战军司令员刘伯承、政治委员邓小平发表的《向西南地区国民党军政人员提出四项忠告》。主要内容是：一、国民党军队应即停止抵抗，停止破坏，听候改编；二、国民党政府机关工作人员应即保护原有机关、学校的财产、用具、档案，听候接收；三、国民党特务人员应即痛改前非，停止作恶；四、乡保人员应即在解放军指示下，维持地方秩序，为人民解放军办差事。

〔2〕指一九五〇年一月十日中共中央西南局和中国人民解放军西南军区联名发出的《关于处理与改造起义投诚的国民党军队的指示》。

〔3〕指一九五〇年二月中国人民解放军西南军区发出的《关于处理国民党军官的方针》。

〔4〕西康，见本卷第11页注〔1〕。

〔5〕指一九五〇年一月八日中国人民解放军第二野战军司令员刘伯承、政治委员邓小平、副政治委员兼政治部主任张际春、参谋长李达联名给第三兵团副司令员兼第十军军长杜义德并川南区党委告各军，要求领导干部必须以身作则克服一切享乐腐蚀思想的指示电。

〔6〕指一九五〇年一月十二日中国人民解放军第二野战军司令员刘伯承、政治委员邓小平联名向所属各军区、区党委及各兵团、各军等发出的要求检查和纠正享乐思想的指示电。

〔7〕减租条例，指一九五〇年三月十一日西南军政委员会公布施行的《西南区减租暂行条例》。

〔8〕这里指旧人民币，见本卷第20页注〔1〕。

禁绝烟毒要掌握好政策*

（一九五〇年二月十八日、五月十四日）

一

可以明白布告，政府绝不强迫铲烟，但必须同时说明种烟是对于人民不利的，人民政府绝对是要禁烟的，而且所收烟土将来是没有销路的。所以，我们主张自动铲除烟苗改种食粮，特别预防春荒非常重要。这些话说清楚对于将来禁运禁销和明年禁种有好处。在人民尚未明了此项善政时，强迫禁种只能给奸人特务以挑拨之机。

（一九五〇年二月十八日为中共中央西南局起草的对中共西康区委关于剿匪、民枪、征粮、禁烟等问题报告复电的一部分）

二

西南禁绝烟毒是一个很重要的政策问题。必须采取不收购、不抵缴粮款，政府明令封闭烟馆，没收房屋、烟具、存土，严惩秘密烟馆，严厉判处烟贩，劝说戒绝吸食烟毒，对

---

* 这是邓小平为中共中央西南局起草的两份电报。

政府禁绝烟毒深入宣传，种烟地区召开人民代表会议，做出决议严禁种植等禁烟办法。

（一九五〇年五月十四日为中共中央西南局及西南财委起草的对中共西康区委《关于处置烟土办法的指示》复电的主要部分）

在民主党派负责人座谈会上的讲话

（一九五〇年二月二十七日）

今天西南局邀请大家座谈，许多朋友提供了很多宝贵意见，这是极好的现象。各民主党派的合作，必须建立在共同认识上，这就形成了《共同纲领》[1]。但只有大的原则还是不够的，更重要的是如何具体地实现《共同纲领》。从这方面讲，往往在具体问题上求得一致是更重要的。什么问题是当前的重要问题呢？正如大家所提到的，土匪特务、粮食、生产和失业等，就是今天我们共同感到的问题。我们相信，既然我们能找到共同问题，也就可能找到共同解决的办法。

剿匪问题，刘司令员[2]已经说得很清楚了。我们每到一个新区，首先遇到的总是这个问题。当大的战事刚告结束，我们即警告同志们说，真正的战争还在后头。我们深深地了解敌人是不甘心灭亡的，他们还要挣扎。必然到来的剿匪肃特斗争，紧接着就要展开在我们面前。事实证明正是这样。就西南说来，土匪的政治性质更明显，愈后解放，敌人布置得愈周密。西南各地土匪口号的完全一致就是很好的说明。所以，肃清土匪特务是一个严重的斗争。因为有其他各区的丰富经验，加上全国胜利的政治形势，西南肃清土匪特务的斗争可能比其他地区更易奏效。但是我们在思想上宁肯看得困难些，时间上宁肯看长一些，方法上宁肯更多更好一些，这样打算是有好处的。

有人说我们纵匪，埋怨我们对土匪太宽大，对此有说明的必要。我们的方针是不可不杀，但更不可多杀。多杀是解决不了任何问题的，并不是好办法，这种思想表现了对剿匪问题的急躁。对于土匪，我们是争取他以便于瓦解别的土匪好呢，还是杀掉他好？答案是明显的。但是，如果一个不杀，首恶也不办，这就叫没有是非界限，当然也是错误的。有些同志确有此种认识上的错误，已予纠正。我们剿匪的方针是军事与政治相结合，宽大与镇压相结合。这个方针的正确性，已为各个战略区的经验所证明，以之运用于西南，我们相信必能收到同等的效果。

说到征粮，不少人说太重了，这是事实。有人问：二百万人为什么要吃四十多亿斤粮呢？问得很对。二百万人吃饭，只要十亿斤就够了。可是连衣服、办公、杂支等各种费用算进去，一个人一年平均要三千几百斤到四千斤粮食才够，这是全国普遍的算法。二百万人就需要将近八十亿斤，因此我们说只靠征粮是不够的，还得从税收等其他方面来补足。今天我们正在设法尽量减少吃饭人数，尽量节约，但难道解放西藏不要钱？恢复工业生产不要钱？修铁路公路不要钱？国民党在四川征粮每年约合二十亿斤，我们在四川征三十多亿斤，从表面数字上看是负担重些，但如把过去国民党政府所有苛捐杂税加起来，现在的负担总额还是要轻得多。不过以往的负担主要是穷人出，现在要地主多出一些，他们就大喊大叫，当然是不奇怪的。

再问一下：既然明知重了，不征这样多行不行呢？不行。如果不征这样多那就会天下大乱。部队走到哪里吃到哪里，那就更不知要浪费多少粮食，许多应办的事也就不能办了。试问征多征少哪个符合人民利益呢？征多符合人民利益，征少引起混乱，反而不符合人民利益。再问一问：拿不拿得起呢？这次征粮任务虽然重些，我们考虑还是拿得起。全国去年收成比较好的还要算西南。川东好几个县的情况说明可以拿得起。征粮办法好不好呢？不很好。我们各地一般是以国民党时期的赋元[3]为基础，加以合理的调整。谁都知道赋元办法是很不合理的，有赋无田，有田无赋，田多赋少，田少赋多。多年以来，在老解放区实行的办法是很好的，但是在新区的条件下，现在还行不通，而且时间上也不容许过于推延，正因为这样，所以只能做到比较合理。现在我们又根据已经发现的问题，拟定了一些改进的办法，如规定用人民币、黄金及能够出口的物资抵缴一部分公粮，又准备以不超过两三成的数目改在夏收时缴纳，等等。总之，这次虽然很难办到十分合理，但只要征得起粮食就有办法，因为这样，我们可以赢得时间，有计划、有步骤地布置恢复国民经济的事情。这一点应向人民很好地解释。

此外，我们还需要拿一部分粮食出口换回纱布，这是完全应该的，而且西南是能拿出一些粮食来的。直至现在，仍然是其他地区支援西南，而不是西南支援其他地区。去年其他地区遭了灾荒，作为一个大家庭，作为中华人民共和国的一部分，我们西南应该拿出粮食帮助其他灾区。其他地区则以同等乃至更多的工业产品帮助我们，这样彼此的困难都解决了。特务会利用这件事大造谣言，我们也应该向人民说清楚。

谈到工业生产，解决问题的办法还不多，确实很困难。如公营工厂现在还是处于维持状态，职工要全部养起来。至于私营工业，最近解决了一些问题，但有些问题则一时难于解决。巨大的困难还在我们面前，一九五〇年还要过好多关。对困难我们应该估计得严重些，譬如遇到灾荒怎么办？只要使人民能够看到远景和前途，思想一致，就能坚持下去，而且没有不能克服的困难。

失业的人员要政府收起来，应不应该呢？如果说应该，再问一下可不可能呢？我们知道，失业的数目是很大的，如果收起来，就必然加征公粮。现在大家都在叫公粮征重了，再加征不可能了，所以这一问题只好在可能的范围内逐渐地加以解决。目前第一要解决的还是国民党留下来的九十万军队和四十万旧人员的问题，这是约法八章〔4〕上允诺的，军大〔5〕就要训练这些人，这就叫有步骤地解决。失业的问题只能分散解决，不能集中解决，集中起来就成了一个大问题。如最近工业部招收了一部分学自然科学的同学，但数目不大。其他大部分同学暂时只能靠各人的社会关系做分散的解决。度过了目前困难时期，我们国家的各项建设逐渐地走上了轨道，那时是人才不够的问题，失业问题也就自然解决了。从情感上说，我们对许多人的失业是很难过的，但从考虑问题和解决问题上说，我们就不能把事情看得过于简单。我们希望大家忍受一下当前的困难，看清光明的前途，不要灰心失望。要知道，只要我们有决心为人民服务，即使我们暂时回到农村，也是能够做革命工作的。

最近物价波动，主要是由于市场上一时的供求失调和投机奸商的作祟，我们在市场管理上也有一些缺点。我们手上有足够的粮食、纱布等主要物资，今后平稳物价是不成问题的。不少朋友说我们的宣传工作做得太少，这个批评是很对的，希望我们共同来克服这个弱点。

这次座谈会解决了不少问题。不管原因何在，这样的会是开迟了一些，今后要多开。大家把意见交换好，把工作做好。要密切与各民主党派的关系，使我们能够对各种问题达到共同的认识，以便于进行共同的工作，完成共同的任务。

注　释

〔1〕《共同纲领》，见本卷第7页注〔3〕。

〔2〕刘司令员，指刘伯承，当时任中共中央西南局第二书记、西南军政委员会主席、中国人民解放军第二野战军司令员。

〔3〕赋元，指国民党政府在抗日战争时期开始实行的田赋征收办法。

〔4〕约法八章，即一九四九年四月二十五日中国人民革命军事委员会主席毛泽东、中国人民解放军总司令朱德在《中国人民解放军布告》中所宣布的愿与全体人民共同遵守的“约法八章”：一、保护全体人民的生命财产；二、保护民族工商农牧业；三、没收官僚资本；四、保护一切公私学校、医院、文化教育机关、体育场所和其他一切公益事业；五、除怙恶不悛的战争罪犯和罪大恶极的反革命分子外，凡属国民党各级政府的大小官员，“国大”代表，立法、监察委员，参议员，警察人员，区镇乡保甲人员，凡不持枪抵抗、不阴谋破坏者，一律不加俘虏，不加逮捕，不加侮辱；六、一切散兵游勇，均应向当地人民解放军或人民政府投诚报到；七、农村中的封建的土地所有权制度是不合理的，应当废除；八、保护外国侨民生命财产的安全。

〔5〕军大，这里指中国人民解放军第二野战军军政大学，一九五〇年三月后更名为中国人民解放军西南军区军政大学。

凡能开展统一战线工作的地方都易于克服困难*

（一九五〇年二月二十八日）

各地并报中央：

川西新繁县[1]的经验转发各地。根据其他地区的材料，也有同样的经验，即凡能开展统一战线团结了一些开明士绅的，都易于克服困难减少障碍；凡不重视统一战线而孤军作战的，都是一筹莫展困难重重，所以新繁的经验应引起各地特别的重视。

西 南 局

二月二十八日

注 释

〔1〕新繁县，旧县名，今属四川省成都市新都区。

* 这是邓小平为中共中央西南局起草的电报。

必须吸收各界代表性人物参加人民代表会议*

（一九五〇年三月五日）

必须广泛地吸收各界具有代表性的人物参加，并且要有意识地吸收一些开明士绅，甚至少数具有代表性的右派分子参加。只有具备了这样广泛代表性，而又能真正发挥民主的会议，才能称之为各界人民代表会议。

* 这是邓小平为中共中央西南局起草的《关于川北遂宁县各界人民代表会议存在关门主义问题给各地党委的指示》的节录。

学会管理城市，加强农村工作*

（一九五〇年三月六日）

西南局所决定的西南新任务有两个，一是要学会管理城市，二是要加强农村工作这个基础。新任务的提法，与我们刚进入西南时所提的是不同的。那时我们说，在城市接管工作告一段落以后，工作重点便要转入农村，等农村工作有了基础以后再建设城市。但这次西南局会议〔1〕把城市与农村两者并提，而且把学会管理城市提到前面，接着才是加强农村工作。为什么要这样提呢？因为全国大陆的解放，改变了整个形势。而过去的提法，是在全国大陆战争还没有完全结束时提出来的。那时城市受交通影响还孤立着，需要靠农村去养活它。像上海、杭州、南京等城市都是孤立着，要靠农村，收入也以农村为主，城市很少。所以，我们必须先把农村搞好，城市才有办法。但是，现在情况不同了，交通通达了，物资可以交流了，城市收入大大增加了。实际情况证明，城市只要管理得好，不但能够养活自己，而且能够有富余。

党的七届二中全会决定的全党工作方针是把重点放在城市，因为城市里集中了工业。中国要由农业国变成工业国，

---

* 这是邓小平在中共川东区委扩大会议上的报告。

就必须把城市搞好。没有城市，中国是不可能完成统一的。在中央财经委员会会议[2]上，刘少奇同志说，这次会议所提的统一，是中国共产党第一次全国代表大会就已经提出过的问题。可见建党以来我们就有了为统一而斗争的口号，但是统一是要靠城市的，没有城市就统一不起来。党的七届二中全会决议是正确的，这证明了毛主席的远见。

我们到西南后的工作情况也可以体会到这一点。譬如重庆搞不好，就没有办法统一，重庆本区域以及外区的物资就无法交流，物价就要波动。城市管理不好就没有中心领导，这可以看出城市领导乡村已经是事实了。我们想慢一点处理这个问题都是不可能的。像我们在南京预定西南税收农村是三十亿斤大米，城市税收则不到五亿斤大米，城市收入只是农村收入的六分之一，重点放在了农村。但实际上经过一、二两个月，我们核定的预算是农村收四十亿斤米，城市收二十五亿斤米，这就与在南京时的估计不同了。此外加九亿斤盐税，八亿斤其他税，总共是四十二亿斤，要在城市收起来。这还是在城市没有基础的时候，如果工作做得好，城市收入是要超过农村的。

我们这次会议精神是要改变大家头脑里原来的想法，这是所有做实际工作的同志都要注意的。中央财经委员会确定了全国的税收任务，说明如果不把城市搞好是不行的，不改变老观念，不把税收搞好，城市税收不占到全部财政收入的第一位，我们就过不了关。至于接收九十万国民党军队和旧人员，我们要养活，政策是不变的。这件事情办好了，就等于打了第一个大胜仗。

现在提到我们面前的是学会管理城市、加强农村工作基础两大任务。而要完成这两大任务的关键就是：第一，要完成财经上的每项任务。今天中央财委会提出的任务一定要完成，否则一切都无从谈起，这是政治经济的基础，我们的基础不稳就要垮台。第二，要善于组织群众，团结群众（这是指基本群众），不能只依靠外地来的六十万人，还要依靠西南的六千多万人民。第三，要搞好统一战线。统一战线中包含工人、农民、小资产阶级、民族资产阶级和其他民主人士。同时要分化敌人，从他们中间拉过一部分来，以减少我们工作的障碍。

现在我就完成这两大任务的三个关键问题，即完成财经任务、举行各界人民代表会议、剿匪分别加以说明。

一、关于完成财经任务。

为什么我们说一切问题的关键在于完成财经任务呢？为什么把这个问题提得这样高呢？中央局会议和我作的报告对财经问题讲得最多。现在中央财经会议又做了决议，提供了我们完成任务的有力武器。决议将由刘岱峰〔3〕同志传达，我不多说。我要提出来的是我们任务当中主要的物价波动问题。由于我们管理不好而造成物价波动，人民吃了亏，损失很大，使毛主席的威信、人民政府的威信受到很大影响。毛主席在延安整风时就曾经对同志们提出“共产党有无存在之必要”的问题，意思是说共产党如果能给人民做好事情就有存在的必要，否则，就没有存在的必要。如果共产党脱离了人民，人民为什么还要拥护共产党？现在由于我们在财经上有许多思想没有弄通，由于我们不会管理城市，近来人民生活水平普遍降低，重庆粮食、煤炭及日用品等都涨价，只有小菜这种生活必需品没有涨价，这是由于物价波动影响的。

结果是人民痛苦，工商业不能发展，不但乡村就是城市的人民购买力也都下降了。

如果不能稳定物价，我们就要脱离群众。许多人写信给毛主席、朱总司令，质问我们西南为什么不能把财经搞好？毛主席经常教导我们，不要以为把蒋介石打垮就胜利了，这只是万里长征的第一步。我们有许多事情不会做，如果不学会就要栽跟头，造成革命的失败！

党中央交给我们的第一个任务是节省开支。这不是说将实际的人数减少，关键是核实人数，要消灭空额。现在很多单位一千人报一千二。十一、十二军一下子便招了八千学生，事先没有经过批准，现在连教课的人都没有，就这样把人数搞得庞大得不得了。“韩信将兵，多多益善。”〔4〕我们有许多韩信，算人数只能讲大概，没有准确的数字。像川东需要供给的人数就是“大约二十五万”。我们的实际统计历来和组织部、供给部的统计都不一样，供给部的册子总是最大。一切按实际编制的人数很重要，我们一定要做到不准机动，要卡得很死，规定多少即是多少，而且要从领导同志做起，我们决定的预算也不能增加。现在有的干部认为西南安定了，纷纷接家属来，但是不管怎样，一定要按照规定的人数计算，决不能超过应有的开支，机动是不能允许的。这似乎不近情理，但是这样做才可以解决问题。供给标准最高的有每月拿三千四百斤粮食的，但那是给民主人士的。毛主席还是拿的供给制。我们将来也要实行薪给制，到那时再接家属也不迟，现在我们不是享福的时候。目前我们有两条路，一条是苦，另一条是垮。如果要享福就得垮，二者只能取其一。尽管这样做对一小部分人不好，但是对多数人的利益是好的，对整个革命是有好处的。总而言之，就是要保证开支不超过预算。

第二个任务是增加收入。报上公布的指示很严格，提出要保证各项收入百分之百地完成。对西南来说，八十二亿斤大米的任务一定要完成。对上级交给的任务，只有考虑如何完成，决不容许思想动摇或者要求减轻。川东十五亿斤的任务只许超过不许减少，各专署、县政府都要如此保证。中央指出现在最主要的收入是税收。因此，刘少奇同志提出，在一个县负责同志中，第一是县委书记，第二是县长，第三是税务局长。决不能没有收税的负责干部，因为税收任务完不成影响是很大的。川东在公粮方面带了头，规定了十亿斤的任务，完成的程度比其他各地都好，但是切不要就此松了劲。如果开始搞得好，以后又搞得不好，还是该批评！另外，也要力求扩大负担面。西南局规定完成八成任务，那是对全西南而言，川东必须全部完成，并且要争取多完成，用作学校教育、农贷救灾生产等。但这些开支也不能随便机动，要经过批准。这样是否会打击积极性呢？其实，把道理向干部群众说清楚了就不至于打击积极性。能完成并超额完成任务的区域就可以提百分之三十优先使用。总之，要想尽一切办法增加收入。

中央提出了要保证预算稳定，就是说收入只能超过不能减少，将来要制定纪律，不能完成者要受纪律处分。有人说“这样搞出了乱子怎么办呢？出了乱子都是你的办法不好”。我们要分析原因，如果是辛辛苦苦的官僚主义，搞得不好也要批评他。因为尽管辛辛苦苦，但总是官僚主义，总是没有完成任务。任务来了不能考虑轻重，只能考虑如何去完成它。川东十五亿斤米的税收任务不大，你们要大大超过，要尽量发现税源。假使物价不能平稳，吃饭的人多收入少，赤字一大堆，拿什么去搞国家工业？不能搞当然就不能进步到社会主义，不会收税就不能巩固赢得的政权。现在科学管理城市，我们确实不及资本家，我们脑筋不及他们灵活。这次重庆物价涨，固然有客观原因，但主要是贸易工作没有做好。例如，我们在应该抛售货物的时候没有抛是不对的。中央规定，以后凡应该卖的一定要卖出，否则要受市场的惩罚。我们提出要把重庆物价搞好，周围各县粮价就必须比重庆低。交给川东这个任务现在没有完成，周围各县粮价没有压下去，这是不行的。如果执行任务发生错误要检查，是领导错误应由领导者负责，是执行者错误应由执行者负责。如果干部少，宁肯其他工作受影响也要抽出干部来搞经济。只有物价稳定才能团结群众，这比开群众大会、组织农会更能团结群众。农会也反对物价上涨。现在什么是主要政治任务呢？稳定物价！革命如何才有保证呢？也是稳定物价！

说到缺乏干部，重庆有两万旧人员，军队中有八千学生，我们可以叫他们来做经济工作，一方面保证完成工作，一方面避免浪费人才。如安排去银行、贸易公司，还可以办金库、商店、合作社。在每个县、每个乡镇都成立零售商店，成立合作社，这样可以安排几千人下去。所以，干部要从这里来想办法。如果天天指望南京、上海来干部，那是要失望的。回想我们一些干部，在抗战初期还不是和现在的学生们一样，对马列主义一点都不懂，只是由于不满现实才参加革命，而现在都成了骨干。因此，我们也要培养教育学生，使他们将来成为骨干。使用他们可能要出乱子，但我们要有信心，只要不出大乱子就不要紧。我们老是说没有干部，而有了人却又不用，真是“小手小脚”，可以说是“三寸金莲”，这样解决不了问题。我们有魄力，就能在很短时期把局面打开。对现在的征粮人员，要为他们预谋出路，使他们在将来从事别的经济方面工作。我们作为共产党员，应该严格要求自己。讨论问题要在完成任务上想办法。

总之，要学会管理城市，而问题关键在于会不会收税。当然也有其他问题，譬如办贸易公司等，但最重要的是税收。

二、关于举行各界人民代表会议。

这是统一战线的问题。统一战线方法很多，但各界人民代表会议是基本形式，也是我们团结大多数人的基本形式，不能看作是无足轻重的问题。党中央近年来一直强调这个问题，我们西南的同志也要注意这个问题。凡是举行各界人民代表会议的都有很好的反应。据新华社报道，全国召开各界人民代表会议的地方很多，但没有开的也不少。川东区前一个时期对这个问题重视不够，许多地方都只是开一个大的座谈会而不是各界人民代表会议，贵州和川南开得比较多。中央说我们到一个地方半个月后就应该开代表会议，事实上我们没有办到。半个月是否就有问题可以讨论呢？有的。各种问题都可以讨论，但就是没有开会，这就叫关门主义。有的说代表难找，怕找不到好人。实际上任何地方初次开会都不会很成功（除非解放前地下党工作做得特别好）。像川南富顺县，开会代表百分之百都是乡保长派来的，是地主的代表，其中少数人一句话也不会说。但毕竟他们都是农民，一经过启发就转变到人民的方面了，结果很好。如果怕代表成分不好、掌握不住，这也是关门主义。如果觉得在代表会议上要由我们发号施令，这也是错误的认识。开会结果最不好的是贵州平坝县，因为会议通过了要求减免公粮、保护民枪等不好的决议。但是，通过召开代表会议，对联系群众会起很大的作用。所以说，各界人民代表会不仅要认真地开，而且要经常地开。各县三个月一定要开一次，甚至两个月开一次，内容如征粮、剿匪等都可以，这样才能团结更多的人士。

昨天报上登载，某县代表会议上一共一百九十六名代表，工人十九人，农民一百三十三人，其他四十四人（包括各机关代表、民主人士、自由职业者、青年学生、教师），但在其他四十四人中有一半是机关代表。这就叫农民代表大会了，实在不能叫各界人民代表会，这样做肯定不能团结大多数。除了农民外，其他代表只是成了花瓶为了好看而已，这肯定不能分化敌人。有的同志听到人家批评我们便面红耳赤，甚至作为会议主席要制止人家讲话，这是不民主，不能团结大多数。我们要做到知无不言、言无不尽，能够使他们把所有的话都说出来，即使反动的只要说出来也好，因为这样才可以有斗争。你有发表反动言论的自由，我也有发表反对反动言论的自由。如果不注意民主的实质，光去讲究民主的形式，农民就永远当不了主人。总之，要让各界、各阶层代表把话说完。工人、农民、地主、资本家之间是有斗争的，只要能把选票即举手的数字把握住，不妨使各界代表人数平均一点，有了基本群众，其他就靠说服了。要能够用道理说服人，这才算是共产党。

重庆开企业工人代表会议的做法，是很好的经验。有的人开始闹，因为工资低大骂我们，后来开企业工人代表会，我们就专找要求增加工资发牢骚最多的那些人来当代表；会议中经过刘主席[5]及工会负责同志谈话，回去一宣传，解决了很多问题，甚至有的愿意少拿几个折实单位[6]去帮助别人，这就叫联系群众。所以不管遇到什么问题，都可以开代表会议。譬如学校可以开学生代表会议、教员代表会议，县里可以开各界代表会议，区乡可以开农民代表会议。有土匪就讨论剿匪问题，春天就讨论春耕问题，当然要有准备、有方针、有领导，这样才能收到实效。我们不要觉得开会麻烦，因为可以在会议上解决许多问题。有时我们对稍不顺眼的人就不要他们参加会议，这是不对的。代表一定要有代表性，说话人家相信，否则便不能起代表作用。对地主（我们称为开明士绅）、资本家的代表，我们一定要准备听他们的反对声和叫苦声。我们叫资本家开会，无非是要他们来拥护政府，就是不拥护也不说坏话。毛主席在北京欢迎程潜[7]，有人认为不必要，但这样做很有利，可以给台湾的敌人看。程潜在湖南讲一句话，许多人都相信他，这就是团结，就是对民主人士的方针。我们应当客气地对待各地方的“秀才举人”，因为他们是能起作用的。分化孤立敌人是我们的策略。团结大多数人以及团结大多数人的步骤方法，也都是我们的策略。

富顺有个人，二十几年来一直反对国民党，在地方上有威望，对有些问题的看法比我们县委要高明，但是因为他对我们的县长说话不客气，便不要人家参加代表会，结果也就失去了一份力量。你说自己是领导，还要看人家听不听你的领导，特别是要注意团结本地人。现在土匪有句口号是“只打山东人”，山东人即指从外省来的干部。我们要分化敌人，不要孤立了自己才是对的。西南的封建力量比其他各地都大，我们反封建要有步骤、有方法，要团结民主人士、开明士绅与我们一块工作，使他们的心里舒服，否则他们就要造反。像这次买公债，中央财委会委员李烛尘是天津大资本家，他把天津应完成的公债任务包了下来，通过朋友关系分发下去，结果天津超额完成了任务。马寅初是中央财委会副主任委员、经济学家，他到杭州也是用这个办法，找朋友、熟人来分担公债，杭州也进行得很好。他又到上海查公债簿，看到一个朋友只买了六份，大不以为然地去找他再买，那朋友不肯，他便说出他的资财来，并说如果不多买，我们之间朋友关系就算完了，结果他那个朋友自己又找其他的人买了不少。这说明了团结民主人士，他们便会给我们很大的帮助。这是一个路线问题，就是团结多数对少数作战。这样看来，我们为什么不好好召开各界人民代表会议呢？为什么要拒人千里之外呢？像富顺的例子，孤立自己是不能把事情办好的。剿匪中我们苦无情报，如果团结了地方人士，他们便会把任何事都告诉我们。我们可以有意识地安排两个哥老会的人，以开明士绅身份来参加代表会议。否则，有些事也不好办。

使知识分子有业可就也很重要。现在许多知识分子来信都是要求职业。蒋介石在这里时，他们没有地位，如果共产党来了也是这样，就会使他们失望。旧知识分子作为领导人领导革命不行，但是离开他们也不行。这些知识分子在学校读书时，也反对帝国主义。要把他们看作是我们的队伍，各地工作人员都要团结他们，否则他们也会反对我们的。虽然我们编制少，但是有许多银行、商店要开办，可以吸收他们做工作。这样他们就有了前途，即使十个人中吸收一个，其他九个人也都有了一份希望。将来分土地可以要他们记账。过去我们都和他们一样，对现状不满便起来造反，现在我们虽然得了天下，也不能说他们就不可能造反。如果他们的现状过不去也要造反。知识分子爱当军师，汉高祖〔8〕有张良、萧何〔9〕，明太祖〔10〕有刘伯温〔11〕。现在土匪中也有很多军师。我们不能小看这个问题，丢了他们是办不好事情的。只要我们想办法给他们出路，他们就心安理得了。

三、关于剿匪。

对剿匪，我们的政策是首恶必办，胁从不问，立功受奖，宽大与镇压相结合。具体处理时，不可不杀，但不可多杀，主要是宽大，是争取。首恶必办是为达到争取目的，镇压是为了分清界限，两方面丢掉任何一方面都不对。现在好像把镇压这方面丢了，把首恶必办也丢了，结果是非不辨，界限不明。如果当了土匪、抢了人也可以回来安居乐业不受惩罚，这是危险的。我们不是不杀，但不能乱杀。有的同志现在提到杀人就怕，该杀的不杀，这也是不对的。许多人写信给我们，各党派代表会议上也向我们提出这个问题。贵州土匪还嚣张地说："在共产党这里抢三次五次是不要紧的，再多了就不行。"假使土匪们都来抢三次五次，试想社会秩序会成什么样？乐山三十几个干部被土匪击伤二十个，我们部队赶到后，捉住了三十个土匪，但一个也不杀，这还有什么是非呢？璧山、大竹、铜梁捉住了好几百人，为什么不枪毙几个呢？他们持枪反革命，杀干部，为什么不可以杀呢？要杀几个，群众才敢报告，才能孤立土匪，对最坏的要打得最坚决，这样土匪是不会不怕的。现在就是永川土匪和庹贡庭〔12〕两股匪比较大一些，杀几个就可以使他们不敢猖狂了。

当然，杀人要有明确的规定：一要经过区党委批准，二要经过军事法庭。这样就不会乱了。

注 释

〔1〕西南局会议，这里指一九五〇年二月六日至十日在重庆举行的中共中央西南局委员会第一次全体会议。

〔2〕中央财经委员会会议，这里指一九五〇年二月十三日至二十五日中央人民政府政务院财政经济委员会在北京举行的全国财政会议。

〔3〕刘岱峰，当时任西南军政委员会财政经济委员会副主任。

〔4〕见《史记·淮阴侯列传》。

〔5〕刘主席，指刘伯承，当时任中共中央西南局第二书记、西南军政委员会主席。

〔6〕折实单位，见本卷第 21 页注〔4〕。

〔7〕程潜，当时任中南军政委员会副主席、湖南省人民军政委员会主任。

〔8〕汉高祖，即刘邦，西汉王朝的建立者。

〔9〕张良，汉初大臣，刘邦的重要谋士之一，后封留侯。萧何，汉初大臣，刘邦的重要谋士之一，后封酂侯。

〔10〕明太祖，即朱元璋，明朝的建立者。

〔11〕刘伯温，明初大臣，朱元璋的主要谋士，后封诚意伯。

〔12〕庹贡庭，曾任国民党四川省第八行政区督察专员，后组织“川黔湘鄂民众自卫军”，自任“总司令”。一九五〇年三月被抓获。

为纪念三八国际妇女节题词

（一九五〇年三月八日）

妇女工作的重点，应该放在劳动妇女身上去。一个知识妇女，只有当她与劳动者相结合并诚心诚意地为她们服务的时候，才能发挥自己的作用，并使自己获得改造。

邓小平敬题

一九五〇年三八纪念节

西南工作情况*

（一九五〇年四月十一日）

一

人民解放军第一、第二、第四三大野战军的部队，从去年十一月初开始进军西南的战役。我二、四两野战军部队首先在湘鄂川边，以神速突然的动作一举歼灭宋希濂〔1〕部主力，乘胜猛追，沿途消灭蒋军增援部队罗广文兵团〔2〕大部，并以平均每天百里以上的速度直追长江南岸，宽正面地抢过长江，蒋介石十一月二十九日仓惶逃走，我四野、二野各一部于三十日同时进入重庆市区。蒋军在逃跑之前，进行了严重的破坏，尤以电力损失最重。幸我进展神速，加以在厂员工努力保护，使重庆工业得到挽救，这是比之消灭敌人更为重大的胜利。我军另一路亦于十一月中旬先后抢占贵阳、遵义。其时，胡宗南〔3〕正由陕甘南退，企图退入西康〔4〕、云南做最后的挣扎，我军乃又不顾疲劳，分由重庆、贵阳，以急行军抢占泸县、宜宾、乐山、邛崃之线，完全截断了胡宗南南逃道路。

而我贺龙〔5〕将军率领之一野兵团则适时地由陕甘南部

* 这是邓小平在中央人民政府委员会第六次会议上报告的主要部分。

尾击胡军，直迫成都，至此由陕甘、重庆等地退集成都周围的四十余万敌军，被我完全包围，在企图突围南逃之李文兵团[6]被歼后，其余各部被迫宣布起义。全西南的主要作战，在我三大野战军协同努力之下，于十二月二十七日宣告结束。

西南作战从战役发起到结束，为时不过五十七天，前进约三千华里，提前两月完成战役计划，消灭蒋胡残余部队约九十万人，其中包括投降、俘虏四十余万，起义四十余万。西南战役之能获得如此胜利，是由于毛主席领导的正确，全国胜利形势的影响以及人民解放军的无坚不摧的力量。同时卢汉、刘文辉、邓锡侯、潘文华[7]诸将军于十二月九日宣布起义，亦起了良好的配合作用。

云南解放后，曾发生原已被迫宣布起义之李弥、余程万[8]两军的叛变行为。我云南人民武装及二野一部曾协同卢汉将军进行保卫昆明的战斗，旋以四野、二野各一部由广西赶赴滇南，迅速扑灭了李、余两军的叛乱。胡宗南于成都失败后，逃往西昌，企图收集残部巩固西南最后据点，并图组织和指挥所谓西南游击战争，我军一部已于三月下旬分南北两路同时渡过金沙江及大渡河，二十七日解放西昌，残敌正肃清中。至此，西南全境除西藏外已获全部解放。

随着战争的发展到结束，我们同时进行了接管城市、改造原国民党军队及屯集公粮等三项主要的工作。

对于起义的原国民党军队，已派出军事代表团到各个部队工作，帮助进行教育改造，使之逐步地具备符合人民军队的条件，然后才有可能按照人民解放军的方式实行整编。这些部队在起义后表现各有不同，某些部分特务分子仍然活跃，叛变事件已多次发生。我们一本毛主席的方针，耐心地帮助他们实行改造，使他们转到人民方面，并使官兵各得其所。

在农村，当前的主要工作有三个：一为剿灭土匪，二为征收公粮，三为布置春耕。

西南土匪，二月份曾被消灭两万余人，三月份尚无统计。西南土匪的特点，从开始就带着明显的政治性质，国民党反动派在淮海战役失败后，就着手进行其所谓游击战争的准备工作，四川一省就训练了所谓游击干部达五千人之多。我们鉴于各个解放区的历史经验和敌人对于西南的布置，在成都周围大战方告结束的时候，就指出了以国民党特务为骨干的土匪骚扰必然发展，因而提出了准备打第二仗的方针。所以，当土匪蜂起时，人民解放军的思想并未感觉突然，惟因部队进入指定地区时间较晚，地形人情当未摸熟，群众发动尚需时间，故剿匪工作一时难以获得显著成绩。现在地方军事工作布局已定，群众组织也已开始，以我军丰富的游击战争和剿匪经验，土匪是不难肃清的。

二

我们到西南后，一面接管城市，一面布置征收公粮。

城市接收，因为干部已有相当经验，比较顺利，大体都在一月份内先后告一段落。但在管的方面，问题复杂，尚无显著成绩，而尤以工业的困难最多。西南工业确有相当基础，这是建设西南的良好条件。但是这些工业在国民党时代，大都服务于战争，其原料多来自外国，现在要把它改变为民用工业，并非易事。私营企业亦有不少困难，普遍要求政府在贷款、解决原料、收购产品等方面予以帮助。我们正首先为国营企业找寻出路，力求尽早开工。在国营企业逐渐恢复生产下，私营工厂的困难亦可逐渐地获得解决。

同全国其他各地一样，旧历年前，西南各地都曾发生物价波动的严重现象，引起了人心的不安，我们曾采取了有效的办法使之平稳下来。现在投机商人仍在伺机而起，而土匪活动也影响了城乡的贸易和物资的调拨。我们正在加紧剿匪，安定社会秩序，同时加强市场的组织与管理，保护正当商业，打击投机分子。由于国营贸易机关掌握了大量的主要物资，今后稳定物价是有把握的。

城市中另一严重问题，是失业者要求工作，要求出路。这个问题只能在恢复和发展生产的过程中，逐渐地加以解决。因为我们接收了大批旧职员，必须先使他们获得教育和安置，才能谈到其他的就业问题。就西南的经济条件而言，只要度过今年的困难时期，工农商业当可获得恢复和发展，失业问题亦可获得逐步解决。

征收公粮，因为我们接收了近九十万的国民党军、四十万左右的旧有员工，加上进入西南的人民解放军，吃饭人数接近两百万人。如果不好好解决这两百万人的吃饭穿衣问题，势必大乱。西南一九四九年度四十亿斤的公粮数字是不算轻的，但据我们调查，加上国民党已征部分，仍未超过农民粮食总收获量的百分之二十，比之国民党时代各种苛杂的总和，还是要轻得多。只是征收时间较迟，同时因为我们干部不足，还不熟悉情况，不能不用旧的乡保甲长，所以这次征粮，困难是难免的。只求其做到比较合理，而又能及时完成任务、避免混乱，就是符合于人民的最大利益。据调查，最不合理的还是农民相当普遍地超过了其应负担比例，但农民因为比较历史上负担要轻，政治上已获解放，故缴纳仍非常踊跃。而地主则因为历史上总是把负担转嫁到农民身上，这次必须破例按照应负担量缴纳，于是利用某些不合理的事件，大喊大叫起来，甚至勾结土匪破坏征粮。此种现象正在克服，同时我们对于某些不合理现象，亦正作适当而又可能的调整。总之，公粮数目必须百分之百地保证完成，否则将使整个工作陷于被动和混乱之中。

春耕生产已引起各地注意，并与剿匪征粮配合进行。凡属征粮有成绩的地方，均已将生产作为工作的中心。

西南少数民族工作极端重要。人民解放军在各少数民族区域受到热烈欢迎，贵州苗民缴纳公粮比汉人还要踊跃。我们正本着人民政协《共同纲领》〔9〕，团结各民族共同建设西南，巩固国防。

我们到西南后的主要工作方法，是开各界人民代表会议和农民代表会议。凡是已经建立政府的地方，大体都召开了这种会议，收到良好的效果，对于克服困难作用甚大。现在各级政府正在加强容纳各方民主人士和与群众有联系的代表人物参加工作。西南有丰富的资源，有六七千万人口，经济建设条件甚好。目前困难虽多，只要我们善于与各界人士共事，善于运用各界人民代表会议，善于团结人民，所有的困难都是可以克服的。

注　释

〔1〕宋希濂，一九四九年十一月时任国民党军川湘鄂边区绥靖公署主任。

一九四九年十二月，被中国人民解放军俘虏。

〔2〕罗广文兵团，指罗广文任兵团司令官的国民党军第十五兵团。

〔3〕胡宗南，一九四九年十一月时任国民党军川陕甘边区绥靖公署主任，十二月被任命为国民党军西南军政长官公署副长官兼参谋长。

〔4〕西康，见本卷第 11 页注〔1〕。

〔5〕贺龙，当时任中共中央西南局第三书记、中国人民解放军西南军区司令员。

〔6〕李文兵团，指李文任兵团司令官的国民党军第五兵团。

〔7〕卢汉，原任国民党云南省主席兼云南绥靖公署主任，一九四九年十二月九日在昆明率部起义。刘文辉，原任国民党西康省主席。邓锡侯、潘文华，原均任国民党军西南军政长官公署副长官。一九四九年十二月九日，刘文辉、邓锡侯、潘文华在四川省彭县率部起义。

〔8〕李弥，原任国民党军第十三兵团司令官兼第八军军长，一九四九年十二月九日国民党云南省主席兼云南绥靖公署主任卢汉发动云南起义时被扣留。余程万，原任国民党军第二十六军军长兼滇东南“剿匪”指挥官，云南起义时曾被卢汉扣留。李、余两人被卢汉释放后，又率部进攻昆明被击溃。

〔9〕《共同纲领》，见本卷第 7 页注〔3〕。

青年要为创造美好的将来做准备*

（一九五〇年五月四日）

中国革命的基本经验之一，即是革命必须在中国共产党领导下，并以马列主义、毛泽东思想作指导；且在广大知识青年与工农群众结合起来，才能取得革命的胜利。目前全国已开始进行生产建设的新时期，经济建设中所遇到的困难，是胜利中的困难、暂时的困难。困难是有办法克服的。

今天为了巩固政权，建设国家，青年一代将在咬紧牙关，渡过难关的总任务下，继续进行百折不挠的斗争。而青年本身的特殊任务，就是学习。在努力进行学习的特殊任务中，熟悉业务，掌握技术，为创造美好的将来准备好条件。

＊ 这是邓小平在重庆市青年举行的庆祝五四青年节大会和首届重庆市学生代表大会上致词的摘要。

学会用笔的领导方法*

（一九五〇年五月十日）

我们的领导同志往往不善于在报上写东西，这只有一个解决的办法，就是学习。不会的要学会，不精的要学精，这是毛主席的指示。用开会的方法行不行呢？行的，但一个会议顶多一千人。个别谈话需不需要呢？也需要，但仅是个别。所以领导的主要方法是用笔。用笔写成东西指导工作有一个好处，就是比嘴说的要周密全面，因为写出来的东西是经过提炼的，并能使广大群众都能了解。报纸是政府最广泛、最直接与群众见面、与群众结合的一种好工具。任何政策法令，只有和群众见面才能生效。这就说明新闻工作任务的重要。领导就是要善于运用报纸。领导必须看重这个武器，不懂得利用这个武器，这个领导就很有缺点。

---

* 这是邓小平在西南军政委员会新闻出版局召开的传达全国新闻工作会议决议、讨论改进新闻工作会议上讲话要点的一部分。

西南区整风的重点和步骤*

（一九五〇年五月十一日）

整训干部（整风）问题，五月九日的中央局委员会第二次会议做了专门的讨论，一致认为西南干部作风问题甚为严重，必须依照中央指示进行整风。同时因为西南干部少而弱，工作任务繁重而紧迫，故确定整风的主要方法是联系实际，从检查工作入手，充分发扬批评和自我批评，达到使干部提高一步的目的。整风对象着重于军队各级干部和地方三万左右的骨干，其中又以县以上干部为主。在步骤上地方拟先由省区党委集中县委书记以上干部整风，弄通他们的思想是一切问题的关键，然后经过他们去领导三万人的整风，时间以半个月到二十天为度。整风指示正起草中。

---

* 这是邓小平给毛泽东并中共中央报告的第三部分。五月十三日，毛泽东将这个报告批转各中央局及上海市委，并在批示中指出：“其中所说整风步骤，我们认为是正确的，请你们亦照此项步骤部署进行，即先整县委书记以上，再整广大干部。”

关于做好彝民工作的意见*

（一九五〇年五月十二日）

西康[1]区党委并报中央：

西昌地委辰东电[2]及廖、鲁齐日复电[3]均悉。你们对于彝民问题的处理意见是正确的，对彝民工作千万不要性急，第一步的目标主要是达到汉彝之间的和睦，同时开办训练班，多方耐心地培养一些青年积极分子作为沟通彝区关系和将来实行改革之基础。目前切不可在毫无准备的情况下，就企图去进行政治的或经济的改革事宜，但你们应该指示贸易机构在进行与彝区的贸易工作中使彝民获得好处，及教育、卫生部门能给彝民教育、治病等，这将大大帮助对于彝民的团结和争取。至于行政的区划，我们觉得组织一个彝民自治区（命名为西康省凉山彝民自治区人民政府）是有极大好处的。但是在许多支头[4]分割统治的情况下，有无成立这样一个统一的自治区政府的条件，是值得考虑的。如果这些条件还不成熟，则可暂时组织汉彝联合性质的各级政府，等到条件成熟后再说。此点请你们加以研究并与彝民

---

* 这是邓小平为中共中央西南局起草的电报。

代表人物交换意见，将结果告诉我们再做决定。

西南局
辰　文

注　释

〔1〕西康，见本卷第11页注〔1〕。

〔2〕西昌地委辰东电，指一九五〇年五月一日中共西康省西昌地委书记梁文英给中共西康区委第一书记、西康省主席廖志高和中共西康区委常委、西康省副主席鲁瑞林的电报。电报指出：彝民工作的主要问题是彝汉长期纠纷，为了解决这一问题，应该普遍向人民宣传党的民族政策，尊重彝民及其风俗习惯，保护他们的生命财产及开办彝民学校等；“少数民族问题很复杂，不能要求过急，我们必须坚持政策、有计划有重点、一步一步去做”。

〔3〕廖、鲁齐日复电，指一九五〇年五月八日廖志高、鲁瑞林给梁文英并报中共中央西南局及中共西康省康定地委的电报。电报表示基本上同意梁文英在五月一日电报中提出的关于彝民工作的意见，并提出：彝汉两族互相仇恨情绪是历史上长期存在很普遍很深固的，解决这个问题必须在汉彝两族中进行长期艰苦的实际工作；在彝民方面，除大力宣传党的民族政策外，应切实吸收相当数量的适当人物参加政府工作；在全体干部尤其本地干部中继续进行关于民族政策的教育等。

〔4〕支头，彝族家支首领的称呼。

要注意保护重要民主人士*

（一九五〇年五月二十二日）

各地并中央：

兹将贵州省委十七日报告转发你们。国民党匪特残杀我党负责干部及知名民主人士，为其阴谋破坏的主要手段之一，望各地引起严重注意。对于重要民主人士的保护与对于我们自己同志的保护一样重要，公安部门要与统战部门加以研究，列入自己的工作范围之内。

西 南 局
辰 养

---

* 这是邓小平为中共中央西南局起草的电报。

以十条条件作为和平进军西藏的谈判基础*

（一九五〇年六月二日）

西藏工作委员会转平措[1]，甘孜台转天宝[2]并告云南省委，西康[3]、川西区党委：

甲、中央已批准向西藏当局提出下列十条条件作为和平进军的谈判基础，即：

（一）西藏人民团结起来，驱逐英美帝国主义侵略势力出西藏，西藏人民回到中华人民共和国祖国的大家庭来。

（二）实行西藏民族区域自治。

（三）西藏现行各种政治制度维持原状，概不变更。达赖[4]活佛之地位及职权不予变更。各级官员照常供职。

（四）实行宗教自由，保护喇嘛寺庙，尊重西藏人民的宗教信仰和风俗习惯。

（五）维持西藏现行军事制度不予变更，西藏现有军队成为中华人民共和国国防武装之一部分。

（六）发展西藏民族的语言文字和学校教育。

（七）发展西藏的农牧工商业，改善人民生活。

（八）有关西藏的各项改革事宜，完全根据西藏人民的

---

* 这是邓小平为中共中央西南局起草的电报。

意志，由西藏人民及西藏领导人员采取协商方式解决。

（九）对于过去亲英美和亲国民党的官员，只要他们脱离英美帝国主义和国民党的关系，不进行破坏和反抗，一律继续任职，不咎既往。

（十）中国人民解放军进入西藏，巩固国防。人民解放军遵守上列各项政策。人民解放军的经费完全由中央人民政府供给。人民解放军买卖公平。

乙、以上十条件应正确翻译全文，交由适当代表向藏方当局正式提出，但这十条暂时还不宜在布告、传单等文件中全文公布，以免暴露我之全部意图，为英美所破坏。但这些原则可分别地用口头或文字（不列条项，不拘形式）将这些内容向藏族各阶层进行宣传。

丙、请天宝即将这十条全文与格达〔5〕和大金寺首领交换意见，正式请格达为代表入藏谈判，亦可经由大金寺首领持此十条入藏谈判。格达入藏名义请他自己斟酌提出意见，以凭确定（告他这是朱总司令和刘主席〔6〕的意思）。天宝应将反映迅速告知。

丁、请平措以此十条正式向有关方面提出谈判，并将反映迅速告知。

西 南 局

六月二日

注　释

〔1〕平措，即平措汪杰（平汪），曾译为平措旺阶，当时任西南军政委员会

委员、西南民族事务委员会委员、中共西藏工委委员。

〔2〕天宝，原名桑吉悦希，当时任中共西藏工委委员。

〔3〕西康，见本卷第11页注〔1〕。

〔4〕达赖，指达赖喇嘛·丹增嘉措，当时是西藏地方宗教和政治领袖之一。

〔5〕格达，即格达·呼图克图，西康省甘孜县（今属四川省）白利寺活佛，当时任西南军政委员会委员。

〔6〕刘主席，指刘伯承，当时任中共中央西南局第二书记、西南军政委员会主席。

为《新编针灸学》题词

（一九五〇年六月七日）

把我们国家许许多多的科学遗产，加以批判地接收和整理，是一件非常重要的工作。

邓 小 平

六月七日

征粮中应合理确定地主负担额*

（一九五〇年六月八日）

川南区党委并井泉[1]同志：

井泉六月三日电[2]照转川南区党委。据王维纲[3]反映，简阳地主负担有超过百分之九十到二百者，如果属实，你们就应主动加以调整。同时，凡在成都催粮的均须在政策上与川西一致并须受川西区党委之领导至要。此外，请你们检查一下简阳负担情形，如负担面多大、各阶层负担比例、地主有多少是超过应负担量的、应如何调整等等，并电告我们。对于其他各县也应做这样的检查。总之，我们对于地主的政策是，凡属过重的即超过政务院规定之负担额的和家境确实不好的即应主动减少，凡属不超过应负担额者必须坚持催收，有的亦可允其在秋收后缴纳，但必须缴纳，这在政治上打击地主的拖赖也是必要的。

西 南 局

六月八日

---

* 这是邓小平为中共中央西南局起草的电报。

注 释

〔1〕井泉，即李井泉，当时任中共川西区委第一书记、川西行政公署主任、中国人民解放军西南军区副政治委员兼川西军区政治委员。

〔2〕六月三日电，指一九五〇年六月三日李井泉给中共中央西南局的电报。电报说，王维纲请求协助向在成都的简阳仁寿籍的地主催交公粮，我们同意按照川西催粮办法帮助解决；由于简阳地主负担较重，与成都的催收比率不同，容易出现政策不统一的问题，建议调整川南的地主负担政策。

〔3〕王维纲，当时任中共川南区委委员、中国人民解放军西南军区第十军政治委员兼川南军区政治委员。

处理土匪要按具体情况决定*

（一九五〇年六月十三日）

对于土匪队伍，只能令其投诚，不能接受改编等条件。投诚后，对于土匪首领个人可给以适当安排，给予工作和改过之路，罪恶重大者亦可减轻处分，但须视其表现好坏而定。在争取过程中，你们可以适当地与军事打击相配合，一切由你们按具体情况决定。

---

* 这是邓小平为中共中央西南局起草的给中共贵州省委电报的主要部分。

克服一切困难修建成渝铁路*

（一九五〇年六月十五日）

我们今天建设成渝铁路，是在经济与设备困难的条件下开始的。人民对建设的希望是花钱少，事情办得好。我们调出一部分部队参加建筑，也是为着替人民少花一些钱，把铁路建设起来。许多困难问题，必须要以为人民服务的精神，逐步地求得解决和克服，并防止官僚主义的倾向发生。修路部队要遵守劳动纪律，要学会掌握修路技术，尊重技术人员的指导，要紧密团结起来进行工作。

---

* 这是邓小平在成渝铁路正式开工典礼上致词的摘要。

关于救灾的方针*

（一九五〇年六月十六日、七月六日）

一

你们必须注意城口灾情，用大力组织与指导于该县生产救灾工作，可按该县救灾需要，速拨一批杂粮去兑换或收购茶叶及其他山货，并以一部施行急赈贷放，总以保证不误农业生产，不饿死一个人为原则。

近来川南亦有个别地方发生灾情，证明即使在小麦收割之后，也有发生夏荒的可能，各地对此应引起警惕，一经发现即须进行有效的救济。

（一九五〇年六月十六日为中共中央西南局起草的给中共川东区委并西南各地的指示的主要部分）

二

各地必须严重警惕，凡属有灾地区必须组织专门的救灾委员会，负责组织和领导救灾工作，党委及政府首长必须亲自主持和检查这个工作。保证不再饿死一个人。救灾必须采

* 这是邓小平为中共中央西南局起草的两份电报。

取以生产自救为主，社会互助、政府救济为辅的方针，同时也应拨出一部分粮食进行急赈工作。

各地财委尤应采取迅速而有效的办法，用举办生产贷款、收购灾民生产品等方法，帮助那些最重要的农村副业和手工业的恢复，这应成为救灾的主要工作。各财委特别是贸易部门，应把这件事当作自己的重要任务，而不能当作一件附带的工作去做。同时各地政府应在灾区举办一些水利（挖堰塘、修水渠）、交通等工程，以安置一些失业的人员。

（一九五〇年七月六日为中共中央西南局、西南财委起草的《关于救灾工作的指示》的主要部分）

金融税收政策是关系团结藏族人民的政治问题*

（一九五〇年六月二十一日）

西康[1]区党委、十八军并报中央：

张谭巳铣电[2]照转你们，从这个报告看出在康定的金融税收政策是有问题的，你们必须重视这个问题，派负责人去康定检查和纠正，因为这不是一个简单的经济问题，而且是关系到团结藏民的政治问题。对于康定区的财经工作应本下列原则进行：

（一）不要希望在那里有多少财政收入，不要给该区以过多的财政任务。该区的收入，也应完全用之于本地与藏民有利的事情上去，而以极少数的一部分作为行政费用，军费全部乃至行政费之一部应由外面贴补。

（二）所有其他区域的税收金融等项办法，绝不能搬到少数民族区域去用，而应另订适合于该区的办法，以不致引起藏民绝大多数人的反感为原则。对于金融问题前已电告你们照市价限期收兑藏洋[3]，银元比值应与成都雅安一致，务必坚决执行。康定税收应立即调整，西南财委业已电示你们：对于外国货物也只能照普通税率征收，不宜增加，但应

* 这是邓小平为中共中央西南局起草的电报。

另订关税办法并禁止某些外货入口。

（三）应采取有效措施，鼓励与帮助藏民的土货出口及必需的入口，你们要派政治上较强的干部去主持该区的贸易工作，在少数民族区域的贸易工作乃是政治工作的主要内容，绝不要以赚钱为目的，只能是以为藏民服务为目的。

（四）对于少数民族区域的各项改革事宜，应迅速而坚决地废除由于过去大汉族主义统治而形成的那些不合理的制度，但对于牵涉到少数民族内部阶级关系（如乌拉〔4〕制度）的改革事宜，一律暂不进行，也不要宣传。

（五）中央对少数民族工作中的纪律性，已有专门指示，务必在一切干部中深入传达和讨论。

（六）藏区贸易与十八军进军关系极为密切，前已电十八军派负责同志到西康区党委商议共同进行办法，请将你们商议的结果告诉我们。

西　南　局

六月二十一日

注　释

〔1〕西康，见本卷第 11 页注〔1〕。

〔2〕张谭巳铣电，指一九五〇年六月十六日，中共西藏工委书记、中国人民解放军第十八军军长张国华，中共西藏工委副书记、第十八军政治委员谭冠三，第十八军副军长昌炳桂，第十八军参谋长陈明义给西南军区和中共中央西南局的电报。电报中报告，康定人民银行六月十六日开始营业，由于西康财委不收兑藏洋的决定严重影响康藏人民的生活，因此与康定地委商定，仍照以往方法收兑藏洋，所兑藏洋交给第十八军进藏使用。

〔3〕藏洋，又称四川藏洋，二十世纪初由清朝政府铸造发行，在川滇边藏区通用的法定银币。新中国建立后停止使用。

〔4〕乌拉，指旧时藏族地区农奴向农奴主支应的各种差役，包括人役和畜役，是农奴的一项繁重负担。

为中国共产党成立二十九周年题词

（一九五〇年七月一日）

共产党员应该掌握批评和自我批评的武器，克服官僚主义、命令主义和统一战线中的关门主义，紧紧地联系群众，才能完成任务并使自己勇敢地前进。

邓 小 平

于党的二十九周年纪念日

在西南局、西南军区纪念中国共产党成立二十九周年大会上的讲话

（一九五〇年七月一日）

同志们：

西南解放半年了。在这半年中，我们二十余万党员、六十万人民解放军指战员和所有革命干部，同人民在一起，进行了艰苦的斗争和紧张的工作。在短短的时间内，无论在剿匪方面，财政经济工作方面，文化教育工作方面，统一战线工作方面，群众工作方面，无论在城市和乡村，都获得了显著的成绩。我们绝大多数同志都是奋不顾身、日以继夜地工作，他们一心一意地为着党的事业和人民的事业，不避艰险，任劳任怨，并且有几千个共产党员和革命战士光荣牺牲。他们诚心诚意地为人民办好事而不计较个人的享受；他们在工作中难免发生错误，但是他们善于接受别人的批评和运用自我批评的武器，勇敢地改正错误；他们对于中央和上级的指示采取精心学习的态度，以便于正确地运用到实际工作中去；他们无愧于人民。斯大林说过，共产党员是用特种材料构成的新型的人物[1]，我们绝大多数共产党员是符合这种新型人物的称号的。没有他们，党的任何正确领导都会

归于无用，任何工作计划都会变成一纸空文，人民翻身就会成为不可能的事情。因此，在庆祝建党二十九周年的时候，应该向他们祝贺，应该感谢他们的努力！

但是，我们党内也有另外一种党员，他们入党的动机是不纯的。他们入党，不是来革命，不是来为人民服务，而是因为共产党已经成为领导国家政权的党，想利用共产党员的地位来达到他们贪污腐化、升官发财、营私舞弊，甚至保护封建势力、压迫人民、破坏革命的目的。这种人在我们党内虽然不多，可是他们的行为对于我们的革命事业有不少的损害，我们应该有所警惕。对于那些由于胜利冲昏头脑，以致迷失方向、产生蜕化思想的同志，应该热忱地帮助他们改正错误，把他们从泥沼中挽救出来；但对于那些暗藏在党内的阶级敌对分子，对于那些屡经教育不知改悔的贪污腐化分子，就必须在精细审查之后清洗出去，以保持党的纯洁性。

除了这些少数品质恶劣的分子之外，我们绝大多数同志都是好的。但是，正如毛主席所说的，我们都是一些有缺点的布尔什维克。人人都有缺点，只是大小不同。在当前带有普遍性的缺点，就是官僚主义、命令主义和在统一战线中的关门主义。我们领导机关和领导干部的官僚主义，即使是辛辛苦苦的官僚主义，正因为它是脱离群众和脱离实际的，就必然要使我们的事业受到损失，并使下面工作的同志遇到难以想象的困难。我们许多同志所犯的命令主义错误，有的是产生于执行繁重任务的急躁性；有的是不懂得进行工作的方法；有的是由于反动分子的破坏和地主恶霸的抵赖所刺激；有的是历来工作作风就有毛病，只相信自己的狭隘经验，不学习党的政策和政府法令，只相信个人的本事，不相信群众的力量，有的甚至还有封建思想的遗毒；也有个别的人品质不好，好以胜利者、统治者自居，喜欢坐在人民头上作威作福。不管根源如何，其结果总是一样的，就是必然大大地脱离群众，损害党的信誉，违反党的政策和人民政府的法令，完成不了工作任务。我们有些同志的关门主义倾向，是不懂得统一战线是决定中国革命胜败的基本环节之一。他们不懂得唯有团结四个朋友〔2〕才能战胜三个敌人〔3〕、才能建设新中国的道理；他们不懂得中国这样大一个国家、这样多的事情，不是五百多万共产党员单独包办得了的；他们往往把党理解为一个狭小的宗派团体，而不是一个领导中国革命的群众性的政党；他们往往夸大党外人士的缺点，不善于或不愿意与党外人士共事，不善于在工作中以自己的模范作用去影响党外人士进步，而对于自己的狭隘作风和违反党的统一战线这样重大的原则性的错误，却漠然无知或采取自我原谅的态度；他们往往在工作中把自己孤立起来而尚以为自己总是对的、人家总是不对的；他们对于人民政协《共同纲领》〔4〕和中央人民政府的政策法令往往不及党外人士熟悉，学习精神往往不及党外人士好，可是还要骄傲自满，有时甚至不讲道理。所有这些都必然要损害人民的团结，损害我们共同的事业，损害党的领导作用和党的政治影响。

我们的官僚主义、命令主义和关门主义，如果不加以克服，将不但脱离群众、损害革命工作，完成不了任务，而且会给敌人以可乘之机。我们的敌人并不愚蠢，国民党、土匪、特务在人民中早已威信扫地，他们唯一的希望，就是寄托于我们共产党员多犯一些错误，以便于他们抓住这些错误，鼓励一部分落后群众反对我们，并破坏中国人民大团结的统一战线，阻碍人民事业的前进。西南的封建势力也利用我们这些弱点大喊大叫，企图用以抵制人民政府的法令，更多更久地保持他们的封建特权和在乡村中的统治基础。他们对于我们有这些错误是很欢迎很高兴的。但在另一方面，我们的朋友却为我们同志的这些毛病而感到忧虑，他们提出了许多有益的批评和建议，我们应该感谢他们的友谊和帮助，我们应该勇敢地纠正自己的缺点。我们正在进行的全党整风运动，就是为着这个目的，而且一定能够达到这个目的。

同志们，我们是有缺点的布尔什维克，可是我们之所以既有缺点而又能称为布尔什维克，其道理就在于我们敢于正视自己的缺点，并有决心去改正自己的缺点。

同志们，西南土匪特务还未完全肃清，封建势力原封未动，人民生活还未改善，各种困难还多，我们面前的斗争是艰苦而复杂的，我们绝不能松懈我们的斗志。我们要紧紧地掌握批评和自我批评的武器，发扬优点，改正缺点。我们要紧紧团结工人阶级、农民阶级、小资产阶级、民族资产阶级、少数民族和其他爱国分子，紧紧地团结群众和依靠群众，共同努力克服困难，稳步地建设新西南！

同志们！努力学习马恩列斯的学说，努力学习毛泽东思想，在马列主义和毛泽东思想灿烂光辉的照耀下，引导群众胜利地前进！

注　释

〔1〕参见斯大林《悼列宁》（一九二四年一月二十六日），《斯大林选集》上卷，人民出版社1979年版，第169页。新的译文是：“我们共产党人是具有特

种性格的人。我们是由特殊材料制成的。”

〔2〕四个朋友，这里指工人阶级、农民阶级、小资产阶级、民族资产阶级和其他爱国分子。

〔3〕三个敌人，这里指帝国主义、封建主义和官僚资本主义。

〔4〕《共同纲领》，见本卷第7页注〔3〕。

我们已经开始摆脱被动状态*

（一九五〇年七月二十二日）

半年的工作我们是有成绩的，这些成绩使我们开始摆脱被动的状态。但是，我们还没有完全摆脱被动，而应再以半年的努力争取工作上的主动。现在几个主要的工作情况是：剿匪已获显著成绩，消灭土匪约计三十四万人，现有土匪不到十五万人。所有较富庶的腹心地区业已净化，土匪或被肃清，或已转入潜伏。这种地区的任务，在于充分组织和发动群众，武装群众，实行“枪换肩”，以根绝匪患，并防止土匪再起。在土匪仍然活跃的地区的任务，是求得在今后半年内达到消灭股匪的目的，并使剿匪与发动群众结合起来，务使剿灭一区土匪，就能从发动群众中巩固一区。

九十万国民党军队的改编工作，除云南两个军外已告基本结束。起义部队都是采取的彻底混编方式。除在前一阶段叛变了三四万人及乡保武装叛变很多外，在改编过程中，没有发生什么大的问题。这个工作做得比较好，是由于我们坚决地依靠了士兵群众，同时又对军官做了比较充分的争取工作，在改编中又对他们做了适当安置的结果。今后的问题是

---

* 这是邓小平在中共中央西南局委员会第三次全体会议上的报告。七月二十五日，中共中央西南局将该报告印发西南各省区党委。

在部队中、学校中，继续贯彻对一切留用或学习的军官加强团结和改造工作，帮助他们过好土改这一关，防止产生一脚踢开的狭隘倾向。

整编军队至一百一十八万人、整编地方人员至三十万人的工作六月份即已完成。军队复员工作正在积极进行。由于部队采取了公开动员的方式，效果良好。如果今后各种处理办得周到，问题不大。要努力争取九、十两月基本结束这一工作。接受他区复员军人的工作，尤应妥善布置。

财政收入在五月份后有进步。四川各区公粮难关大体已过。照原派任务，川东已达百分之八十以上，川西可达百分之八十，川南已达百分之七十二，川北已达百分之六十，大部分县公粮工作告一段落，转入清理阶段，工作重点有可能转移。云南解放更迟，只征起三分之一。贵州则因土匪猖獗，现在完全控制的地区只有全省的五分之二，公粮也只完成四分之一。五月西南局会议确定坚持征收，以打击地主的抵赖风气，这个方针是正确的。由于坚持征收，我们不但获得了财政工作上的胜利，而且获得了初步打击地主阶级和初步发动群众的政治上的胜利，并使四川大部分县在工作上开始转入了主动的地位。现在，我们已获得中央财委[1]批准，减征公粮百分之二十五，即减至三十亿斤。如此，只要川东、川西完成百分之八十，川南完成百分之七十五，川北、云南完成百分之七十，贵州完成百分之六十，即可全部结束。

税收截至六月底，只完成上半年应征数的百分之五十八和全年应征数的百分之十八，成绩是不好的。现在中财委已允减征百分之三十，即由二十五亿斤减至十七亿五千万斤，必须努力完成。今年下半年财政工作亦应转至以税收为重点。

调整工商业工作从五月开始，在主要城市已获显著成绩，工商界已经不大叫了，顾虑也减少了，市场较前活跃了。但在其他城市这项工作才开始，问题还很多。

整风运动各地均已先后开始，整出不少问题，证明官僚主义、命令主义和统一战线中的关门主义是严重的。如果不整风，将使今冬开始的减租反霸运动无法掌握，致使我党陷于非常不利的被动孤立的地步。在整风中，必须注意保护干部的工作积极性，并在这样的基础上使干部在思想上、政策上、作风上提高一步，为尖锐的减租斗争做好准备。

政府摊子最近即可搭好。各地对召开各界代表会议的方法已引起重视，并且有了一些经验。各党派的党员已安好位置。今后是如何教育党员善于与党外人士合作的问题，而从同志们的思想情况来看，这还是一件费力的工作。

失业工人和知识分子的救济业已开始。工会工作、青年妇女工作、文教工作等，均获得了一定的成绩。工会、农会已普遍建立，但在发展组织中的关门主义倾向尚须继续克服。

最近出现了严重的夏荒，已经开始饿死人。我们过去对此犯了麻痹的错误，现已采取迅速有效的步骤，进行生产救灾工作。各地必须重视这个问题，保证不再饿死一个人，否则我们就没有对人民负起责任，将使我们丧失人心和社会的支持。目前灾情的特点主要是农村副业和手工业大量遭受破坏，致使约占百分之十的从业人口丧失了原有的生活道路，故必须有计划地挽救农村副业和手工业。要认识到为这百分之十的人找寻生活出路，不是几个月就能办到的事情，必须作为各地政府特别是财经部门今后长期关注的事情。

少数民族工作，这一时期没有出什么较大的乱子，这是我们采取谨慎方针的结果。这个工作应在党中央明确的方针下加强起来。区域自治应迅速实行，以贸易部门为中心的扶助少数民族的经济工作和以卫生部门为中心的文化工作，应迅速进行，少数民族学校应迅速筹办。

以上就是我们半年来的工作概况。这一阶段的工作极端紧张而艰难，我们的部队和我们的干部都尽到了责任。由于上述各项工作成绩，我们初步地但是重重地打击了封建阶级的威风，初步地发动组织并依靠群众，因而使我们在西南的斗争中，初步取得了阵地。这是我们辛勤努力的结果，必须使同志们明白这一点。全体同志的努力使我们开始摆脱被动状态。我们还应在今后半年内做好上述尚未完成的工作，即完成公粮、税收工作和复员工作，在半年内消灭一切股匪，在九月以前完成整风和训练干部，继续调整工商业和救济失业工人与知识分子，做好救灾工作，使我们完全转到主动地位，以迎接今冬明春开始的清匪、反霸、减租，直到土地改革的伟大而尖锐的群众运动。

减租、反霸运动是西南的“淮海战役”，斗争内容包括清匪、反霸、减租、征粮和退押，斗争目的是要改变封建势力仍占优势的阶级力量对比，获取农民的优势和革命的巩固阵地。而这个斗争又是在我们主观力量尚嫌不足的情况下进行的，所以是非常艰苦复杂而剧烈的，我们过去对此是认识不足的。我们千万不要低估了封建阶级的抵抗，千万不要疏忽大意，他们将采取各种非法的（包括武装的）和合法的形式来同我们斗争，我们务必兢兢业业地在七、八、九三个月中做好战役的准备工作。第一，完成整风，并将参加减租运动的干部轮训一次，以土地法〔2〕、减租条例〔3〕、农协章程、阶级分析方法为主要课程，学懂政策，掌握团结大多数、打击极少数、孤立敌人、分化敌人的工作方法。第二，整理和建立农民协会，特别注意审查农协的领导成分。普遍召集农会代表会议，讨论减租、清匪、反霸工作，这种会议要当作训练班来开办；建立各级农协委员会或筹委会，作为运动的合法的执行机关。第三，各县组织好巡回人民法庭，禁止乱打、乱捉、乱杀。第四，每个省、行署选择几个点进行典型试验。第五，立即接通电话网，以便及时掌握和领导运动。

运动的口号是清匪、反霸、减租。清匪的口号不能抛弃，在这个口号下才会避免麻痹，防匪再起。同时，在减租之后，农民很自然地要求武装起来，我们应抓住这个要求，组织农民自卫队，归农协领导，并在基础好的地区试行组织民兵。不反霸就不能达到减租的目的，过去不提反霸口号是正确的，现在不提就是错误的。但是反霸容易犯打击面太宽的错误，此点必须预防。我们收集了一些地区的好经验印发出来，作为各地训练的材料。

在减租运动中，不可避免地要提出退押问题，这个问题对地主阶级打得最痛，他们也一定叫得最凶，必须按照少奇同志在政协会上提出的四个办法〔4〕加以处理。在退押问题上应主动、适当地照顾富农、起义军人、民主人士、小土地出租者和确实困难的中小地主，以利于分化敌人，集中打击主要敌人，且利于解决问题。对于这些人要多用“缓”、“少”、“不”三个办法。同时，对于那些大中地主也应分别情况采用“急”、“缓”、“少”三个办法[5]。减息问题也要碰到，这个问题不宜与减租退押平列地强调起来。如果农民尚不积极提出，我们更不宜强调。因为减息包含着农民之间的关系问题，过于强调容易出现混乱，而且我们不应该把一切问题都放在一个运动来解决，以免模糊了运动的主要方向和打击的主要对象。我们拟了减息几条原则，不必对外公布，只作为内部同志解决问题的方针。

为使运动有领导、有步骤、有秩序地进行，避免可能出现的混乱，各地党委应根据本区情况规定运动的范围，约束运动的内容，颁发运动的实施细则。在运动过程中，如果发现哪一个地区发生了严重偏向，则应坚决加以停止，重新检讨和训练干部，然后再继续进行下去。不可听之任之，以致走到难以收拾的地步。

任何时候都要充分运用召开各界人民代表会议的方法。有关清匪、反霸、减租的方针及实施细则，应交到会议上讨论和通过，使更多的人站在我们这方面来，这是只有好处没有坏处的。

注 释

〔1〕中央财委，即中央人民政府政务院财政经济委员会。

〔2〕土地法，这里指《中华人民共和国土地改革法》，一九五〇年六月三十日由中央人民政府颁布施行。

〔3〕减租条例，见本卷第50页注〔7〕。

〔4〕四个办法，指一九五〇年六月二十二日刘少奇在中国人民政治协商会议第一届全国委员会第二次会议上所作的关于会议讨论土地改革问题的结论中提出的退还押租的四个办法：一、退得起者全退；二、分期退；三、不能全退

者退一部分；四、退不起者不退。

〔5〕新中国建立初期，在减租减息和土地改革中，农民纷纷要求地主退还押租，中共中央和中央人民政府规定地主应将过去所收押租退还给农民，但又指出在实行中可根据具体情况，采取全退、分期退、缓退、少退或者不退等办法。

关于禁绝鸦片烟毒的实施办法*

（一九五〇年七月三十一日）

西南鸦片烟种植面积之广、吸毒人数之多，为全国之冠；其流毒之大，非言语所能形容。兹为坚决执行一九五〇年二月二十四日《中央人民政府政务院关于严禁鸦片烟毒的通令》起见，拟定禁绝鸦片烟毒的实施办法如下：

（一）自本办法公布之日起，严禁种植鸦片。凡已种植之烟苗，一律全部铲除，改种农作物。违者从严惩处。

（二）严禁运销和贩卖鸦片、白面、金丹、唆唆及其他类似毒品。原有运销、贩卖毒品之商贩，限于本办法在当地公布之十日内，向当地人民政府或公安机关全部缴呈其存货；倘有继续运贩烟毒或抗缴存货者，一经察觉，定予严厉处办。

（三）严禁开设鸦片烟馆。凡在中央人民政府政务院二月二十四日通令公布后，继续营业之鸦片烟馆，限于本办法在当地公布之十日内，向当地人民政府或公安机关全部缴呈其烟具存货；并得视烟馆大小没收烟馆主人本人所有的属于烟馆部分之房屋和家具，及科烟馆主人以适当罚金，其罚金

* 这是邓小平为西南军政委员会起草的文件。七月三十一日，该文件在西南军政委员会第一次全体会议上讨论通过。

数目由人民法庭判定之。倘有继续开设烟馆或采取其他分散隐蔽方式，供给吸毒人以毒品者，或抗不缴呈烟具存货者，一经察觉，定予严厉处办。

（四）严禁制造白面、金丹及其他类似毒品。原有制造人如向当地人民政府及公安机关自首，全部缴呈制造工具及存货者，得科以适当罚金，并从宽处理。倘敢继续制造或抗不自首，一经察觉，定予严办。

（五）严禁各药商出卖制造白面、金丹及其他类似毒品的原料，其现有存货应即缴呈公安机关焚毁，违者惩处。

（六）各级政府机关不得收购鸦片，亦不得允许用鸦片抵缴税款。在种烟过多而致形成灾荒地区，为照顾灾民生活起见，得呈准中央财委发出一部粮食酌予救济；但因限于国家财力，救济数目不能太多，且须由被灾害户交出相当数量的烟土，当众焚毁。

（七）所有缴呈或没收之烟土，一律由各县、市人民政府协同禁烟委员会及人民代表会议机关点清数目，当众全部焚毁（最好用流水冲洗的办法），不准丝毫保存，不准转卖或作为财政收入，违者严惩。

（八）吸食烟毒之人民，应定期登记（城市向公安局，乡村向人民政府登记），由当地人民政府定出分期戒绝办法。

（九）遇有持武装保护运贩烟毒或借土匪武装护运烟毒者，一经捕获，加重治罪。

（十）各轮船公司、汽车公司、木船公司及其他运输公司之业主及员工，有协助政府查禁烟毒、检举毒犯之责任。倘有业主或员工利用其职业便利，进行或帮助别人进行秘密贩运烟毒者，一经查获，定予从严治罪。

（十一）各级人民政府卫生机关，应配制戒烟药品及宣传戒烟戒毒药方，应以县为单位设置一处或多处戒烟所。

（十二）各级人民政府应设立禁烟禁毒委员会。该会由民政、公安部门及各人民团体派员组成，民政部门负组织之责；亦得由各界人民代表会议选举组成之。

（十三）各级人民政府应协同人民团体，进行广泛的禁烟禁毒宣传。一切科学文化教育机关，亦应进行广泛的宣传教育工作，以使人民充分切实了解，而达到彻底禁绝烟毒之目的。各县、市人民代表会议应做专题讨论，做出切合于当地之决议，交由禁烟禁毒委员会施行。

当前西南工作的五个问题*

（一九五〇年七月三十一日）

我要讲的有五个问题。

一、团结自己与战胜敌人问题。

我认为刘主席的报告[1]和其他四个报告[2]都贯串着两个基本精神，一是团结自己，二是战胜敌人。我们现在实行的新民主主义革命，这个革命有朋友，有敌人。朋友就是工人阶级、农民阶级、小资产阶级、民族资产阶级，还有少数民族、海外华侨和其他爱国分子。对于人民的朋友，我们的任务就是必须坚决地团结。我们所做的一切事情，都必须符合人民的利益，对于损害人民利益的事情就应该加以反对，加以纠正；对于人民的困难就必须毫不犹豫地采取办法，有步骤、有方法地加以解决。刘主席报告中对于解放西藏、解除西藏人民的痛苦和巩固国防，对于实行反霸、减租、退押以解除农民的痛苦，对于争取财政经济的根本好转和整编复员的工作，对于发展人民的文化教育工作，对于团结和帮助少数民族并解除他们的困苦，都提出了妥善而切合实际的政策和办法，这些政策和办法都是我们必须贯彻实行的。惟有实行这些政策和办法，才能把各民主阶级、各民主党派、各

* 这是邓小平在西南军政委员会第一次全体会议第五次大会上讲话的节录。

民族和一切爱国民主人士团结起来，战胜敌人，建设我们的国家。当然，进行这许多有利于国家和人民的事业是有许多困难的。我们相信这些困难在国家财政经济开始好转的基础上，是可以逐渐解决和克服的。以上是说我们对于朋友的团结必须是坚定的。

另一方面，我们对于敌人的态度也是坚定的。对于侵略西藏、台湾的美国英国帝国主义势力要坚决地赶走，对于土匪特务要坚决肃清，对于封建制度要坚决消灭，把占人口百分之八十以上的农民从恶霸地主、土豪劣绅的统治下解放出来，还要清除烟毒、镇压那些贩烟的人。我们对于敌人之所以要态度坚决，是由于我们清楚地知道敌人是不会自行灭亡的，他们要用各种方式、各种手段来进行抵抗和破坏。我们有信心战胜这些敌人，只要我们运用正确政策，发动和依靠人民，特别是发动和依靠工人和农民，我们就一定能够迅速地战胜敌人。

作为一个人民的革命战士，作为一个人民政府的工作人员，我们必须首先分清敌我，才能懂得坚决地去团结我们的朋友，才能懂得坚决地去战胜敌人。

二、减租、反霸、退押问题。

减租、反霸、退押是这次会议的一个中心议题，也是大家慎重讨论的一个主题。首先我只就退押问题谈几句。农民交的是押，历史上地主往往用各种欺诈方法，甚至利用权势压迫，利用剥夺佃权等方法，以达到实际上完全不退或退得很少的目的。有的现在不反对退押，不等于真正赞成退押。譬如有人企图把地主形容得非常可爱，说四川的地主对佃户太好了，把佃户叫作佃客，由此来证明地主对于佃户是何等的客气、何等的宽大。实际上叫佃客虽然好听，但如果我们到农村去访问一下，就可以看到佃户并不是什么“客”，而是奴隶。又有人说，地主养活了农民，所以地主不但无罪而且有功。这种说法，不是蒙蔽事实，就是太无常识了。事实是农民养活了地主，劳动者养活了寄生者，不是寄生者养活劳动者。如果我们到农村去倾听农民诉苦，就知道像《白毛女》、《血泪仇》那样的事情是很普遍的。我建议各级政府工作人员有必要参加几个诉苦大会。听了以后，这些道理就清楚了，就会懂得地主阶级的许多土地是用巧取豪夺的方法，欺压农民，从农民手上夺来的；就会懂得地主是采取什么方法榨取农民身上的血汗，地主的奢侈淫靡生活是用农民的血汗换来的；就会懂得地主集中土地的过程，就是农民家破人亡、妻离子散，丧失土地变为一个失业者的过程。农民对地主有极深的仇恨，他们不是觉得地主可爱而是觉得可恨。一个有良心的人，是应该同情农民的痛苦和帮助他们的。

在没有办法证明地主可爱之后，有人又把地主形容得很可怜，由此证明地主虽然应该退还押金，但是退不起押金。他们似乎觉得可怜地主比解放农民更为重要，觉得农民再不应该向“可怜”的地主要回押金，虽然押金是农民的血汗累积成的。就全国来说，四川地主的奢侈是最突出的。在成都周围，有一些乡长有专用包车，这些汽车是从农民身上剥削来的。地主过着奢侈淫逸的生活，而农民却在痛苦地呻吟。甚至地主的拳头可以打死农民，农民不敢说话，泪水只能往肚里吞。今天农民翻身了，组织起来了，农民有权要回自己的押金。毫无疑问，百分之八十以上的农民是人民政府最广大和最可靠的基础，人民政府离开了最广大和最可靠的基础，革命胜利就好似建立在沙滩上，是会垮台的。所以人民政府应该从减租、反霸、退押一直到土改，坚决地支持农民的合理要求。我们对于这一点不能有任何动摇和犹豫。因为这是我们的依靠问题，基础问题，能不能存在的问题。

其次，谈谈退不退得起的问题。事实证明是退得起的。退不起的地主占的比例极少，譬如破了产的和鳏寡孤独等，对于这些是应当照顾的，在办法上也照顾到了。但实际上，大部分地主是能够退得起的，不能以任何借口允许他们不退，不退就不合理。其实只要他们少浪费一些，把奢侈的生活节俭一点，把自己手上的金子银子拿一些出来，也就退了。西南金子的数量我们没有材料统计，但银元估计在一亿以上。我们禁用银元时许多人大喊大叫，说出现土匪的主要原因一是征公粮，二是禁用银元。于是我们研究决定在公粮上照顾地主的困难，并发了通令允许他们用银元折交公粮。从发通令到现在已经三个多月了，据财经委员会的报告，只折收了六十万银元，贵州只收了三块银元，结果地主交的还是粮食，而不是银元。这个情况证明，大量的银元还没拿出来，在谁的手上呢？工商界没有，农民也只有一两块，还是都在地主身上。如果地主拿出一部分银元来退押，也就解决问题了，由此说明是退得起的。

有人根据征粮中遇到过混乱，因而担心在退押中会更混乱，这是应该注意的。我们要尽量避免混乱，想出妥善的办法去执行。我们在征粮中确实有过一点乱，主要是情况不熟悉，办法不好，干部不够，有些干部在作风上也有毛病，刘主席报告中已经做了审慎的检讨。但是还有一个更重要的原因，这就是地主的抵抗。有人说地主的抵抗是因为负担太重，这种现象确实有，但只能是个别的，绝不会是普遍的，这可以拿四川、云南、贵州、西康[3]的材料来说明。西南区的耕田是二亿亩。地主占有土地百分之七十左右，这是合乎实际的。如果我们只按地主占有一半土地，土地平均以百分之五十的租额来计算，即是说地主占有一亿亩土地的租额等于五千万亩田的全部收入。又按西南全区常年土地产量每亩为二百二十三斤黄谷，折成米是一百六十七斤，地主的收入应有八十三亿五千万斤米。地主负担公粮，如以平均百分之四十计算，地主应该拿三十三亿四千万斤，如果算百分之三十，也应该拿二十五亿斤。现在西南区只收到二十四亿斤米，实际上所收的公粮有相当大的数量是农民交的。这证明地主负担并不重，问题是他们不愿意缴纳。正由于他们的抵抗，产生了农民的不满和干部的急躁，混乱也由此而产生。政府是人民的，也是为人民的。当农民觉悟组织起来，从一个自在的阶级变为一个自为的阶级时，如果地主再采取抵抗的方法，恐怕是要吃苦头的。这一点我们经验很多，克服这种困难，需要从干部把握政策、说服农民、教育地主这几方面去做。

很多委员提出加强宣传可以减少混乱，这是很对的。混乱对于革命不利，对农民自己也不利，所以农民并不赞成混乱。只要办法妥善，干部又经过了整风，是可以避免混乱的。我们才到重庆的时候，尽量说服工人减低工资。有一家私营工厂发生劳资纠纷，工会负责人亲自去与工人谈话，要工人不要有过高要求，工人不听，当面指责他是替厂方说话，我们的同志还是很耐心地讲，终于说服了工人。农民是分散的，需要我们的干部掌握政策，领导农民组织起来，如果农民没有领导地行动是有可能乱的。与农民搞好关系，让农民依据法理进行斗争，还要组织人民法庭，这是避免混乱的方法，对地主来说也是有利的。我们一方面要更好地去组织领导农民，尽可能地避免混乱，但另一方面也要使地主懂得不抵抗就没有混乱，少抵抗就少混乱。还有人说，你要退押他要当土匪怎么办？我们应该劝他们不要当土匪，但是，我们也不要怕他们当土匪，也不怕他们打游击战争。我们的军队、干部和人民，应该估计到有些人要打游击战争，切不可丧失这种警惕，一经发现迅速扑灭，这就是对付那些拿起枪来反对革命、反对人民的反动派的办法。

上面是对减租、反霸、退押形势的分析。我们领导和干部的责任，就是要把运动约束在有领导、有步骤、有秩序的范围内去进行。所以，规定妥善办法是必要的，由各省和行署制定实施细则也是很有必要的。刘主席报告提出“急”、“缓”、“少”、“不”四个办法[4]入情入理。本来押应该全部退，提出这四个办法，对地主照顾得很够了，农民要吃些亏，可是它能够比较顺利地解决问题，能够减少许多混乱。实际上，这对农民来说是很有好处的。所以，要说服农民实行这四个办法。此外，我们还预见到地主会曲解这四个办法，作为抵抗的口实，能全退者要求少退，能少退者要求不退，这种情形尤其应该预防。

退押的具体问题很多，应该由各省、行署加以研究，订出细则。但是，必须了解任何一个细则都不可能解决一切具体问题，具体问题只有在运动中由政府、农民协会去解决，农民协会解决不了的，由人民法庭解决。因此，农协的组织必须纯洁，人民法庭处理案件必须根据四个办法和实施细则。在减租、反霸、退押运动中，我们应该紧紧依靠农民，同时也必须团结农村的革命知识分子和开明士绅参加这个运动，这是很有好处的。成立减租反霸退押委员会，我认为可以考虑，各县的各界人民代表会议里面有一个协商委员会可以起这种作用。在减租运动中，应该充分地运用各界人民代表会议及其协商委员会，使各种情况更容易了解，各种意见更容易集中，这是少出乱子的一个重要方法。

三、干部问题。

这次会议对干部的作用做了正确估价。老干部有三万多是由北方来的，也有一部分是坚持地下斗争的。一方面，他们有多年的工作经验，不怕牺牲，任劳任怨，对于人民的事业无限忠诚。他们对自己的缺点，愿意接受别人的批评和自我批评并加以纠正。他们在解放西南的工作中是有成绩的，没有他们，西南的敌人不能打倒，人民不能翻身，所以人民欢迎他们，敌人痛恨他们，国民党匪特更明白地提出了“不打本地人，专打北方人”的口号。另一方面，干部也要检讨自己的缺点，这些干部中有许多是共产党员，这些缺点通过批评与自我批评，是一定可以克服的。我们不原谅自己的错误和缺点，只有这样，人民的事业才能得到胜利。所以，整风是必要的。相信我们的干部对于朋友善意的批评，一定会诚恳地接受。同时，还必须说明一点，干部在工作中的缺点，不能完全由他们负责，我们领导上也有责任。

区别干部缺点的性质是重要的，革命干部的缺点，往往属于工作方法问题。区别一个工作人员是否有错误，主要看他在工作时是否联系了群众，是否依靠了群众。我们责备干部的官僚主义、命令主义，是因为官僚主义、命令主义脱离群众，不是依靠广大群众去进行工作。我们批评干部乱打乱捕，也是因为这种做法脱离群众，丧失社会同情，而不是批评他们与反革命进行斗争。简单命令方式会给敌人破坏革命工作以可乘之机，会在客观上给敌人以口实去煽惑落后群众，会使自己孤立起来，因而也就不能很好地完成任务。如果是站在人民方面忠诚为人民服务的干部，遇到他们有错误的时候，我们的责任是用批评与自我批评的方法教育他们改正错误，使工作做得更好。

干部学习工作艺术很重要。什么是工作艺术？工作艺术就是要善于联系群众、发动群众并依靠群众，善于同敌人做斗争、特别要善于对付那些狡猾的敌人，善于争取一切可能争取的人、团结一切可能团结的人去反对主要的敌人。我们之所以教育干部纠正官僚主义、命令主义，就是因为有些干部不懂得这样做工作。

四、少数民族问题。

团结少数民族的关键是抛弃大汉族主义。我们抛弃了大汉族主义，才能换得少数民族抛弃狭隘民族主义。有人拿凉山彝民抓汉人当奴隶这件事，来证明少数民族如何可恶，但是要知道，就是这样的行为，也是由于大汉族主义的结果。我们对于少数民族的纲领是正确的，但是少数民族重视的是事实，如果只讲不做，他们就会怀疑和反对我们。所以，对于少数民族工作的各项决议，我们的责任是坚决实行。

五、反官僚主义问题。

这次会议有许多决议。斯大林认为，决议的通过仅仅是事情的开始，正确的决议是重要的，更重要的在于决议的执行。一件事情，毛主席说有三个关键：打主意，派干部，做检查。我们主意打了，干部派了，所以今后各级政府的责任是检查这些决议的执行情况。这次会议的主要决议是反霸、减租、退押，就要检查政府的一切人员是否执行了这个决议，如何执行这个决议，是否依靠农民来实行这个决议；要检查我们人民法庭的工作人员是否执行了这个决议；要检查人民法庭的干部和其他干部有无贪污腐化、受地主收买贿赂等事情；要检查工作中有无官僚主义、命令主义。只有经常地检查工作，才能发现问题，普及经验，才能把事情办好。对于其他各项任务，都应该这样加强检查工作，只有这样，我们才能实现决议，也才不会犯官僚主义的错误。

注　释

〔**1**〕刘主席的报告，指一九五〇年七月二十七日西南军政委员会主席刘伯承在西南军政委员会第一次全体会议上所作的《西南区的工作任务》的报告。

〔**2**〕四个报告，指一九五〇年七月二十七日在西南军政委员会第一次全体会议上，西南军政委员会委员张际春所作的《关于西南区减租问题的报告》，西南军政委员会委员兼财政经济委员会副主任刘岱峰所作的《关于西南财经工作的报告》，西南军政委员会委员、中国人民解放军西南军区副司令员周士第所作的《关于军事工作的报告》和西南军政委员会委员兼文教部部长楚图南所作的《关于文化教育工作的报告》。

〔**3**〕西康，见本卷第11页注〔1〕。

〔**4**〕四个办法，见本卷第109页注〔4〕。

藏区工作要注意的问题*

（一九五〇年八月二十五日）

（一）目前藏区工作应以团结上层为主，同时适当地扶植藏族的进步力量。在这个问题上要同时防止两种倾向：一种是目前不以团结上层为主的“左”的偏向，这种偏向将使我们遭遇很大阻力，甚至寸步不能前进的危险。一种是不注意适当扶植进步力量和用办训练班等方式逐渐地培养进步力量的偏向，这种偏向将使我们脱离前进的基础。

（二）国民党在东藏各县的旧机构，一般说来已丧失其作用，有的还在进行破坏，藏民也要求我们撤换。我们认为应该迅速用另一种形式去代替旧的政府，最低限度也应委派军事代表加以控制。

（三）在理化县〔1〕等地办合作社等问题，千万不要性急。目前我们只宜集中于保障军队的供应，切不要经营商业，以免弄得得不偿失，也不要急于去进行改革。

注　释

〔1〕理化县，旧县名，今四川省理塘县。

---

* 这是邓小平为中共中央西南局起草的给中共西康区委电报的主要部分。

民族杂居地区不要急于搞减租退押运动*

（一九五〇年九月五日）

西康[1]区党委：

申冬电[2]已复。经我们再加考虑，有重复说明必要。我们认为，为了不致影响到少数民族，在民族杂居地区不要急于去搞减租退押运动是正确的。同意你们用当地专署或县政府（不必用省政府）名义发布一个文告，最好还同时专门召集彝民代表会议加以说明更为有效。在公布时，一般只说明在少数民族中不实行减租、反霸、退押，因为少数民族的改革，只能由少数民族自己去决定。同时也应说明在民族杂居地区，只在汉人部分实行，凡涉及少数民族人民的部分则一般不应实行，只有在少数民族人民要求实行时（这往往是对少数民族有利的），才可以在经过专署以上政府批准的条件下酌情加以实行。如果在这种地区实行时，有某一家少数民族人民不愿实行时也可不予实行。我们不应一般地宣布杂居区域不实行，因为在杂居区域的汉人部分迟早要实行的，我们暂时不在那里实行是对

* 这是邓小平为中共中央西南局起草的电报。

的，但这只是步骤上的问题。

西 南 局
九月五日

注 释

〔1〕西康，见本卷第11页注〔1〕。

〔2〕申冬电，指一九五〇年九月二日中共西康区委给中共中央西南局的请示电报。电报提出，在少数民族聚居和杂居地区，现在不宜急于进行反霸减租退押运动；由于有人借机挑拨民族关系，建议用政府名义发布文告，予以说明。

发扬积极因素，战胜消极因素*

（一九五〇年九月七日）

我首先代表中共中央西南局，向西南军区第一届英雄模范代表会议致热烈的祝贺！

同志们！这种会议在我们人民解放军里面开过很多次，每一次这样的会议都要把我们的军队推向前进一步，把我们的革命推向前进一步，所以这个会议是重要的。我们的革命队伍在二十三年的斗争历史中，是由无到有，由小到大，由弱到强的。我们二十三年的斗争取得了今天全国的胜利，经过了无数的艰难过程。这个斗争是艰苦的，是复杂的，这个斗争的主力就是我们这支军队。二十三年的历史证明了我们是真实可靠的人民的强大力量。我们没有辜负人民对我们的希望。我们之所以能够满足人民的要求和希望，完成我们过去这一段的光荣任务，乃是我们在不断地反对内外敌人和战胜内外敌人的斗争中取得的。

二十三年的历史，在我们党一手培植一手领导的人民军队里面，始终贯穿着两种因素的斗争。一种是积极的因素，就是把革命推向前进的因素。在我们革命队伍里面，这是主

---

* 这是邓小平在中国人民解放军西南军区第一届战斗英雄和模范工作者代表会议上的讲话。

导因素，这就是我们革命队伍中的正气。但是在我们革命队伍里面，还存在着另外一种消极的因素，就是各种各样的非无产阶级的错误倾向与思想意识。这些倾向与思想意识都是阻碍革命前进的，也就是存在于革命队伍中的一种邪气。在每一个革命的阶段，我们总是发扬了革命的积极因素，发扬了正气，克服了革命队伍里面的消极因素，克服了邪气，我们的革命才能够继续前进，我们的革命才能够取得胜利。我们的革命队伍里面的积极因素，是毛主席领导的党所领导所依靠的因素，没有毛主席领导我们的党，这种革命的积极因素是不能够得到发扬的。我们革命队伍里面阻碍革命前进的消极因素，是我们的党和我们的队伍所反对所斗争的因素。没有党，这种消极因素也是不能够克服的。这两种因素的斗争表现在各方面，甚至表现在我们的生活上面。特别在革命的关节上，这两种因素的斗争特别明显，特别尖锐。

我们的革命过了很多关，有困难的关，有胜利的关，有大关，有小关。这些关在毛主席、朱总司令的领导下我们是过得很好的。大家回想一下，十年土地革命战争中，我们过了很多大关，毛主席和朱总司令创建了红军，保存了革命力量，给中国人民以希望，我们的革命才一步步地向前发展。当时革命队伍里先后出现了“左”倾冒险主义和张国焘[1]的分裂主义，使革命受到了损失。在毛主席的领导下，我们战胜了把革命队伍引到失败的那些邪气。抗日战争中，在毛主席领导下形成了强大的抗日民族统一战线，坚持了毛主席的正确路线，我们击败了日本帝国主义。当时在我们队伍里面，曾出现过企图把我们的队伍变成国民党的附属品的右倾投降主义，在毛主席的正确路线领导下，我们过了这个关。

在自卫战争中，美帝国主义支持下的国民党向我们袭击，我们被迫拿起枪来自卫，我们的队伍当时由分散的游击战争转到大规模的正规战争，这一关在毛主席的领导下我们又过来了。解放战争的第一年中，我们始终是处在防御阶段，一步一步地向后退却，结果我们消灭了敌人，可是也丢掉了大块的土地，也有些人因此而悲观失望。但毛主席的正确领导战胜了消极因素，我们终于转入了进攻，一直到全国解放。这些关叫大关，二十三年斗争中，我们几乎过了二十一年的困难关。

我们有没有胜利关呢？我想到的有两个，第一个是日本投降的时候，我们大家当然应该高兴，当时我们队伍里面有些人觉得现在日本投降了，我们可以享福，可以休息了，对我们的敌人美帝国主义和其支持下的国民党看不见了。我们的党反对了这些错误的倾向，这个胜利关过来了。第二个就是现在，全国基本上取得了胜利，只剩下台湾、西藏没有解放，少数匪特没有肃清，在我们的队伍里面又有些人看不见敌人了，以为我们的事办完了，对以美帝国主义为首的帝国主义营垒看不见了，国民党的残余看不见了，地主阶级也看不见了。他们认为战争打了这么许多年，应该休息了。甚至有些革命多年的干部，也产生了腐朽蜕化的思想，做出了一些不利于革命的事情。他们居功自大、骄傲横蛮、脱离群众、只图享乐，尽兴地发展个人主义，漠视革命队伍的严肃性和纪律性，闹男女关系，少做工作，甚至不做工作。他们用这些思想和行为来腐蚀我们的革命队伍。这是我们要过的胜利关。这个胜利关我们一定要过好，因为有毛主席领导的党来领导我们。

每一个革命阶段里面，总有一种积极因素、一种消极因素在斗争。在我们革命队伍里面，总有动机不纯品质恶劣的人，这种人往往在革命遇到困难的时候，不能施展本领。因为在革命斗争最困难的时候，我们革命队伍里面的斗志最坚强，我们革命同志的警觉性也最高，我们的斗争像烈火一样，凛然不可侵犯。他们不敢来侵犯。但这种人一遇到我们革命胜利的时候，就有机会了。我们革命队伍里，由于有些人的警觉性不高或一时的不警惕，他们就找到这些人作对象，来破坏我们的团结，来腐蚀我们的力量，来松懈我们的斗志。历史证明，敌人从外部来进攻是不可怕的，敌人如果转到我们内部来瓦解我们，那是最可怕的。这种动机不纯品质恶劣的人，虽不一定是反革命，但是，他们的思想是反革命的，他们的行动是破坏我们团结、瓦解我们斗志的。他们还有一点市场，就是那些思想不健全的人，有的跟着走，有的客观上帮助其发展。对这种人，我们的党、我们的队伍称之为自由主义者。我们今天必须克服这些错误倾向，暴露那些品质很坏的人，纠正那些抱着自由主义倾向的人，才能整齐我们的队伍，完成巩固胜利、加强国防力量和建设我们国家的伟大的历史任务。

过去的关，在毛主席的领导下我们过得好，我们相信，我们以后的关也能过得好。为什么呢？这就是因为我们的毛泽东式的党，是依靠了绝大多数的坚贞不屈的革命分子、革命战士、革命党员，基础是建立在千千万万坚决的、觉悟程度很高的人们的上面。他们的代表人物就是我们革命队伍里面所出现的千千万万的战斗英雄和模范工作者。在座的一百三十七位同志，就是千千万万的战斗英雄和模范工作者中的一部分，是他们中间最突出的一部分。这些千千万万的战斗英雄和模范工作者，在战胜内外敌人的斗争中都起到了积极的带头作用，不仅在口头上，主要是在实际行动上同那些消极因素对立起来，拿行动证明它们是错误的，是对革命有害的。我们大家一起在党的领导下战胜了它们。

千千万万的战斗英雄和模范工作者之所以是宝贵的，就是因为他们有着高贵的革命品质。

第一，他们的高贵品质，表现在始终如一地忠实于人民事业，甚至不惜自己的生命。他们既然可以付出自己的生命，就必然一切以革命利益为前提，也就没有什么个人打算。拿个人利益来说，最高的大概可以说是生命了，他们连生命都不顾，同那些所谓没有功劳有苦劳和天天为个人打算的人对比起来，他们相信人民的事业一定胜利。

第二，他们的高贵品质，表现在始终如一地相信毛主席领导的党一定能够引导人民走向胜利。他们有时候也会迷失方向，但是有一点，就是他们相信毛主席的话是对的，拥护毛主席、朱总司令的号召，在毛主席、朱总司令的号召下面去努力。他们总是站在斗争的最前面去发挥他们的高贵品质，同那些对革命有怀疑的和对毛主席对党的话有怀疑的人完全区别开来。

第三，他们的高贵品质，表现在任何时候都使自己并影响着别人保持坚贞的革命精神。在困难的时候，不悲观、不急躁，在胜利的时候，不麻痹、不松懈，时时刻刻警惕着敌人，就像苏联小说所写的“不屈的人”一样，他们是真正不屈的人们。

第四，他们的高贵品质，还表现在与群众在一块，不是脱离群众，而是联系群众。在座的同志们体验是很多的，无论哪一个战斗都是不能依靠一个人取得胜利的。任何事情也都不是单独一个人可以做好的。我们的战斗英雄和模范工作者都是很朴素的人，都是大公无私连自己生命都可以不要的人，总是联系群众，而且总是向群众学习的人，始终如一地前进的人。他们区别于另外一种人，就是那种自高自大、脱离群众、不愿意向群众学习的人。那种人要获得光荣的模范的地位是不可能的。在革命队伍里面也曾经有那么一种人，在某一次战斗或某一件事情中造成了惊人的事迹，但是他们的功绩仅仅是昙花一现，就是因为他们还没有真正做到始终如一地联系群众，虚心向群众学习，始终如一地前进。

我们的队伍里面千千万万的战斗英雄和模范工作者之所以可贵，是因为他们代表革命的正气，是人民最好的榜样、最可靠的基础。依靠这些人，我们才能战胜那些消极因素和邪气，所以我们必须向这些战斗英雄和模范工作者学习。一切战斗英雄和模范工作者的事迹，必须加以表扬，并发扬这些战斗英雄的高贵品质。没有他们的这些高贵品质就不能够为人民办更多的好事。

我们今天虽然胜利了，但事情还是很多的。我们要巩固胜利，我们的革命队伍不但不能削弱，相反还要继续加强，好建设我们的国家。

同志们，我们的敌人还很多，还有以美国为首的帝国主义，他们正在进攻朝鲜、侵占台湾，他们甚至敢于向我们的东北挑衅。我们的国家才开始步入建设的初期，我们所做的事情，正像毛主席告诉我们的，不过是万里长征走完了第一步。我们军队的责任并没有减轻。我们要巩固胜利，战胜敌人，要帮助人民彻底翻身，巩固我们的国防。如果敌人敢于侵犯我们，我们有责任也有能力把他们加以消灭。我们还要参加各种建设。革命工作是做不完的。一个真正的革命者、革命战士，他的工作是一辈子也做不完的。

同志们，我们不要只看到外部的敌人，还要看到内部的敌人。这个敌人就是封建的思想、资产阶级的思想，特别是小资产阶级的思想。其表现形式是缺乏无产阶级的坚定性，散布各种各色的谬论和毒素，以瓦解我们的斗志，削弱我们革命队伍的政治严肃性和纪律性。我们不仅对明显的敌人不要丧失警惕，而且对腐蚀我们思想的敌人，对那种隐藏在我们部队中品质恶劣的阶级异己分子，也不要丧失警惕。自由主义是有害的。

同志们，我们在整个革命过程中是做得好的。现在我们绝大多数同志无论在进军西藏中，在剿匪斗争中，还是在其他一切工作中都是英勇顽强、积极努力，具有人民革命战士的高尚品质。我们千千万万的战斗英雄和模范工作者就是这些人的代表。正是在这样的时候，千万不要丧失了我们对敌人、对一切坏倾向的警觉。我们今后更要注意发扬正气，克服邪气，发扬建设性的东西，克服破坏性的东西，发扬正确的东西，克服错误的东西，也就是发扬革命的积极因素，克服消极的因素。千千万万革命的战斗英雄和模范工作者，在毛主席、朱总司令的领导下，在二十三年来的革命过程中克服了困难，战胜了敌人。我们相信，今后也还是能够克服困难，战胜敌人的。

我们要感谢千千万万的战斗英雄和模范工作者，感谢他们对革命对党的伟大贡献。在今后的建设任务中，我们还需要出现更多的新的千千万万的英雄和模范工作者。我们的党就是要依靠出现比今天更多的新的英雄和模范工作者来战胜内外敌人。有了他们，我们就可以告诉一切敢于侵犯和破坏我们的敌人，我们的事业、中国人民的伟大力量是不可战胜的！

注 释

〔1〕张国焘，曾任中共中央政治局委员、中央政治局常委，中共鄂豫皖中央分局书记兼鄂豫皖革命军事委员会主席，西北革命军事委员会主席。一九三五年六月红军第一、第四方面军在四川懋功（今小金）地区会师后，任中华苏维埃共和国中央革命军事委员会副主席、红军总政治委员。他反对中共中央关于红军北上的决定，进行分裂党和红军的活动，另立中央。一九三六年六月被迫取消第二中央。一九三八年四月，借参加祭黄帝陵之机离开陕甘宁边区，经西安逃往武汉，投入国民党特务集团，随即被开除出党。

关键是把党的组织整理好*

（一九五〇年九月十一日）

七、八两月，地方工作有两件大事，一是准备召开西南军政委员会及各省、区、市政府委员会的成立会议，二是进行整风。军队则集中于进军西藏、剿匪和准备复员三件大事。有一部分未参加剿匪的部队和直属机关也进行了整风。军队的整风运动要在今年冬季才能普遍进行。

西南各地的整风情形已有专门报告。县级以上干部的整风，八月份已先后结束。区以下干部的整风，大约在九月中旬均可完成。根据各地反映，这次整风无例外地收到良好成绩，既能整出问题，在若干问题上打通思想，又能做到不伤害干部的积极性。开始动员整风的时候，不少干部存有戒惧和不安的心理。但整风之后都感到愉快，认为解决了问题。只嫌时间过短，有些思想和工作问题尚未获得解答，感到不够过瘾。这次整风，县以上是二十天左右，区以下半个月左右。因为时间短，只能集中解决几个思想和作风上的问题，其中最主要的又是解决任务和政策的统一性和联系群众，克服官僚主义、命令主义这些最中心的问题，而对于其他问题则有意识地加以放松。经验证明，凡能集中解决主要

---

* 这是邓小平给毛泽东并中共中央报告的节录。

问题的成绩都好；凡属没有中心，什么问题都企图解决的成绩都差。

这次整风获得成绩的重要原因之一是发扬了批评和自我批评的优良传统，先从领导上进行自我批评和从批评领导做起，故能解除干部的顾虑，敢于进行自我批评，打通思想。这次暴露的问题也不少，在整风中未能完全解决。例如，有少部分县团以上的干部利用婚姻法闹离婚；一些高级干部出现男女关系问题，使领导机关丧失了威信，大大地妨害了工作，影响亦极坏；有些干部存在着功臣思想，对现有工作感到不满，对业务又不努力学习，总觉得党对他们照顾不够，对起用青年干部和安置党外人士心怀不满。党内还有另外一种品质恶劣的人，这种人有的跟着党走了十多年，可是思想作风却很少有党员的味道。党内一有问题，他们总要兴波作浪，从思想上和行为上散布毒素。他们又善于看风转舵，一遇批评就很快缩回头去。有的还标榜“大错误不犯，小错误不断”，并引以为自豪。胜利后，由于党的组织松懈，这种人数量虽然不大，但显得非常活跃。西南党的情况是：各级领导机关忙于一般政策和工作的指导，没有足够精力注意到党的内部生活的指导。党的生活很不健康，自由主义空气颇为浓厚。这是各种坏倾向都得以发展的重要原因，也是少数品质恶劣分子得以兴波作浪的重要原因。

西南党的组织，除军队系统外约有党员八九万人，其中五万左右为随军南下和由军队调到地方工作的干部，也有一部分勤杂人员，数目不大。土改以前，在农村中不宜发展党员，在城市工人中一年内也只宜做稳重的发展。这给了我们以整理组织的良好条件。如果我们不利用现在数目较少、易于整理的时期把组织整顿一下，我们很容易重复老区建党的那些错误。而这在西南是应该避免和可以避免的。我们觉得，一个胜利了的党对于党员的要求应该更严格些。我们有一批党员的觉悟确实太低，这只能逐渐地而且主要从教育中加以提高。但如果我们不在党的组织上采取严肃的态度，就不可能使党员水准即共产主义的水准逐渐地获得提高。对于个别品质恶劣的人，对于若干完全不合乎党员条件的人，对于混进来的阶级异己分子，谨慎地、个别地清洗出党是必要的。

因此，我们根据中央组织会议的精神，拟在最近西南局组织会议上，专门讨论一下这个问题，拟出整理组织的计划。整理组织的重点，仍然放在党的教育上面。需要开办大量的党员训练班，需要有系统地办党校，着重训练党的组织人才。同时对于党员的清洗和吸收，也应做谨慎而周到的规定。军区也准备召开一个组织工作会议，专门讨论军队党的工作。如果我们能够在一年的时间内，把现有党的组织整理好，那我们就能在较好的基础上，进行西南地区的党的建设工作。

吸收藏族优秀青年参加人民解放军*

（一九五〇年九月十一日）

西康[1]区党委并转格平[2]同志、十八军党委并报中央：

申鱼电[3]悉。

你们所拟藏东区域自治方案，除军事制度一点需要继续研究外，余均同意，请即照此进行。在军事上，如果条件具备的话，有利于创造一个由我党干部及先进分子掌握的藏族武装，这个武装属于人民解放军之一部分，吸收藏民中的优秀青年参加，其待遇与解放军同，先成立一两个连，再逐渐扩大为一个团。这个部队一方面是军队，一方面是生产队，一方面又是一个培养干部的学校，同时又表示了少数民族有参加国家军队建设的同等的权利。如果这样办，现在藏东的藏族党员和团员主要应放到这个部队中去起骨干和领导作用。天宝[4]的主要工作也应是建设这个部队。请你们考虑一下，这样做有无条件。至于目前保存军分区的组织，我们认为是必要的，天宝任分区副司令员是可以的，天宝是否应兼任自治区域人民政府军事处长（这个处有无设立之需要应

---

* 这是邓小平为中共中央西南局起草的电报。

加研究），亦请你们通盘考虑提出意见再做最后决定。

西南局
九月十一日

注　释

〔1〕西康，见本卷第11页注〔1〕。

〔2〕格平，即刘格平，当时任中央人民政府民族事务委员会副主任委员。

〔3〕申鱼电，指一九五〇年九月六日中共西康区委致中共中央西南局并中国人民解放军第十八军军长张国华、政治委员谭冠三、副政治委员王其梅的电报。电报拟定的藏东区域自治方案的主要内容是：民族协商筹委会仍作为研究性组织在军管会的领导下工作；自治区政府拟设民政、财政、军事、秘书等处；康定军分区仍须存在，如民兵统一于军分区，可以考虑由天宝任副司令员，或民兵仍直接由政府军事部门管理，这个问题尚待研究。

〔4〕天宝，原名桑吉悦希，当时任中共西藏工委委员、中央人民政府民族事务委员会委员、西南军政委员会委员兼民族事务委员会副主任委员。

永远站在人民群众方面，永远不要忘记学习*

（一九五〇年九月二十二日）

革命干部以后要过很多关，战争关已经过去了，还要过土改关、社会主义关，还有分配到农村工作这一关。革命工作，要过很多大大小小的关，过这些关，有的表现在思想上、认识方法上，有的直接表现在行动上。我们要下决心，坚定意志，表明态度，需要我们到哪里，就到哪里。到斗争最激烈的地方，最容易受锻炼。现在的斗争，乡村里有，城市里也有，但是以农村中最尖锐。希望同学们不要怕到农村去同封建势力做斗争，做这种工作可以考验我们的观点、思想和工作态度。当然，在实际工作中会遇到种种困难，但如果有革命决心，就不应该怕。革命者之所以可贵，就在于他们知道困难也要去做。做一个好的革命者要具备两点：第一要永远站在人民群众方面，第二永远不要忘记学习。

* 这是邓小平在西南人民革命大学第一期学员结业典礼上讲话的摘要。

发展和巩固西南党的组织*

（一九五〇年九月二十六日）

首先要明白我们的党是什么党。马列主义规定，共产党是无产阶级先锋队，目的是要实现社会主义和共产主义。党员不管来自工人、农民、小资产阶级、知识分子，他必须是无产阶级先锋队的一员，必须合乎共产党员的标准。党要领导革命取得胜利，这一点是必要的。在我们队伍里有若干党员没有弄清楚这一点，他们企图把党的水准降低。目前摆在我们面前的任务是把农业国变为工业国，把新民主主义社会推进到社会主义社会。假如我们不把党的性质弄清楚，是无法完成这一艰巨任务的。有这样一些党员，他们不相信我们党是无产阶级的政党，说我们党是农民党。我们党工人成分占百分之四，农民、小资产阶级占绝对多数。所以，外国同志也在怀疑我们党不大像无产阶级政党。这种从形式逻辑看问题是不对的。有些人找出工人的落后性作为根据，从思想上看不起工人。我们有什么理由责备工人群众？为什么重庆有几百名党员不去工厂建立堡垒，进行启蒙运动呢？不做工人工作，不积极教育工人，这就是非无产阶级观点。

工人落后是事实，这应责备我们自己。世界工人运动不

---

* 这是邓小平在中共中央西南局组织工作会议上报告的第二部分。

经过布尔什维克教育总是落后的。苏联工人为什么进步？上海工人、“二七”京汉铁路罢工[1]工人、安源工人为什么进步？主要因为党的工作做得多。我们有的军代表对工人是官僚主义、命令主义，其原因主要是思想上看不起工人。干部思想中是不是明确了必须把工人组织起来才能走向社会主义和共产主义，这还是一个问题。

我党长期在农村中工作，基础也在农村，党员百分之九十六是无产阶级以外的成分，党内的农民、小资产阶级的意识相当浓厚。土改是无产阶级提出来的，我们的纲领符合农民的切身利益，所以他们积极参军、支前。但今天要把新民主主义带到社会主义，有相当多的党员就跟不上了。土地改革满足了农民的要求，他们认为革命成功了；过去的知识分子、小资产阶级大多是纯民族主义观点，看不惯国民党的贪污腐败和帝国主义在中国的凶横。今天国民党打垮了，帝国主义赶走了，他们认为革命也就成功了。但是，我们要看到，这只是最低纲领胜利了，离最高纲领的目标还差得远。毛主席说万里长征我们才走完了第一步。社会主义、共产主义才是我们革命的最后目的。土改是不是就解除了农民的愚昧状态？是不是完全提高了农民的生活水准和文化水准呢？不是的。要通过讲道理向农民宣传，也要靠事实，把拖拉机、先进的科学技术给他们看，启发他们看远点。假如我们的党是农民党，那就会逐渐变为被革命的党。

十年土地革命、八年抗日战争、四年全国解放战争的胜利，是不是无产阶级的政党领导获得的？回答是肯定的。过去我们党一直是用无产阶级思想、纲领、路线来指导中国革命的，否则就不可能把革命进行彻底。李自成[2]是农民党，虽然没有采用政党形式。太平天国[3]有农民纲领，结果能成功吗？农业社会主义和小资产阶级自由主义是反无产阶级思想的，所以农民和小资产阶级思想中有一部分是有害的。毛主席叫我们随时洗脸是必要的，并且还要洗心，要脱胎换骨，经过长期的思想改造过程。我们党以搞工人运动起家，虽然党只有百分之四的工人成分，但都是经过工人运动和马列主义思想锻炼出来的骨干，所以它能保持一定的抗毒素，经常与资产阶级、小资产阶级的思想意识做斗争。今天不加大党内的无产阶级成分，不增加抗毒素是危险的，要想从农业国进入到社会主义是不可能的。

要克服弱点，第一是增加工人党员的比重，在工人中稳步地大量发展，在农村中只能做到谨慎个别地发展；第二是加强无产阶级、马列主义的思想教育，提高党员觉悟。今天我们党领导革命胜利了，担负责任大，人民要求高，我们自己也要比过去任何一个时期的要求都更高些、更严些。“没有功劳有苦劳”，这完全是小资产阶级自满思想。有的同志过去身上打了几个窟窿，现在就贪污、腐化。我们承认你有功，吃十年小灶也可以，但不要做共产党员。有的同志不愿做工会工作，军代表不接近工人阶级，这也是非无产阶级思想。我们党是无产阶级的先锋队，要做到名副其实，第一要防止党员自满，第二要防止投机分子混入党内，不应该降低党员标准。

我们再来看西南党组织的成分，并由此来决定今后的组织工作任务。西南二十多万党员，大部分在军队中，进军西南的外来地方干部、军队中调来的及地下党共计八万多人，其中地下党有五万多人。以后在组织发展上应该坚持城市松、农村紧，把基础打好，稳步地按照马列主义、毛主席的建党原则去做，一发展，二整理，三教育。准备明年较多地发展工人，实现党中央提出的百分之三十的工人成分。工会会员、青年团团员的发展可以放松一些，并在他们中间加强共产主义思想教育。前一时期重庆对这项工作注意不够，再不注意就要犯错误了。

建党必须有专门的人来搞。少奇同志多年前就提出建党要靠组织员、组织家。党校现阶段的中心工作就是专门培养这样一批人才，他们工作要专业化，应该懂得什么人能入党，入党后应该怎样过严格的组织生活，经常检查和督促支部的组织生活。党的基础是支部不是小组，以小组代替支部是违反组织原则的。不论在工厂还是在农村中发展党员，都应该采取严肃的态度，要个别地审查、吸收，不应该整批地号召入党。农村中应该更谨慎些，真正积极的、觉悟高的可以个别吸收。城市今年应该依靠支部、青年团和工会把党的教育和影响深入到工人中去，明年工厂应有百分之十的工人入党。

要搞好审查或整理党组织工作。要看到有一部分党员不合格，对个别品质极坏的必须清洗。有一个干部在汉口病了，占一幢洋房子，一天大叫中菜西吃，后勤部只得给他八个病号饭，病好了回到重庆还要八个病号饭。这种人最好请他自动退党。又如重庆市朝天门一个税收干部，每月工作时只收税三十几万元[4]，但实际上可以收取一千多万元。这种消极怠工的你们说合格不？有的南下干部身上有窟窿，骄傲自满，认为革命成功了。有一位同志要回上海休养，以退党来威胁，这种思想觉悟不高的请他出党，否则按党章开除出党。到西南后我们忙于行政，党的组织松懈，支部工作没人做了，坏思想、坏作风就腐蚀我们党。今天个别的、少量的清洗，以一个典型教育大家很有必要，这会使我们党更健康。

整理和发展党组织都是建立在教育基础上的。清除个别不符合条件的人是必要的，但绝大多数人应该通过教育来加强无产阶级和共产主义的思想。有的不知道什么是共产党，不知道共产党员的责任、任务是什么，不知道共产党是无产阶级先锋队的意义。有的乱搞男女关系，纪律检查委员会不得不管，我们必须把这种人从“防空洞”中拉出来。党内还存在“革命这么多年应该照顾”的思想。把资格作为提拔干部的原则就错了，马列主义和党中央的文件中只有德、才二字，如果讲资格，就会阻碍我们提拔新干部。一个区级干部搞一个厂比地级干部搞得好，我们就要这个区级干部；一个青年团员比一个十年党龄的党员收税收得好，我们就要这个青年团员。不冲破这一点就不能前进。党是依靠进步力量去做工作的，假如我们要决心走到社会主义和共产主义，就应该做到严比宽好，精比粗好。

注　释

〔1〕“二七”京汉铁路罢工，一九二三年二月四日，在中国共产党的领导下，京汉铁路工人为争取组织总工会的自由，举行总罢工。其他许多铁路的工人也纷纷响应。二月七日，英帝国主义支持的北洋军阀吴佩孚等残酷地屠杀京汉铁路工人，制造了二七惨案。

〔2〕李自成，明朝末年农民起义领袖。一六四四年率领起义军攻入北京。不久，在明将吴三桂勾引清兵联合进攻下失败。

〔3〕太平天国，指太平天国起义，是中国近代反对清朝封建统治和民族压迫、反抗外国侵略的农民革命战争。一八五一年，洪秀全、杨秀清等在广西桂平县的金田村起义，建号“太平天国”。一八六四年在清朝军队和英、美、法等国侵略军的联合进攻下失败。

〔4〕这里指旧人民币，见本卷第20页注〔1〕。

要重视保守国家机密*

（一九五〇年十月十八日）

根据最近的材料，我们政府所确定的每个措施，很容易被帝国主义和国民党反动派搞到手。有许多措施，其中包括中央的和地方的，我们还没有拿出去，敌人已经预先布置，煽动的口号已经出来了。比如物价问题，我们刚布置，煽动口号一下子就出来了。在这一年里，不但是政府、各党派，包括共产党在内，保密工作松懈了。无论各党派、政府各部门、群众团体，都有它一定的秘密性。国家各方面的工作都要通过计划去做，消息传播了出去，言者无意，听者就有意，这是非常危险的。有些事我们认为无关紧要，但被敌人知道后就有用，如我们的财经数字、工业建设计划等，被敌人知道了，就可以估计我们的力量，了解我们的重点，从而进行破坏。

在中央各机关和北京市机关里，经常发现有反革命标语，这就说明我们用的人有些不清楚，混进了一些反革命分子，而且不是个别的现象。所以这就联系到一个问题，政府里面的工作人员一定要是人民营垒里面的，这是人民民主专政的一个重要问题，所以要提请我们各部门注意。现在美

---

* 这是邓小平在西南军政委员会第十次集体办公会议上讲话的一部分。

国、英国、蒋介石反动派联合的特务机关，正在组织武装暴动，组织暗杀，组织各种破坏。在美国特务指导下、在英国政府保护下开会，把香港作为特务机关根据地，派遣特务在我沿海边界地方潜入活动，这一点我们的经验不很多、警觉性不够。

保密是一个重要的问题，必须制定国家法律。过去中央颁布一个保守国家机密的指示，政府各部门、各党派、军民等都要进行教育，各部门首长对于这个问题尤应经常关注。毛主席、周总理说，对于泄漏国家机密的处分，比其他法律要严厉。严格说起来，泄密不管自觉不自觉，都等于叛国行为。因为我们没有保密习惯，要进行教育。过去在解放区，洋人、帝国主义的间谍很不容易进来，结果有的同志保密习惯很差，所以现在要进行教育。周总理特别说，各部门要经常提醒工作人员注意，比如每一个消息应该有一个范围，这样消息走漏以后，就要去找这个范围的人，如果没有范围就无法追究。所以我们应该研究出一套办法，包括人事问题，各部门对于工作人员要经常审查，哪些人是有保证的，哪些人是值得注意的。因为在我们政府里面不能说没有反动分子，不然就不会发现那些反动标语。

机关保密工作先从军政委员会开始，各部门怎样进行，请三位秘书长〔1〕研究一个具体办法。

注　释

〔1〕三位秘书长，指西南军政委员会秘书长孙志远和副秘书长高兴亚、熊子俊。

在欢迎英模晚会上的致词

（一九五〇年十月二十二日）

同志们：

出席全国英模代表会议[1]的同志们回来了！我代表中共中央西南局和西南军区欢迎同志们胜利归来。

同志们这次在北京，一方面也是主要的一方面，听到了毛主席、朱总司令、少奇同志、周总理和中央各位首长的指示。同时，也还有另外一个“老师”给同志们上了一课。这个“老师”历来就是很“关心”我们的，给我们上了很多的课，这次又给我们上了一次大课。这个“老师”是谁呢？就是美帝国主义。在我们开会当中，美帝国主义张牙舞爪比任何时候都凶，不单是侵略朝鲜，还想侵略已经站起来了的中国人民，还想侵略正在谋求解放中的亚洲人民。毛主席在抗日战争时就说过，我们革命人民，我们共产党，我们共产党的干部和革命战士，历来就有两个最大的“老师”，这两个“老师”一个是日本帝国主义，一个就是国民党蒋介石。这两个“老师”经常给我们打气，当我们斗志松懈的时候，他们就给我们上课，当我们某些问题没有解决的时候，他们就给我们想办法。美帝国主义给我们上课，就是明白地告诉我们：我要来侵略你们，你们站立起来了，我要你们倒下去，不要你们站立起来。

毛主席指示我们，我们要站立起来不倒下去，就是要加强国防建设和经济建设。这一指示是这次两个会议的中心题目。因此无论战斗英雄会议，还是劳模代表会议，任务只有一个，就是建设，就是建设国防、建设经济。有了强大的国防建设，有了良好的经济基础，任何帝国主义想来侵略我们都是做梦。失败的一定是帝国主义，不是我们。

所以，这次会议同志们的收获很大。帝国主义的行动证明了毛主席指示的正确，我们感谢毛主席给我们正确的指示，同志们回到岗位上去要遵循毛主席的指示努力工作。

我们对于同志们获得这样的荣誉，当然是很高兴的。同志们享受了高度的荣誉。但对这样的荣誉，往往有两种态度，一种是“挑担子”的态度，一种是“背包袱”的态度。“挑担子”的人眼睛向前看，“背包袱”的人眼睛向地下看。在座的诸位久经考验，历来是“挑担子”的态度，因此，可以保持这种高度的荣誉。“背包袱”的态度，虽然在某一次战斗中他曾有过惊人的事迹，但他的功绩仅仅是昙花一现。这是由于他们脱离了群众就一事无成，结果丧失了以往所有的荣誉。

同志们不要脱离群众，要拿“挑担子”的态度，而不是拿“背包袱”的态度回到自己的工作岗位上去。你们历来是“挑担子”的，相信这次仍然会按照毛主席、朱总司令的指示和中央各首长对同志们的希望，挑起更重的担子来。

注　释

〔1〕全国英模代表会议，这里指一九五〇年九月二十五日至十月二日在北京举行的全国战斗英雄代表会议和全国工农兵劳动模范代表会议。

昌都战役后的工作要点*

（一九五〇年十月二十五日）

张、谭、其梅[1]并西藏工委，告成芳、支司[2]，报中央军委、西北局：

此次昌都战役（包括十四军作战）获得完满胜利，对于解决整个西藏问题打下了有利的基础。你们当前的工作是抓紧时机，善于运用俘虏或投诚官兵及昌都区地方力量，开展政治攻势，以争取和平解决拉萨问题。同时，周密布置留驻部队的冬季工作，保证他们的供给，并从军事、政治、供给诸方面准备明年开春后进军拉萨。为此，请你们注意下列各点：

第一，加紧进行俘虏或投诚官兵工作，用高度的热情和诚恳的态度去对待他们，严禁侮辱和虐待，注意他们的伙食。所有官兵都须经过七天左右的训练，主要根据我们在布告中所列的各项内容，解释我党及中央人民政府的民族政策，强调毛主席、朱总司令对于西藏同胞的关怀，要求他们提出问题，予以解答。训练之后，一律发给足够路费，分批地释放他们回家，以便将我们的政治影响迅速散布到全藏人民中去。

---

* 这是邓小平为中共中央西南局和中国人民解放军西南军区起草的电报。

第二，对于噶伦[3]及代本[4]等高级军官尤应妥为招待，采用座谈方式予以教育和争取，以便他们回去影响拉萨政府立即脱离英美影响，速派代表到昌都或北京，商谈和平解决西藏问题。

第三，对于俘虏的英印和其他外籍人员，应妥送甘孜，不得释放，亦不得虐待。你们应从他们的口中及从藏军官兵调查中，了解他们的身份及帝国主义侵犯西藏的材料，迅速报告我们。

第四，尽快地筹备召集由各县上层人物组成的昌都区代表会议，成立昌都区人民解放委员会，委员名单由你们研究提出报来批准。

第五，留驻昌都、甘孜地区的部队数目，必须精确地加以计算，报告我们批准。主要是计算运输条件及供应的可能性，冬季运输的物资不应只是保证留驻部队的食用，还要准备明春继续进军的需要，如果部队留多了，可能影响继续进军的准备，此点请你们精细计算和考虑。

第六，请你们多多反映昌都方面的情况，以便及时地给你们以帮助。王其梅的电台应与此间直接联络。

西南局及军区

十月二十五日

注　释

〔1〕张，指张国华，当时任中共西藏工委书记、中国人民解放军第十八军军长。谭，指谭冠三，当时任中共西藏工委副书记、中国人民解放军第十八军

政治委员。其梅，即王其梅，当时任中国人民解放军第十八军副政治委员。

〔2〕成芳，即李成芳，当时任中国人民解放军第十四军军长。支司，即中国人民解放军西南军区支援进军西藏司令部。

〔3〕噶伦，藏语，原西藏地方政府行政官职名。

〔4〕代本，藏语，原西藏地方政府军职名，相当于团长。

文件太多的问题应加注意*

（一九五〇年十一月三日）

志远[1]同志：

中央所颁《人民法庭组织细则》[2]，眉目十分清楚，司法部所拟条例，除个别具体问题外，并没有其他新的问题，故无另发一条例之必要。

过去川西行署曾写有一条例，我们也已告他们不发，个别具体问题改用“指示”规定。

下面深感文件太多的痛苦，我们应加注意。

邓

十一、三

注　释

〔1〕志远，即孙志远，当时任西南军政委员会秘书长。

〔2〕《人民法庭组织细则》，即《人民法庭组织通则》。一九五〇年七月十四日中央人民政府政务院第四十一次政务会议通过，七月十九日公布施行。

---

* 这是邓小平写的信。

谨慎决定在少数民族地区进行减租退押和土改*

（一九五〇年十一月七日）

对于加速土改步骤问题，大家认为是必要的，也是可能的。今年秋征公粮，各地反映负担不重，都有一些超额。已决定以超额的公粮养活地方武装。四川四个区〔1〕十一月中旬即可大体完成秋征任务。云贵两省因秋收时间较四川迟一个月，秋征较迟，估计也不成问题。十二月起，全区将展开激烈的减租、反霸、退押运动，以退押斗争最为尖锐。在四川押重地区，地主应退押数要超过当地公粮总数一倍以上。据各地典型试验结果，因为农民情绪很高，地主知道势在必行，对退押也有一些准备，故多数不难。但有少数应退数过大，而又较顽固者，可能要拖长一些时日才能解决问题。据各地负责同志谈，明年春耕以前，大体可以结束这个运动。我们已商定明年春耕一完，即开始分田的工作。已告各省区在明年二月以前，各拟一个土改实施细则，经西南局研究后

* 这是邓小平就中共中央西南局委员会第四次全体会议情况给中共中央报告的第四、五部分。十一月十五日，毛泽东将这个报告批转各中央局、分局，并批示："邓小平同志在这个报告里所提出的各项意见都是正确的，请你们注意研究，在你区有可采纳者则酌量采纳之。"

发一统一的细则，以便从三月起即开始训练土改干部。

各地提出，在民族杂居地区的少数民族中是否减租、退押及是否土改的问题。这个问题在藏族和大小凉山彝族聚居地区，在云南沿越南、缅甸、印度的国境边界各部落都不存在，在那些地方是肯定不能做的。但是这个问题，在贵州全省及云南八十县腹地是存在的。这里主要是苗彝两族与汉族杂居，经济条件与汉人地区相同，各族农民均有强烈的土地要求，听说我们在少数民族区域不进行土改，都很不高兴。其中又以苗族要求最为迫切。因为苗族地主很少，受汉、彝地主压迫最深，拥护我党我军亦最为积极，不满足苗民的土地要求是错误的。

但彝族的情况就要复杂得多。我们考虑在彝族中是否进行土改时，首先必须着眼于十分重视民族问题，谨慎地决定政策，严防“左”的偏向。但在另一方面，如果不在有彝族的杂居区域实行土改，则不但不能发动彝族农民，而且不能消灭这些地区的土匪和反革命势力，广大地区的社会秩序很难巩固。我们讨论结果，认为原则上应批准上述民族杂居地区实行土改，但必须具备下列两个条件的地区才能实行。即：第一，认真实行了区域自治或联合政府[2]（在县联合政府下，也有区乡的区域自治）。第二，必须是少数民族人民大多数赞成，自己举手通过。在步骤上，应坚持先汉后彝，以促进彝族人民的觉悟。如果少数民族人民不赞成在那一地区，甚至不赞成在那一家实行时，即应坚决不实行。

土改前的减租、退押，我们原则上确定对少数民族地主只减租、不退押。减租是行得通的，现在有些苗族地主已自动实行减租，农民则普遍有此要求。在少数民族中，不提反霸。对于拿起武器反对我们的匪首应予严办，但必须经过省区党委批准，并须在该民族代表会议中通过才能执行。如果条件不成熟，匪首可长期监禁，以待时机成熟时再行处理。此外，对于少数民族，我们还决定了两条。即：一、广泛运用民族代表会议的形式，去团结教育和争取少数民族，调解民族间的纠纷。二、在民族杂居地区的专署及县人民政府两级设专署委员会及县人民政府委员会，以便容纳各少数民族、各阶层代表人物到政府中来，并参加政府中的具体工作，这样做才能充实民族联合政府的内容。

注　释

〔1〕四川四个区，指解放初期，原四川境内划分为川东、川南、川西、川北四个区，相当于省级。一九五二年九月一日恢复四川省建制后被撤销。

〔2〕联合政府，指新中国建立后，为了保障少数民族在地方政权中的平等权利，依据《共同纲领》规定的民族政策的基本精神，在一些民族杂居地区曾建立民族民主联合政府。一九五五年十二月二十九日，国务院总理周恩来签发《国务院关于改变地方民族民主联合政府的指示》，将民族民主联合政府的县和乡改建为自治县、民族乡或一般的县和乡；将民族民主联合政府的专区和区改建为自治州和自治县，或将专区和区的民族民主联合政府改建为专员公署和区公所。

各民族共同努力把西南建设好*

（一九五〇年十一月二十八日）

这次大家在北京参观了很多地方。一切有关中国各民族团结的问题，中央负责同志在北京已经讲过了。现在各位回到西南，几天后就要回到本地去工作，所以我想联系西南情况讲一些问题。但是，我要讲的这些比较粗浅，因为西南有这么多的民族，每个民族的历史特点我们不甚清楚，懂得很少，还得在今后长时期地了解，懂得更多一些，这样工作才会做得更好些。我今天所讲的是比较原则的一些问题，具体的问题要各位同志回到本地后，在实际工作中同当地政府和共产党负责人商量解决，因为他们比我们了解得多一些。

第一，西南民族问题的重要性。

中国是一个多民族的国家，这次代表全国各民族到北京去的有四十几个民族的代表，属于西南的就有十九个民族。从几个大行政区来说，西南是全国民族问题最大的地区，另一个是西北。西南总人数是七千多万，少数民族约有一千多万，就是说有七分之六的汉人，七分之一是各兄弟民族的同胞。我们说西南民族问题大，除数量多、民族多以外，更大

* 这是邓小平在欢迎赴北京参加庆祝中华人民共和国成立一周年活动后归来的西南民族代表团会议上讲话的节录。

的问题是国防问题。西南国防与各个民族间团结是不能分开的，有了民族团结，就有了国防；没有民族团结，就没有国防。

在我们西南地区，国界从西藏的最西部向东，要经过巴基斯坦、印度、尼泊尔、锡金〔1〕、不丹、缅甸、老挝、越南，这条边界线长达几千公里，几乎全是兄弟民族聚居区域，仅有少数汉人。还有一部分边境地区本来是中国的领土，但由于帝国主义的侵略，一直未能定界；已经定了界的，因为不断遭受帝国主义的侵略，也等于没有国界。有的地区很复杂，民族多，民族里面又分各个部落，都是互相分开的。这就使帝国主义和反动派利用这种复杂分散的情况，利用各民族间乃至各部落间的不团结，利用各兄弟民族过去反对大汉族主义的情绪，来挑拨中国各民族之间的关系。如我们要解放西藏，美英帝国主义就说西藏不属于中国，是另一个国家，还想利用联合国来干涉。但西藏人民盼望真正得到解放，盼望早日回到祖国的大家庭中来。西藏人民过去不赞成国民党，不赞成清朝和历代反动王朝，完全合乎情理。因为这些反动政府损害西藏人民的利益，从未顾及到任何民族利益。

今天，中国是统一的大家庭，以毛主席为首的中央人民政府，是全心全意为中国人民办好事的政府。今天的政府和过去完全不同，是真正代表各民族人民利益的政府。所以，各民族只有回到这个大家庭中来，才能使自己在政治、经济、文化方面得到发展。但是，帝国主义就害怕我们各民族团结起来，那样他们就无法进行侵略了。所以，我们为了使西藏人民回到祖国的大家庭，我们去解放西藏人民，帝国主义就反对。如美英法等帝国主义，在我国边界以传教士传教，或以行医、做生意为名，混进来进行破坏，制造谣言，利用细小事情鼓动各民族各部落间的分裂、冲突。各民族各部落间冲突得越厉害，他们就越有机可乘。所以，如果没有各民族间的相互谅解与团结，不热爱国家，不拥护中国共产党和毛主席领导的中央人民政府及一切政策，我们就不可能对付帝国主义的挑拨离间，抵抗帝国主义的侵略。在我国这样长的边界上，历来很少有国防。清朝时代很少有国防，国民党统治时代也谈不上。我们新中国要不要国防呢？为了抵抗帝国主义的侵略，一定要有！所以说西南民族团结问题比其他地方更重要。

此外，各个地方尚有土匪活动，国民党反动派所谓游击战争选择的地点也都在云南、贵州、西康〔2〕及四川各省区的交界。这些地区既是山地，又是少数民族聚居区域。现在除少数边界地区外，土匪差不多已被肃清了。我们基本上消灭了土匪反动派，就是因为得到少数民族同胞的帮助。如贵州的苗族，云南与川康交界地区的彝族同胞，都与解放军一块儿行动，大家在一个意志、一个目的下行动，很快就消灭了反动派。这说明我们要巩固社会秩序、巩固国防，如果没有各民族间的团结，也是不可能的。云南方面的同志要注意，土匪正在向国界方向转移，想在那里依靠帝国主义作根据地。另外蒋介石派李弥、鲁道源〔3〕等，想以与越南、缅甸接壤的民族聚居区域为根据地，进行反革命破坏活动。我们要消灭反动派，巩固国防，就必须依靠各民族的团结，这是一件很重要的事。

没有各民族团结，就谈不上巩固社会秩序，谈不上国防，同样也谈不上国家建设。西南建设是整个国家建设的一部分，有比较好的工业基础，将来交通发展之后是很有希望的。要把西南建设好，就要依靠各民族的共同努力，首要的问题就是要团结。有了团结就能解决一切问题，没有团结什么问题都不能解决。在历史上没有团结，也不可能有团结，不管是清朝和以前的任何朝代，或是国民党时代，都不可能有团结。为什么？就是因为他们实行大民族主义或大汉族主义来统治各民族，压迫各民族。大汉族主义者对于本民族人民也剥削压迫，所有工农劳动人民都是受压迫抬不起头来的。这样的反动统治应该打倒！今天呢？有中国共产党和毛主席领导的中央人民政府，我们各民族在《共同纲领》[4]的基础上，一定能够团结起来。

提到团结就必须反对大民族主义或大汉族主义，这是《共同纲领》中明确规定的。在全国范围来说，汉族是人数最多的民族。但在有些地方如西藏那里，大民族是藏族。又比如现在成立了西康省藏族自治区人民政府，在这个区域里藏族也是大民族。不过，我们主要还是要反对大汉族主义。为什么首先要反对大汉族主义呢？因为中国汉族人多，长期以来居于统治地位，少数民族兄弟是被压迫的。应该指明，汉族中的工人农民没有去压迫各民族，压迫各民族的是蒋介石、清朝政府及历代的封建王朝。今天我们弄清了大民族压迫其他民族的真相，就必须首先反对大汉族主义。其次，要达到团结目的还要反对狭隘民族主义。团结是相互间的事，即使大汉族主义纠正了，但狭隘民族主义不纠正，还是团结不起来。各少数民族过去有狭隘民族主义是不可避免的。现在不同了，在共产党和毛主席领导下，汉族不能欺辱人了，不能只是在口头上讲，而是要具体做出样子来看，大家才会相信。过去我们在西康办贸易公司，目的是要把里面的土特产运出来，外面的东西运进去，互助互利，使藏胞们不吃亏。有些藏族同胞开始还有点怀疑，最后看到各种比价合理才相信了。少数民族过去对汉族的怀疑猜忌是很自然的，但是现在如果还有这样的怀疑猜忌就不好了，那会妨碍团结。

因此，一方面要消除大汉族主义，另一方面要消除狭隘民族主义，从两方面共同努力来做工作，就能搞好团结。比如，我是一个汉人，应该努力反对大汉族主义，这是汉族干部的责任；各少数民族干部，也应该努力反对狭隘民族主义，两方面去做工作就能达到团结目的。共产党、毛主席领导的国家，是能够真正解决这个问题的。因为毛主席是受压迫人民的代表，共产党是受压迫阶级的党。解决了相互间的矛盾，团结起来，建设就容易了。过去统治者的方法是鹬蚌相争，渔人得利，他们不愿意各民族团结，只希望民族之间有冲突，这样就可以从中取利。今天，毛主席领导各民族起来推翻了过去的统治者，这是各民族被压迫阶级共同努力的结果。所以我们要团结好，消除各民族间的歧视，互相帮助，共同建设我们的国家。

第二，各少数民族政治方面的问题。

消除民族间隔阂，团结在毛泽东思想周围，像一个大家庭一样，要表现在政治、经济、文化方面，甚至表现在我们的感情上，这是一个长期的工作，不是一年半载就能办到的。但是，我们的工作要一天比一天好，一年比一年好。各位在讨论中，已提到很多问题，这些问题我们要解决，《共同纲领》中规定的民族政策我们要逐步做到。

大家最关切的问题是成立区域自治政府的问题。这个问题党中央、毛主席以及我们西南局都在认真考虑。反对大民族主义，在政治上就是要实行区域自治及成立联合政府[5]。不这样做就是错误，就不能增强民族团结。但这件事是否说做就能做到？要准备一下，要有步骤、有准备、有方法，否则，就容易成为一种形式。这件事在中国历史上是没有过的一件新鲜事，现在要先在一个地方做出经验后，再运用到其他地方去。比如我们选择金沙江以东地区成立区域自治政府就遇到很多问题。政府叫什么名字？有人提议叫“博巴政府”[6]，但博巴包括范围太大；还有人提出叫“东藏自治人民政府”，但东藏又包括了四川松潘及云南德钦一带的藏族；最后才确定叫“西康省藏族自治区人民政府”。一个名字不是一个简单问题，也许会影响到团结。接着是人事问题，自治政府由哪些人来组成，要与各方面交换意见，要在西康地区选择有代表性的人物。政府成立后该做些什么事还没有经验。比如有些少数民族干部当了县长、副县长，感到没有事情做，这一方面是有些同志思想上有问题，另一方面也确实是没有经验。

不同民族干部的语言不同，文化程度不同，生活习惯也不同，大家在一起难免有误会，有不满意的地方要具体分析，看他是恶意还是善意，是经验不足、方法不妥还是看不起人，要把问题弄清楚。各民族间不应彼此歧视，不要你看不起我，我看不起你，有事可坦率地提出意见，有什么话摆在桌上来讲，开展批评与自我批评，这是民族团结的最好方法。每个人都要检查一下自己思想上有无问题，主要是汉族干部要纠正错误。民族工作一定要慎重，不然好的愿望会变成坏的结果。

各民族都出现了一些英雄模范人物。谁能够真正为本民族人民谋福利，不管是一个土司、头人、活佛或者一个普通人，都可以成为群众领袖。各位同志回去选代表，一定要到民间去访问，听群众的意见，看看是几个人赞成，几百人赞成，还是几万人赞成，一定要选人民相信的人成为本民族人民的真正代表。各少数民族中由于历史原因而形成的领袖人物，要好好地为人民办事，保持已有的声誉，不然人民群众觉悟起来了，他们会要求自己来当家作主的。干部问题方面，在西康藏族自治区人民政府里面有几个汉人委员，他们是以共产党员的身份参加的。其他一些地方汉族干部较多，这是历史形成的，他们在里面工作并无害处，只有好处。当然，有些干部如果有大汉族主义思想，政府一定要把他们撤回来，如果工作方式方法不好，各族人民应该帮助、批评他。至于建立区域自治和联合政府问题，各民族同胞都很着急，因为大家多年来都想自己管自己的事情。究竟哪一种形式好，关键要看各个地区具体情况来加以研究。联合政府之下可以有区域自治，区域自治之下也可以有小的联合政府，民族杂居区可以组织联合政府，民族聚居区便可以成立区域自治政府。

此外，各地区民族工作要做好三件事：（一）各地要召开各族人民代表会议，让代表们来讨论各少数民族人民自己的问题，而且每年要定期开会。（二）在民族杂居地区的专署及县两级成立政府委员会，凡过去未设民族事务委员会的即不再设立；已设立的暂不取消。将来组成政府委员会的委员名额，应按各民族人口数比例分配。（三）在西南办三所民族学院来培养干部。一所是在成都，主要招收藏彝两族青年，现已在筹备中。另外在云南大学和贵州大学内各设一个民族学院，现在应该马上筹备。唯一感到最困难的是教员和教材问题，因为有的同志提出用自己本民族语言和文字，这样翻译便成了问题。所以，民族学院的教材，最初只好多用些汉文。此外，各地区要多办一些民族干部训练班。

第三，关于经济问题。

经济问题是各族人民的一个基本问题。如藏族同胞能够把皮毛药材输出、布匹输入，苗族和彝族同胞能够吃到廉价的盐，都算经济问题。发展生产，改善生活，这是长远努力的方向，我们要不断创造条件。共产党、毛主席为什么要领导革命？就是要使人民在政治上经济上获得解放，生活一天一天获得改善。现在我们政治上已经得到解放，帝国主义要想奴役我们已经办不到了，就是他们有原子弹也不能解决问题。四亿七千五百万人民团结起来力量是极大的，谁也阻挡不了我们前进。政治上得到解放，而经济问题刚刚开始解决，正如毛主席说的是万里长征走了第一步。我们要做到将来全国农村都用上拖拉机，一个人可耕种百把亩田地，这是我们的远景。干部要能够得到各族人民的拥护，就必须使各族人民生活逐步得到改善。所谓对人民有利的事，就是这些事，如过去盐一元一斤，现在只要九角九分；过去只能吃一斤盐，现在能吃一斤一两；以前过年过节没有肉吃，现在可以买肉吃。这些哪怕是极小的经济问题，都能使人民的生活得到改善，使人民对政府和干部更加拥护。共产党、毛主席领导的中央人民政府为什么能够得到全国人民的拥护呢？最重要的一条就是这一年来的经济建设搞得好，今天虽然还不够好，但人民已经看到新中国的远景了。

在汉族地区，经济建设的主要任务是进行土地改革。土改只限于汉族地区，因为少数民族地区的条件还不具备。少数民族地区的所有改革包括经济的政治的改革事宜，一定要在少数民族人民自己要求的基础上与各少数民族人民商量解决，急了就要脱离群众。必须区别是少数人的要求还是多数人的要求。带队的人必须紧靠着队伍，一方面带着群众向前走，一方面又不脱离群众，如果你走了两百里，队伍才走一百里，那就一定是脱离群众。

除土改减租以外，其他经济改革也要根据当地人民的愿望来做。当初拟在西康成立贸易公司，有些人不赞成，我们就不急着干。现在各地要求成立贸易公司的很多，如西康的彝族、云南的傣族以及贵州各少数民族都已提出来了，这是好事。办贸易公司的目的不为赚钱，主要是服务于生产，服务于物资交流。但贸易公司办多了，政府也有困难，主要是干部不够用，因为大多数同志都参加剿匪减租等工作去了。不过政府一定要办好这件事，希望大家都来支持。诸位回到工作岗位后，还可根据群众的意见，开展物资交流工作。过去国民党的贸易组织是通过不等价交换剥削人民，今天则不同了，是等价交换，是为了发展国计民生。有人认为等价交换是对的，但也有人提出要更便宜地交换，那就不一定好了，因为贸易公司的业务是有计划的，如果过于便宜就会蚀本太多。贸易公司是谁的呢？是国家的。国家又是谁的呢？是大家的。如国家亏本也就是人民受损失，并且亏本的不等价交易不能维持多久。目前，全国私人商业比国家商业大得多，国家经济只是居于领导地位，为鼓励私人资本到少数民族地区做生意，也必须实行等价交换，使大家都不吃亏才行。

税收方面，西南少数民族的负担应该少于汉族，因为少数民族居住区要贫瘠些。但将来经济发展以后，经济条件一致时，各民族的负担就应该一样了。去年为了照顾贵州苗族同胞的困难，不向他们征粮，他们问："为什么不收我们的?"认为瞧不起他们。其实各民族在剿匪、征粮中都起了积极作用。

第四，关于卫生文化问题。

各位要求办学校、设医院都是很对的。目前医务人员不够用，所以，将来必须多培养少数民族医务干部，同时可以针对各地区特殊疾病训练专门的医务人员。文字问题比医药卫生更困难。有的民族有文字，有的民族的文字不够用，有的民族没有文字，这就造成了教学上的困难。要解决这一困难，开始要先学点汉文，经过它作桥梁，来弥补各民族文字之不足。至于如何形成各民族文字的问题，将来一定要解决，也一定能够解决，这只是时间问题。

最后，再讲一下进步分子的责任。

各位到过北京，接受过毛主席的指示，你们知道的比在家里的人要多一些。希望你们回去以后注意三点：（一）做好团结工作。不但要做好各少数民族之间的团结工作，也要做好本民族的团结工作。过去帝国主义和国内反动派，总是使各民族间互相打架，他们在旁边哈哈大笑。现在共产党、毛主席领导的人民政府是希望各民族团结的，各位回去以后，有利于团结的事就多做，不利于团结的事就不做。历史上的疙瘩一定要解开才能团结得好。各民族中间也有坏分子，我们要团结起来对付敌人。毛主席说，对敌人要斗争，对自己要团结。进步分子首先要自己团结起来。（二）进步分子所考虑的不是个人利益而是人民利益。个人有要求，人民也有要求时，就应该先把个人利益放下来，服从人民的要求。不然，人民不会赞成你是进步分子。（三）起带头作用，联系群众。艰苦事情首先要自己办，共产党、毛主席就是“吃苦在先，享乐在后”，所以就能够得到人民群众的欢迎。有了这样的认识，什么事情都可以办好，一切政治的经济的建设不知道要快多少年。

注　释

〔1〕锡金，现为印度的一个内陆邦。

〔2〕西康，见本卷第11页注〔1〕。

〔3〕李弥，曾任国民党军第十三兵团司令官兼第八军军长。鲁道源，曾任国民党军第十一兵团司令官。

〔4〕《共同纲领》，见本卷第7页注〔3〕。

〔5〕联合政府，见本卷第157页注〔2〕。

〔6〕“博巴”，又译为“波巴”，藏语，藏族的意思。“博巴政府”即藏族政府。中国工农红军长征经过西康时，当地藏族人民曾建立“博巴政府”。

为新华书店西南区分支店会议题词

（一九五〇年十一月）

加强政治文化粮食的出版发行工作，消灭落后和愚昧状态，乃是我们长期而严重的政治任务。

邓小平敬题

减租及其他改革万勿草率从事*

（一九五〇年十二月十日）

西康[1]区党委：

十二月三日电[2]悉。

同意你们所拟具体政策和具体步骤，但请注意：（一）在加速改革步骤中要防止下面同志粗枝大叶，急于结束运动，以致弄得半生不熟或者流于形式，势必回头重做（即煮夹生饭与吃回头草两种危险）。要告诫同志们每一步都要做得很稳当踏实，都要能使群众的组织力量与觉悟程度大大提高一步。因此，区党委应加强检查工作。（二）对少数民族的减租减息及其他改革问题力求稳当，宁肯慢一些，先解决与汉人有关的问题，就是这样的问题也要摸清楚才做，要告诫各县同志万勿草率从事。

西 南 局

十二月十日

注 释

〔1〕西康，见本卷第11页注〔1〕。

---

* 这是邓小平为中共中央西南局起草的电报。

〔2〕十二月三日电，指中共西康区委关于加快土改和对少数民族减租及其他改革问题向西南局的请示电。

在西南区第二次财经会议上的讲话

（一九五〇年十二月二十五日）

一、一九五〇年快过去了，大体上估计一下，原定的各项工作任务和计划都完成了，各方面都有成绩，其中最大的收获是发动了群众，这是一切工作的基础。

过去我们把工作重点放在农村，因此，对城市工作还不能很好地兼顾。但经验证明，凡是城市工作做得好的，都是由于发动了群众。每个部门也是这样，凡是发动了群众，工作就能搞好。例如，教会学校问题，过去没有发动群众，坏分子猖狂得很。又如某校青年团员，一个班二十多个学生中青年团员占了七个，也不算少，但由于脱离群众了反而处于孤立，后来经过纠正，团员改变作风深入群众，情形就改变了，许多学生都起来控诉坏分子的罪行。在农村工作中，发动群众工作做得比较好，虽然命令主义依然存在，但是成绩很大。例如，在剿匪中，发动群众对工作起了很大的作用。又如减租退押，由于认真地发动了群众，农民理直气壮，地主知道非退不行，许多带有封建尾巴的工商业者也说：“税可拖，而押不可拖。”这都证明，我们在农村发动群众是有成绩的。今年的工作成绩主要在军事上，表现在一是剿匪，二是改造九十万国民党军队。就以土匪比较少的川北而论，一年剿匪就在八九万左右，全区一年内捕获的匪首，总数在一千以上。改造九十万军队的工作做得很好，令人满意，一点尾巴也没有留。接管城市和稳定物价，一年内物价曾有过几次波动，但是，都随着全国各区共同的努力给平抑下来了。

税收工作我们最费心，但目前看完成中央规定的十七亿五千万斤任务没有问题，而且还会超过些。税收工作要做得好，必须依靠：1. 明确的方针。2. 发动群众。重庆的经验是依靠店员，店员在工作中起了很大作用。所谓明确方针，还包括一个“要做工作”，对资本家“既要团结，又要斗争”，没有团结要想取得成绩是不可能的。由于一些同志缺乏政策思想，工作中曾经发生打击靠近我们的工商业者的问题。明确方针就是说，“拉要拉得坚决，打也要打得坚决”。例如，今年征收的一九四九年公粮，前后拖了五六个月，如果当时我们再拖就完不成了，我们之所以要坚决收齐，不但是从财政上着眼，不仅是为了多征几万斤粮食，主要是打击封建势力，让他们明了共产党、人民政府说的话是要做到的。由于这样做完成了任务，财政问题自然就得到解决，但更大收获是打击了封建势力和地主阶级的气焰，西南民众现在就和过去的北京民众一样，认为共产党的事情不提则已，一提出来就是要做的。

拿重庆的税收来说，地主叫得凶，工商界也拿重庆和汉口比（当然他们是不会和天津相比的，天津七亿任务完成了十六亿），财委会[1]为此事开会研究过许多次，我们对此事始终感到有把握。理由是：1. 调整工商业的工作我们真正做了，重庆工商业没有遭受到什么损害。2. 由于国家帮助，工商业发展了，即开业多于歇业，开业资金总额也多于歇业的资金总额。3. 税率不重。这一点连工商界如胡子昂[2]等人也都这样认为。但个别不合理的现象也是存在的。因此，我们采取坚决收税，同时也坚决调整的方针。据重庆工商联反映，第三季度工商业税评重了的有二三百户，而我们调整的已有二百三十五户，共计四亿多税款。同时我们要告诉工商界，税不要拖，拖是拖不掉的，所谓“挤在一起”受不了，政府不能负责任。同时不要比，因为我们对外面的情况不了解，我们只问在这里是不是合理。重庆的资产阶级比起上海、汉口的要软弱些，但我们决不能轻视他们在西南各大中城市中所起的作用。资产阶级对待税收是有意识拖的，特别是后来他们不叫不吭气了，这是个比较厉害的手段。但是，只要我们掌握材料，理直气壮地揭露他们，他们再厉害的手段也要失败。在西南各大城市来说，只有成都的税收比较好，其他如昆明等地方的工作都比较困难。

今年的公粮、税收、盐税等方面的工作都完成了任务，表明在财经各方面都有成绩，这是大家共同努力的结果。当然并不是没有缺点，官僚主义、命令主义依然存在。为什么我们能完成这些任务呢？基本原因是方针明确，依靠群众和上下一致。

一九五一年工作有了更好的基础。1. 群众发动起来了，这是一切工作的基础。2. 干部已经有了一些工作经验。当然困难仍旧有，主要是由于美帝侵略，我们要抗美援朝，所以，我们不能不把更多的钱投到国防军事上去，而将经济建设投资减低至最少的限度。

今年物价在困难条件下总算平稳了，但明年的条件必将更困难。首先，因为军事需要，市场投放费用增多，西南即需一万亿元[3]；其次，由于帝国主义的封锁，部分物资将因不能进口而感缺乏；再次，明年西南部分地区将提前实行土改，农民购买力将大大提高，而且以减租退押而增加的农民购买力而言，全区谨慎的估计约有五十亿斤粮食。一方面，农民在获得这些果实后要买工业品，而我们工业品有限，无法满足农民需要；另一方面，农民的大量粮食和农副产品要求出售，而政府无钱收购，出口也因封锁而发生困难。这样，工农产品剪刀差额必将扩大，这是今后全党全国所必须注意解决的一个问题。

中央对于今后财经工作的方针非常明确，即：1. 国防。2. 市场。3. 经济建设。西南的主要问题是：1. 粮食。2. 土产。根据历史材料，西南粮食问题必须在内部解决，今后应当多和农民商量，想办法找出路。

二、在今年工作基础上，根据目前形势，我们今后的工作是：

（一）保障税收。估计农业税没有问题。今年秋征已过，但对明年夏征，特别是秋征应即着手研究。今年农业税之所以超额多，其原因之一是地主多。明年实行土改，土地将更加分散，农民负担会有所增加，这是一个新问题，必须很好研究。对于城市税收工作，我们还缺乏系统经验，对资本家总的方针是又团结又斗争，斗争为了团结。对地主可以看作敌人，但对待资产阶级就不能这样，必须做到入情入理。我们对待资产阶级的态度，过去是一脚踢开的多，调整以后则有右的偏向，明年希望大家很好研究这个问题。重庆今年依率计征提得过早形成被动，目前的税收主要仍旧是民主评议与定期定额。上海依率计征目前只限于六千户，等于总户数的千分之五，汉口也是千分之五，重庆解放比较迟，可是已经达到千分之十了，太多不好。但没有也是不对的，因为这是给资产阶级一个前途，有利于正当的工商业者发展。

（二）搞好贸易。贸易工作是明年的一条重要战线，各级贸易机构就是作战部。明年贸易工作的本钱很少而任务加重，这是一个矛盾。经营贸易目前没有助手，合作社一时搞不起来，国家商店又有限，因此如何做好生意就更加重要了。要做好贸易工作首先就要注意调整剪刀差额，因此必须注意农村，研究农村经济，这项工作搞得好对农村经济就有帮助，搞不好就要破坏农村经济。四川出口最大宗的桐油、猪鬃、五棓子、青麻等目前都在落价，必须根据新情况加以研究，并做重新布置。工商业下乡问题今后仍应该加以注意，指导方针应当明确，下乡总比不下乡好，下乡虽有困难，但不下乡更困难些。川南泸州经验是好的，各地也应继续创造经验。明年贸易工作有两个原则：

1. 加大国营贸易力量。专业公司的分支机构要加大，自己带头下乡。重庆现在有二千亿元减租退押的票子，下乡后如何办？资本家的着眼点是如何从农民身上收回来，但我们却必须注意如何活跃农村经济。

2. 大量组织私商下乡。有意识地组织和指导私商下乡，让他们获得适当的利润和发展，我们不要害怕这样会发展了私人资本主义。目前资本主义在一定限度内发展对人民还是有利的，而且我们可以从税收、价格上加以限制。在城市为了稳定物价，增设零售店仍然必要。我们估计，明年在西南投放一万亿元票子，市场不会有问题，但必须搞好贸易工作。现在令人担心的是机构与资金两个问题。资金方面，华北征购、代销等办法不能全部适合于西南，原因是我们没有合作社这样的机构，主要大宗土产又不是西南内部流通的物资，但这些办法给我们一些启发。我们应当根据西南的实际情况，研究有利可行的办法。

（三）努力发展适合于本区需要的各种生产。今年的经验证明，由于我们对情况了解不够而遭受了损失。例如今年的菜籽问题，由于估计不足，先感觉过多，后来实际不够，引起成都油价上涨，今后应当引为教训。中央要求我们明年完成五十九万担棉花生产任务，川北是一个重点，请川北同志加以注意。西康〔4〕地区雨少沙多，气候也宜植棉，可加以研究如何种植，我们必须争取棉花自给。为了鼓励农民植棉，必须按照华北办法采取“包植”。应以最大决心，不惜赔钱来发展棉花生产，采取中棉、美棉同时发展的方针。我们不但要在经济上保障农民植棉利益，而且要从政治上加以鼓励。贸易部门也须从价格上保持对植棉者有利的合理粮棉比价，以刺激棉花生产。烟叶生产全国已感到不够，以西南目前情况看，按每人每日消耗近半根香烟计算也感到不够。河南许昌烟叶一直喊过剩，目前也不够了。因此，必须大力发展烤烟生产，贵州尤须注意。棉花和烤烟的生产任务已经分配了，各地要力求超过，糖也可以发展。目前盐的销路也比以前大大发展了，各场已无存盐，估计明年经过减租退押土改，农民生活改善，盐的销量还要增加。

（四）发展小型工业和手工业。目前我们大工业只有这么多，而且这些大工业生产是用于全国或用于国防的，大多和农民无关。要解决农民问题，满足农民需要，必须加强对地方工业指导，这主要是各省区的工作。地方工业的经营方针，首先是要研究能在本区内解决原料与销路，然后由近及远；其次是必须有利可图、吹糠见米，至于那些虽然有前途但目前无利润的工业，只能等过些时候再办。各地应鼓励私人资本投资小型工业，地主的资金也可以引导到这方面去。各省工商局主要指导地方工业，如川东土布就是一件很大的事，据说现在外面已到西南来买土布了。地方工业必须首先着眼在本区本省，以省为单位，省与省之间订立合同交易。应当加强对私营工业指导，如川东土布销川南，这方面商会力量很小。除指导私营工业以外，各省还要自己办一些小型工厂，花几十万斤粮食办一个工厂，在地方粮食中周转一下就可以做到了，这样不但解决了一部分地方的需要，而且可以解决一些差额问题。

（五）解决交通问题。明年仍不可能发展航运，现在政府只有招商局三条船，川江航运主要依靠民生公司。除成渝铁路外，明年西南准备修建綦江铁路的三（江）赶（水）线，这也是吹糠见米的做法，各地可以仿此办理。发展内河木船及地方公路花钱少而收效大，一条载重一百三十吨的木船修建费仅十二万斤米。沿江各地可以研究，将地方粮食周转一下造几条木船。这样，既解决了交通困难，同时也解决了部分地方需要。运输工作应当研究如何经济实用，减低成本，降低运价。汽车要坚决改用酒精、木炭，以酒精为主，节省汽油，并从改善管理上降低运输成本。

（六）研究农村经济。从各方面摸索农村经济的特点，应成为一九五一年各部门的工作任务之一。华北经验不能完全适用于西南，由于减租退押、土地改革带来一系列问题，如农民因减租退押及分得土地以后要购买耕牛，因农民大量购买耕牛而引起牧畜繁殖、农具生产等，这些问题更具有地域性，各地应该多多加以研究。合作社在土改以后必然大大发展，目前就要开始研究合作社在农村发展的办法。

除上面所说的以外，最后还有两点要在这里谈一谈：

第一，集中统一。集中统一是集中统一于中央，执行中央政策，完成中央规定的任务。中央对我们照顾也很多，我们对中央也不能打埋伏。今年全国如果不实行财经统一，我们西南的困难可能更大。个别地区部分同志过于强调地方重要性，总希望在自己这里多开办些工厂，在我这里多开采些矿产。当然这些工厂、矿产对当地来说可能重要，开办开采以后也的确是好事情，但必须从全国观点来看，目前国家财政还很困难，只能举办一些吹糠见米的事业，地方有价值的并不是不办，只是过一些时候再说。例如，建筑线拆轨问题，不拆当然好，但目前钢轨缺乏或远不济急，留着那一段也不起作用，那就只有拆。这样说是不是这些意见提错了呢？不是的，有意见提出来并不错，今后仍要提。问题是我们不要提出来就一定要做到，没有答应不要灰心，不要丧气，思想要通。提意见可以使上面了解情况，也许上面会考虑而答应你的要求的。例如贵州铅矿问题，我们也仍旧向中央反映了，即使中央不批准，也可以帮助中央了解下面的情况和要求。

第二，干部培训问题。各地干部缺得很多，明年准备大量招收一批。后年的情况会好些，土地改革完成后，农村工作可以交给本地干部，外来干部逐渐转到财经工作上去。对干部要大胆提拔。一年搞一次整风，整风的目的不仅是批评坏的，而且要发展好的。干部教育工作应当抓紧。最近《人民日报》社论指出训练干部业务知识的重要性，各地应当抓紧时机在明年四、五、六三个月，利用税收淡季，加强干部训练，增加干部的业务知识，才能正确地掌握政策，揭穿资产阶级的阴谋，完成各项任务。在城市干部集中地区，各部门对干部的教育应多采取上大课的方式，由各部门负责同志作报告，一次报告比几次讨论会要强得多。干部管理工作应当由各级党委负责，各专业系统要尊重当地党委的意见，不依靠当地党委许多问题解决不了。干部来源除了吸收一些青年知识分子以外，要多从工人中提拔。如果搞木船，再没有比码头工人更适合的了。搞税收工作，店员比较适宜。当然，目前我们还不能从工人中解决一切干部来源问题，但是我们要逐步地朝此方向努力。今后干部任用必须经过当地党委或政府人事部门负责审查推荐。

注　释

〔1〕财委会，指西南军政委员会财政经济委员会。

〔2〕胡子昂，当时任西南军政委员会委员、重庆市副市长、重庆市工商界联合会主任委员。

〔3〕这里指旧人民币，见本卷第20页注〔1〕。

〔4〕西康，见本卷第11页注〔1〕。

扶助贫雇农绝不可采取损害中农利益的错误办法*

（一九五〇年十二月二十八日）

我们同志关心贫雇农经济情况的改善是对的，而且我们今后要贯彻长期的从各方面去扶助贫雇农的政策，但绝不可以采取损害中农（包括富裕中农）利益的错误办法去解决这个问题。

---

* 这是邓小平审改中共中央西南局给川南、川东及各省区党委并报中共中央的《关于减退运动中坚决保护中农利益的指示》稿时加写的文字。

对党的干部要求应更加严格*

（一九五一年一月三日）

提高部队的战斗力，关键在于强化党的领导。这次军区组织工作会议，着重解决了这个问题。我在这里只谈一个严与宽的问题。

对于取得革命胜利的党的要求，是要严还是要宽呢？对于干部，特别是对老干部的要求，是要严还是要宽呢？我们的回答是应该更加严格，对党的组织要更严，对干部的要求要更高。为什么要更严而不是更宽呢？从组织上说，我们过去一直是在进行武装斗争，无论是在土地革命时期、抗日战争时期还是解放战争时期，军队和地方工作都是在战争熔炉中经受锻炼。每个人进到革命阵营来，都要受到战争考验，思想觉悟和斗争精神都要过硬，因而每个人的历史面貌也比较容易看清楚，大家生活战斗在一起，投机分子不容易钻进来。但是，今天情况就不同了。大家来自四面八方，人们觉悟高低一时难于看出来。各地招收的大批学生绝大部分是好的，但其中也有的面目不清。进军西南中补充的大量俘虏，还有数目不小的投降起义军官，对他们需要经过长期的考查与改造。总之，虽然还有部队在剿匪，但在战斗中经受锻炼

---

* 这是邓小平在中国人民解放军西南军区组织工作会议上讲话的节录。

的机会少了，死人的危险少了，考验就不如过去那样过硬。根据这个情况，要求在组织上比过去更加严格，稍一松懈与麻痹，就会造成不应有的损失。

规定党员数量要占部队的百分之三十，能保持这个比率当然更好。现在部队党员只占百分之二十五左右，连队只占百分之二十左右。但是，我们不能看到数量不足而机械地去凑足百分之三十。发展党员必须慎重，不能突击。所谓组织严格，首先表现在成分纯洁上。发展党员不是从时间上拿渡江前后或者是进军西南前后来作标准，也不能单独拿作战勇敢来作标准，主要的是要拿政治条件来作标准。应该按照党章规定，做到接受党的领导，服从党的纪律，终身为共产主义事业奋斗到底。如果不够这个条件，就不要勉强去发展，不够百分之三十，百分之二十也行。青年团的发展可以宽一些，而发展党员必须严格。要使青年团真正成为党的预备学校和后备军，有些优秀同志可以先经过团组织来培养和锻炼，然后再吸收到党内来。

对现有的共产党员，凡不合乎起码条件的要做适当清洗，不能拿党龄长短来作标准。一般不够条件的党员，凡能教育改造的都应加强党的教育与组织生活，使他逐渐合乎条件，这是主要的一面。但是完全不合乎条件的党员，我们就要劝他退党，如果他不愿出党就开除他的党籍。把这种人洗刷了，党就会更健康、更纯洁，就会获得更大的胜利。

对新同志教育要严格，要使他知道加入共产党不容易，共产党员不好当，一开始就让他树立党员权利义务的明确概念，这样进到党内来就会进步。有些老同志不求进步，开口就是“革命多少年，没有功劳有苦劳”，摆老资格，总想要党照顾一下。因此，对老同志要求要更严格。对于党员干部的标准，毛主席从来都是提德才兼备，没有提“资”，只是在抗日战争时期，为解决原红四方面军干部这个具体问题，才提到了“德、才、资”，后来大家就把这三个字并列地提出来，甚至有些党组织在考虑干部问题的时候，把“资”摆在头一位。今天提出不要强调“资”这个条件，这个精神我们应该贯彻。贯彻了对党、对老同志都有好处；不贯彻对党没有好处，也阻碍了某些老同志进步。现在我们要造成一种环境，破除靠“资”吃饭的旧意识。我们这样做对这些同志是爱护还是打击呢？我说是爱护。有人说革命胜利了，不要他们了。我说党是要他们的，如果不这样，他们就会渐渐落伍，对革命没有好处，对老同志个人也没有尽到帮助的责任。德、才两个字实际上包括了“资”。“德”就是政治品德，“才”就是从事革命事业的才能。这种品德和才能，都是经过长期革命斗争锻炼和培养出来的。如果你革命多年还不进步，德、才两方面都很差，党没有理由给你以重大信任和让你负责重要工作。我们党的负责人都经过长期革命锻炼，他们的德、才就是从这种锻炼中培植出来的。所以，单纯地强调这个“资”，对党对老同志都有很大的害处。

如果从党的建设、从革命事业发展来看，任何新生的事业都是在前进中发展的。我们的事业也要我们的后代来继续完成。无论在地方工作还是在军队工作中，都要时时注意培养青年一代，这是可靠的力量，我们的老同志应当培养而不是忌妒他们。我们有些同志爱讲辈数，这辈不完那辈就不能出来，因为强调了“资”，新干部就提拔不出来。当然，如果两个干部德、才相等，但资格是一个工作十年、一个是工作六年，我们可以先提拔十年的；如果那个有十年资格的干部，德、才都不如六年的，那我们就应该提拔六年的。为了对党和对人民负责，我们一定要把事业放在前进的、有朝气的基础上，不能迁就落后。如果我们把资格摆在第一位，阻碍和排斥了年轻的和前进的事物发展，那我们的事业就不能持续下去，甚至要失败。这样做不仅对革命无好处，对老同志也是有害的。正因为爱护这些老同志，使他们在革命道路上继续前进，所以我们要坚决地执行党中央、毛主席关于干部工作的指示。

为了党的组织更加巩固和严密，应该以团为单位做一次检查，根据检查所了解的情况，订出党组织的教育计划，加强对党员教育，使某些不合乎条件的党员经过教育后得以提高，合乎党员的条件。对于极个别的坏分子应加以清洗，以保持党组织的纯洁性。

在今天的情况下，我们对组织要求更严而不是更宽，对同志要求更高而不是更低。只有这样，才能使党组织力量更加坚强，使同志们更加进步，我们的任务才能圆满地完成，我们的事业才能大踏步地前进！

关于减租退押工作情况*

（一九五一年一月八日）

西南各区于迅速完成征粮工作后，均在去年十一月份内先后转入减租退押运动。从两个月的情况看来，运动的发展一般尚属正常。因为方针明确，并在七月西南军政委员会第一次会议以来，即在干部中和各阶层人民中宣传贯彻这一方针。因为群众声势浩大，使得地主阶级不敢公然抵抗，不敢说不退押。重庆的地主兼商人也说："税还可以拖，押是不能拖的。"但因为这是一个极其广泛的群众运动，我们的干部多为青年学生，骨干很少，故在运动中也出了不少的乱子。例如干部打人的虽然很少，但群众打人、吊人或施行其他变相肉刑的不少，有些则是干部允许或授意的；有些地方干部急于求成，想尽早完成退押（减租实际早已实现）后转到土改，因而又犯急性病，滋长了命令主义；有些地方反映，底子厚的大地主损伤并不大，而小地主则底子薄，打得

* 这是邓小平给毛泽东并中共中央报告的节录。一月二十二日，毛泽东复电邓小平并告各中央局负责人，指出："报告收到阅悉。方针正确，成绩很大，甚慰。你们的第一次城市工作会议开得有成绩，甚好。假如可能的话，在今年五月一日以前，请你再召开一次城市工作会议，对城市工作，主要是对工会工作，对工商业的领导方向和对城市政权问题，加以深入研究，并做出某些决定，为四中全会讨论工会工作准备材料。四中全会准备在五月开，请按此部署工作。"

较厉害。据了解，川东、川南、川西三区一些地主由于恐惧而自杀，绝大多数为恶霸地主。此虽属不可避免，但其中很可能有方式上和策略上的毛病，这些问题各省区党委业已提起注意。我们觉得目前主要还是防止束手束脚、不敢放手发动群众和包办代替、命令主义，以免煮“夹生饭”、吃“回头草”。等退押浪潮过去，大部分退了的时候，要及时转入清理，说服群众分别对待中小地主。对于确有困难的中小地主多在“缓”、“少”、“不”〔1〕三字上做文章；对于顽固的则交法庭处理，以求早点结束这一步，转到分配土地或生产的下一步。因为历来运动多在尾巴上出乱子，所以这样做也可减少一些偏差。

这次退押，大地主拿出东西太少，中农得利很多，有退得一两千万元〔2〕者。因此，有些地区提议把对地主的政策放宽一些，即允许找些题目使大地主拿出更多的东西。又有些地区提议在中农自愿的条件下把富裕中农得到的果实分一部分给贫雇农。西南局业已发出指示，批驳这两种意见。对守法的大地主（对犯法地主又当别论）不宜节外生枝，因为这样会使是非不明，政策模糊，容易在政治上引起混乱，而在经济上所得也不会多。至于把富裕中农应得押金分一部分给贫雇农的办法，更属原则错误，这还是想一次就解决贫雇农困难或满足贫雇农要求的思想在作怪。其结果将是在政治上破坏农民的团结，经济上大大地破坏农民生产积极性，而贫雇农的困难也并不会因此而获得多大的解决。

从运动发展的情况看，押重一些的地区要延长一两个月，即在四月以前才能结束；押轻的地区（如川北）一、二月间即可大体结束。我们已告诉各地同志，这一步工作要做得很踏实，千万不要勉强地转入土改。事实上这一步做好了，群众充分发动起来了，下一步就容易些了。

注　释

〔1〕“缓”、“少”、“不”，见本卷第110页注〔5〕。

〔2〕这里指旧人民币，见本卷第20页注〔1〕。

各级党委都要重视宣传工作*

（一九五一年一月十八日）

这次会议开了好几天，解决了不少问题。大家一定要我讲话，意思是要各级党委重视宣传工作，首先要我这个西南局第一书记重视一下。因此，我在这里就讲几个问题。

一、关于宣传工作的重要性。

我们党从成立马克思主义小组开始就重视宣传工作。我们认为自己宣传得还不够，而全世界的反动派却都说我们的宣传工作厉害。这说明马列主义是真理，是战无不胜、攻无不克的武器。而我们自己说不够也是对的，因为尽管有真理，可是讲不出来，不会讲甚至不愿讲。中央一再指示要反对官僚主义、命令主义。《人民日报》说，官僚主义、命令主义的重大问题之一就是不开展宣传。当然还有一条就是不组织。这就是官僚主义、命令主义的两个方面，对群众来说更重要的问题是不开展宣传。

人们常说，人要吃饭是个特点。我说人还有一个特点，就是有双耳朵，有对眼睛，要接受东西。人的脑筋如果没打通，任何事情也办不通。如果农民还有怕变天的思想，减租、土改是不可能发动的。但要改变脑筋，就要有可接受的

---

* 这是邓小平在西南区宣传工作会议上的讲话。

东西，经过眼睛看、耳朵听才行。假若有双耳朵，有对眼睛，却没有东西接受，那么对于方针政策就无法了解。要改变一个人的脑筋就要做宣传工作。宣传会议上大家说："我们辛辛苦苦地做了许多工作，敌人一个谣言就给搞垮了。"是的，我们不宣传敌人就要宣传。我们常常不能及时揭露反革命活动和敌人的许多新花样。如重庆二十一厂〔1〕，我们做了八九个月的工作，天天在搞人民民主专政，也抓特务，但就不宣传一贯道〔2〕是反革命组织，结果有六百多工人参加一贯道。后来抓了一贯道的头子，才揭穿了一贯道的阴谋。工人责怪我们"为什么不早讲？讲了我们就不参加了。我们参加一贯道是为了拜菩萨"。这就是没有宣传的缘故。公安部门的同志认为，只要秘密侦察、逮捕、破案就完结了，不懂得及时揭露敌人的阴谋和花样，特别是新花样。又如在重庆的学校，特务三个两个地搞秘密组织，公安部门知道，青年团知道，大家一句话都不讲。为什么不把这些活动揭露出来呢？无论如何要告诉群众这个道理：凡是在人民政府下面搞秘密组织都是反动的。这样使群众听觉、视觉、嗅觉都灵敏起来，群众的眼睛不就亮了吗？可是不及时揭露，就给了敌人活动余地，以后破获了，群众还是会埋怨我们。不论在城市和农村都是如此。我们党从起根发芽时就是从宣传工作做起，而现在许多党员却不重视宣传工作了。

古语说，兵马未动，粮草先行。宣传工作就是一切革命工作的粮草，革命工作没有宣传是不行的。一切工作都离不开宣传，减租退押中第一件事就是要将政策与干部群众见面，见面就要靠宣传工作，不宣传怎么见得了面？不但要向群众宣传，对党委干部也要宣传，党委内部思想认识一致了才好工作。我们剿匪部队几十万，每连有个宣传组，一年来做了许多宣传工作。抗美援朝运动中，好多人也在做宣传，但很多同志没有自觉地、有意识地把宣传工作提高到应有的高度来重视。所以，我们不能说没有做，而是做得不够。我们不能说我们的宣传工作不如敌人，但值得注意的是，我们的工作常被敌人的宣传搞垮，在许多角落里我们是被动的。

今年西南大部分地区要实行土改，根据以前在老区的经验，土改完成以后便是：（一）战斗；（二）生产；（三）教育。现在战争基本结束了，明年以后我们的工作主要就是生产和教育，别的工作均应服从这两大工作，或用这两大工作去推动其他工作。到那时空洞的组织工作就不能满足群众的要求了，必须由宣传教育工作去提高群众的政治水平。今年要努力做好一切准备工作，为以后长期的教育运动打下基础。像联共那样的做法我们还不能完全做到，如联共宣传部机构最大，我们不能比，但要把他们的精神接受过来。从新民主主义社会到社会主义社会、共产主义社会，就是要靠教育工作把人的思想意识改变过来，使之适应新的社会制度，又反转过来推动社会的发展。我们常说要做毛主席的好学生，毛主席很重视宣传工作，新华社有些重要电讯就是毛主席亲自写的。我们还不算是毛主席的好学生，还要好好地学习。

从目前西南情况看，西南的干部比其他地区都少，因此集中力量搞好主要工作这是对的，如果不这样就要犯错误。去年一年西南工作之所以有令人满意的成绩，就是因为集中力量做主要工作的缘故。有人说我们工作单打一，是不是这样呢？不是的，这是不可能的。因为西南的环境不容许我们单打一，摆在我们面前的主要工作经常是好几件，没有一件工作可以放得下。例如解放初期的接管、剿匪、征粮、改造国民党九十万军队，没有一件不是主要的。又如目前清匪、反霸、减租退押，也是一件不能少的，这是西南工作的特点之一。因此单打一的情况只可能在个别地方存在。集中力量放在主要工作上是对的。但集中力量做好主要工作并不是别的就不要了。目前第一是清匪、反霸、减租退押，第二是城市生产管理，这次宣传会议开了又有个第三，就是宣传工作。集中力量于主要工作又同时照顾部门工作就要好些。川北宣传部门工作有成绩，不是川北干部比别的地区多，而是川北对宣传部门的工作照顾得好，这一点要推广。

二、关于建立宣传部。

我们的宣传部有的不健全，有的甚至没有。为了迎接今后艰巨的宣传教育任务，必须建立宣传部，并逐步健全。全西南区现有宣传干部一千二百三十一人，最高缺额一万余人，最低缺额近六千人，这个问题不解决，就不能迎接今后繁重的宣传教育任务。许多老同志由于长期工作在农村，一般来说政治水平比文化水平高，但他们的文化水平低则限制了政治水平的进一步提高，这是我们的弱点。因此要补充宣传工作干部，主要靠带徒弟，带上几年就可解决问题。带徒弟要慢慢来，从日常工作中锻炼培养，不能希望一下就带得多么好。我们要培养大批的宣传工作“者”而不是“家”。川南、贵州现在绝大多数的县委没有宣传部长。有的同志说有干部就先配组织部长，这也未尝不可，有了组织部长，他就可以去找宣传干部了。没有宣传部长就先设秘书、干事，部长由其他人兼，慢慢地可以做起来。但也不要勉强凑数，勉强凑数就很危险。在工作方法上要注意，很多宣传干部下乡去了就不顾宣传工作。互相兼顾行不行呢？行，下乡时把宣传工作和中心工作结合起来绝对可以。是不是离开机关就没有材料了呢？不是，相反的下乡材料会更多、更具体、更清楚。根据实际情况发出指示来推动宣传工作，会更实际、更及时、更生动，这就是工作方法。方法好，人少也可以解决问题；方法不好，干部多还是解决不了问题。当然，现在宣传业务扩大了，但若方法好、结合得好，还是可以解决问题的。如果说党委工作不要单打一，同样宣传工作也不能单打一。

说到带徒弟就出现了编制问题。西南区三十余万干部，政府、财经、公安占得多，党务系统不到四分之一。譬如重庆一万二千干部，公安即占去八千，因此编制问题也需要切合实际。如有名额，我很赞成配备宣传干部，在干部包干名额中去调剂。我们应当把政府文教部、工、青、农、妇等宣传人员都组织起来。干部虽然少若能很好地组织，就能发挥很大作用。此外，同志们反映各地宣传干部出去多，进来少，这当然也不对，宣传干部一定要保留骨干。

三、关于建立宣传网。

重庆搞了几次临时性的宣传网起了不少作用。这是宣传的组织工作，要好好地做。西南宣传情况是“兵”容易找，问题是“指挥官”不好找，兵带得好不好是宣传网的关键。譬如宣传员的思想情况，宣传部要随时了解。宣传网刚建立时可能坏人会混进来，抬着你的招牌干坏事更容易，因此队伍的选择是重要的，要慎重但也不能关门。选人要放手一点，政治面目清楚就可以。要很好研究这些人如何训练，尤其是解决经常教育、领导及宣传材料的供给等问题。基本宣传材料由西南局各省区党委供给，反映具体问题由县一级负责。有些同志尤其是老同志，每写文章就一定要面面俱到，结果很多东西平列，弄得很长。其实一个宣传鼓动材料，好的必然是短小精悍的，这样才能切中要害。大家认为建立宣传网比较容易，我认为开始容易以后难。这是一个大规模群众运动的组织教育工作，范围如此宽，工作量如此大，教育对象程度不同，思想复杂变化多，一定比干部教育还困难。我们不能设想这样大规模的群众教育组织会比干部教育容易搞，希望大家估计得难一些。宣传网必须防止开始时轰轰烈烈，而后烟消云散，因此不妨慢一点。将来宣传网建立了，反映的情况很多很复杂，选择什么重点出击，如何才能打中要害，这就是宣传部要掌握和研究的，因此“指挥官”就更重要了。

四、关于干部学习。

我们过去有教育工作，但不系统，坚持得不好。譬如学社会发展史，学了几次还未学完。这次开会同志们学习积极性高。一般地说，加入共产党的人总是要求进步的，只是以往没有很好地将他们组织起来，方法也不对。许多老干部参加革命一二十年，文化水平没怎么提高，领导要负一半责任。

今天讲的学习是基本理论的学习，必须使所有干部了解这一点。现在我们的问题就是基础知识差，很多简单明了的道理，马恩列斯和毛主席很早就讲了，而我们还搞不懂。比如不少人爱说“没有功劳有苦劳”。有马列主义基础知识的人不会说这样的话，可有人却说了又说，而且说的人很多。我们干部装了满脑子的策略思想，什么“打击面要小”呀，

"群众情况"呀，等等，但就是没有从理论上搞明白。如与资本家加工订货问题，马克思早就说过，资本家就是要赚钱，而且赚得越多越好，而我们不与资本家讲价钱当然吃亏，可见这里就有马克思主义理论。又如工厂生产问题，要解决原料、市场、发动工人、降低成本一连串的问题，这些道理马列主义也说过，而我们有的同志却不考虑原料、市场等，就要搞工业化。遇到任何问题都是这样，如果我们有马列主义基本知识，就容易打通思想、解决问题。宣传马列主义要造成一种空气，提倡引经据典，但要引得对，马列主义反对你乱引。要提高党的理论水平，就要学习理论，宣传马列主义，克服经验主义。现在规定高级干部要写论文，这个方法很好，不学理论就写不出论文来。写论文正如写综合报告一样，写综合报告可以使一段时间的工作在脑子里转一个圈。写论文、编班、考试，这些方法都很好。一定要按文化政治水平编组，在工作上文化不高的师长可指挥文化高于他的参谋，但在学习文化上却应该向参谋领教，少奇同志说这叫作合理。但这一条不容易做到，要打通思想。

五、关于学校教育。

这一工作搞得好不好关系重大。中央局研究认为，我们各种工作都有显著的成绩，但工厂管理和学校教育工作是最弱的两个环节。城市工作会议解决了工厂管理问题，依靠工人阶级要成为党的指导思想。这次宣传会议，就要解决学校教育问题。会上发现的许多问题比我们估计的还要严重。例如停办大量小学，客观原因是匪乱，但主要还是干部不闻不问，如果管一下就不会这样。这个问题不好好解决，人家会说共产党只讲"武"化，不讲文化，这个舆论不好。宣传部一定要有管学校教育的领导，即使有一个干事也好，可以去了解情况。

全西南区小学经费要六亿斤米。小学生充其量有五百万人，初级复式小学一所一年的费用不超过四千斤米，每三千人担负一所小学，每人出一斤米至多一斤半米，农民办得起。我们不要落在群众的后面，可以开农民代表会来解决这个问题。土改中原则上不留学田[3]，但要拿出相应办法来。六亿斤米看起来总数很大，但分摊到各乡去就解决了，这个问题比建立宣传网要容易。学校教育的困难在于教育改革，不在于经费。最大的问题是方针，而方针在于能不能团结教育界，发挥他们的积极性。目前这个问题在重庆也没有解决。现在的情况是进步分子被孤立，这是我们帮助积极分子不够的缘故。如重大张洪沅[4]的评薪问题，他在全国也是一二流的化学教授，按中央标准应评给他一千二百斤粮，他主动提出只要一千斤，本来应该再提高些，但最后却只给他评了九百斤。我们工作要避免单纯地抓住少数积极分子，却丢掉了多数人，脱离了广大中间群众。进步分子在学校里不多，而我们依靠的又往往是在群众中威信不高、本事不大的人，那些有学问有本事的人却丢掉了。国民党统治时期民主教授有威信，解放以后很需要有本事能为国家建设做事的人，仅有民主教授就不够了。今后为国家建设服务要靠学本事，因此要解决学校问题，关键在于能否团结大量有学问有能力的教授，这是检查工作的标准。团结了中间分子，坏分子就被孤立打击，特务就不能推波助澜。学校与其他部门不同，不能过多采取公安部门调查抓人的做法，这样会产生反感。有些人是必须抓的，但必须建立在学生、教职员觉悟和拥护的基础上。学校本来就是教育部门，在学校里是宣传教育第一，要善于引导在学校里的任何工作，包括党、团、行政都必须注意这一点。如果有技术有学问的人，抱着为吃饭不得已而教书的情绪，是不能进行教育改革的。必须团结好中间群众，才可以进行改革。总之，学校教育要改革，要闻要问是解决问题的基础，解决问题的关键又在于团结中间群众。

注 释

〔1〕重庆二十一厂，即重庆第二十一兵工厂。一九五一年更名为国营四五六厂，一九五七年改称国营长安机器厂。

〔2〕一贯道，反动封建迷信组织。抗日战争时期，为日本特务机关所利用。日本投降后，被国民党反动派所控制，并改名为“中华道德慈善会”。解放以后，继续进行各种破坏活动。一九四九年起，各地人民政府先后明令加以取缔。

〔3〕学田，指中国旧时属于学校的田地，一般为乡绅所把持。学校以学田的收入作为教师的薪俸和学生的补助等费用。

〔4〕张洪沅，曾任重庆大学校长。当时任重庆大学教授、化工系主任。

一九五一年的工作任务*

（一九五一年一月二十五日）

第一次全体委员会议后的半年里，我们在中央人民政府和毛主席的英明领导下，遵循会议决定的施政方针、工作任务和各种决议进行工作，获得了显著的成就。

进军西藏部队，在西南广大人民特别是藏族同胞的热情支援与积极协助下，排除交通、气候等困难，顺利地向西藏进军，两月前一举解放昌都地区，尽歼守敌，藏军第九代本〔1〕起义。由于中央人民政府正确的民族政策的感召，也由于入藏部队坚决地执行这些政策，严格遵守纪律，关怀当地人民的疾苦，人民解放军受到广大藏族同胞的热烈欢迎和衷心爱戴。在人民解放军进军过程中，得到了沿途藏胞的积极支援，格达〔2〕委员则为奔走和平解决西藏问题遇害于昌都。这些都表现了藏族人民回到祖国大家庭来的伟大团结精神，帝国主义侵略者任何挑拨分裂的阴谋，阻挡不了中华人民共和国各族人民团结的意志。

剿匪肃特工作已获得进一步的成就，革命秩序更加巩固。半年以来，我们采取政治为主、军事为辅、发动群众的剿匪方针，贯彻宽大与镇压结合的政策，军队不顾疲劳，猛

---

* 这是邓小平在西南军政委员会第二次全体会议上的报告。

追猛剿，土匪纷纷就歼。目前，除边沿地区还有少数公开的残余股匪尚待肃清外，全区已基本净化，广大城乡地区交通业已全部恢复，物资交流畅通无阻。对于隐蔽活动的特务、反革命，也纠正了宽大无边及麻痹疏忽的偏向，加强了工作，对罪大恶极的首要分子，给予了及时的应得的镇压。这些措施获得了广大人民的拥护，大大发挥了群众的积极性，并使许多被匪特所胁迫、利用、欺骗的分子，纷纷悔过自新，有的并积极立功自赎。此外，反动会门[3]的取缔，亦收到初步的成绩。

农村的清匪、反霸、减租、退押运动，于十一月开始向全面发展，已成为广泛的群众运动。绝大部分地区都能够抓住发动群众的环节，有领导有秩序地进行，斗争中并掌握对地主讲理讲法律的原则，一般说运动的发展是正常的。农民组织经过必要的整理、清洗和教育，在纯洁成分、改善作风的基础上，得到了进一步的发展，现在估计全区男女农协会员约在千万以上。农民武装也随着运动的开展日渐壮大，他们从教育和斗争的经验中提高了政治觉悟，积极地要求武装，以保卫自己和人民的胜利果实。现在估计全区人民武装自卫队超过百万，基本上改变了农村的形势。在群众运动面前，一般地主大都能守法、减租、退押，开明士绅带头退押，也起到积极的作用。但还有一部分地主采取软拖死赖、收买干部、分化农民、杀害干部和积极分子等等方式来破坏运动。而我们有些干部则迷惑于运动初期的轰轰烈烈，忽略了运动的艰苦性，不懂得一件事情的难关往往不在事情的开始，而在事情的末尾，一个运动的偏差也往往不在开始而在末尾，所以在有些地方前紧后松，有些地方开始出现僵持局面。凡属这种地方，又无例外地是由于群众发动不充分，干部和部分群众积极分子包办代替所致，命令主义仍是运动中的主要弱点。其次，在运动中仍有乱捕乱打或变相体罚现象，个别地方也有侵犯中农利益现象，所有这些必须加以纠正。

公粮税收业已完成任务，物价是稳定的。由于中央农业税条例的公平合理，为各阶层广大人民所拥护；由于各地农民觉悟已有提高，普遍地开展了查黑田、评产量的运动，中央核定的公粮任务，截至十一月底已经顺利完成。原来我们最担心的是城市工商税收，由于工商界爱国人士的努力，也由于调整税收、简化手续及税收人员的努力，全区税收任务亦已按原定计划超额完成。公粮税收的完成，使国家财政收支正常，加上其他方面的努力，有力地保证了物价的稳定。

工商业也开始走向正常发展的道路。半年以来，工商业在逐步恢复的基础上渡过了困难，解放初期的盲目混乱情况基本上结束了。工矿管理方面有了进步，开始懂得如何依靠工人，团结职员，管好生产。工人阶级在克服困难完成任务方面起了伟大的作用。铁路的修筑，带动了很多公私企业；重要产业部门开始有了生产计划；公私关系进一步得到合理调整；加以由于农村改革运动而产生的农民购买力的增加，城乡交流日渐频繁，使工商业随着全国财经情况的好转而有了显著的好转，开始步入了正常的发展。

抗美援朝保家卫国运动，在城市中已成为广泛的运动。广大工人、学生、妇女及工商界人士、各民主党派和宗教团体都参加了这一运动，鄙美仇美的情绪大大提高，恐美崇美的错误思想得到了清算，特别是抗美援朝战争获得决定性胜利，使抗美援朝运动得以迅速深入和扩大。最近个别地方，运动开始由大城市转向中小城市，由城市转向乡村，由突击式的宣传转向系统的教育，使运动向普遍深入的方向发展。青年学生和青年工人在爱国主义的热情鼓舞下踊跃参军，进入光荣的国防岗位，尤属值得赞扬。

文教工作也有若干进步。全区高等学校经第一次西南区高等教育会议后，已逐步地调整和改进，中小学学生人数已比上期增加，许多停办的小学开始恢复并有增加。创办了工农学校、职工业余学校、机关干部文化补习学校，并努力使之正规化。此外，一般机关干部也进行了一次普遍的整风学习，在提高思想、改善作风、改进工作、增强团结方面起了很大作用。

少数民族工作取得了成绩。我们根据《共同纲领》〔4〕的规定及第一次全体委员会议通过的原则，采取谨慎稳重的方针，半年来的实际工作证明，这一方针是正确的。西康〔5〕省藏族自治区人民政府在中央访问团〔6〕的直接指导帮助下，于十一月中旬正式成立。这给西南在建立民族区域自治政权工作方面做了良好的开端。解放不久的昌都地区业已建立人民解放委员会。云南丽江专区则于十月中旬举行了所属十三县二十五个民族的各族人民代表会议，会议检讨了各民族间与民族内部的不团结现象，表示今后永远在毛主席的领导下，亲密团结像一家人一样。贵州、西昌及其他地区也进行了积极工作，并从少数民族中涌现出了不少干部。半年来，中央访问团分别在各少数民族地区，宣传毛主席和中央人民政府的关怀，宣传中央的民族政策，并做调查访问，帮助当地干部研究情况，确定原则。所到之处受到少数民族同胞的热烈欢迎，也使当地干部学习了经验，熟悉了工作。经过这些努力，可以肯定西南少数民族工作将得到进一步的发展。

此外，改造起义投诚的原国民党军工作早告完成。机关部队的整编复员工作，已经顺利地结束了。救灾措施保证顺利地渡过了灾荒。大批失业工人得到救济、安置或就业。禁烟问题从坚决禁种开始，已经逐渐深入。这些都是半年工作中的成绩。这些成绩的获得，是和我们团结得好、上下一致分不开的。没有各民族、各民主党派、民主阶层和各级干部的团结一致，没有我们共同的努力，成绩的获得是不可想象的。

但是应该承认，上述成绩还仅仅是使我们获得了一个前进的基础。必须充分认识到，在西南还没有实行分配土地的改革，封建基础还未摧毁；匪特仍在阴谋活动；群众发动还不充分；由于我们财力有限，经济上许多问题一时难以解决；工厂管理、学校教育等方面，我们还缺乏经验；干部命令主义还须继续克服，大批新干部尚待锻炼与提高。因此，我们不能过高地估计以往的成就，而应该发扬过去一年的工作精神，兢兢业业地克服现存弱点，把工作做得更好些。

依据西南当前的实际情况，在一九五一年，我们除了继续贯彻刘主席在第一次会议报告中提出的十二条任务〔7〕外，应着重做好下列几件工作：

一、深入发展抗美援朝保家卫国的爱国运动。必须进一步把运动从有组织的群众推向无组织的群众，从大城市推向中小城市，从城市推向广大的乡村，从一般人民推向受美帝影响较深的部分中去，使反帝爱国运动深入到每个角落。分别通过集会、游行或控诉会议等形式，控诉美帝国主义侵略罪行，检讨错误思想，加深认识，并确立自己在反帝爱国运动中的具体斗争目标。在运动展开以后，应适时地领导人民将高涨的抗美援朝情绪，转入加紧生产、加紧学习和经常的业务中去，使之成为推动实际工作的力量。突击式的宣传之外，更应大力进行系统的反对帝国主义的爱国主义思想教育，提高民族自尊心和自信心，从思想上巩固各阶层人民的反帝爱国统一战线。

二、完成解放西藏的任务，巩固西南国防。西藏必须解放，美英帝国主义侵略势力必须驱逐出去，使西藏人民回到祖国的大家庭来。人民解放军进入西藏后的一切政策和原则，第一次委员会议已本着《共同纲领》精神有了明确规定。入藏部队正从各方面努力，促使拉萨当局毅然摆脱帝国主义控制，打消疑虑，以期和平解决西藏问题。同时也正加紧继续进军准备，动员广大人民特别是藏族同胞的力量，来进行支援进军的工作。与解放西藏具有同等重要地位的是加强云南边疆的国防问题。残余的国民党特务正在和帝国主义相勾结，并在邻国反动派支持之下，乘隙骚扰破坏，并企图在国界上建立其所谓游击根据地。因此，必须对帝国主义及反动残余的阴谋引起高度的警惕，用最大努力加强国防建设，特别是注意边界各兄弟民族的团结工作，以巩固西南国防。

三、加强分配土地的改革。凡属清匪、反霸、减租、退押运动告一段落的地区，就应及时转到分配土地的改革，以期于一九五一年内，在群众业已发动的地区，基本上完成分配土地的改革任务。目前，社会秩序已经安定；群众的觉悟程度及组织程度业已提高，并普遍地要求提早分配土地；各地干部对于当地情况已进一步熟悉了解；一年的群众运动里面，也涌现了大批的积极分子和本地干部，我们已经具备了实行土地改革的条件。土地改革一经实行，将彻底摧毁封建制度，发挥农民的生产积极性，为开展新的大生产确立稳固的基础，这是革命的一个根本任务，应成为一九五一年全年全力贯彻的中心。分配土地的改革，只能在减租、退押、反霸运动的基础上，即在群众觉悟程度和组织程度业已提高的基础上去进行，故要防止因急于转到土改，发生对当前清匪、反霸、减租、退押运动抱疏忽草率态度的偏向。要知道减租、退押、反霸为农村改革不可超越的步骤，做好这一步就是在群众条件和干部条件等等方面，为土地改革做了最实际的准备。同时也不要以为经过减租、退押、反霸的运动，土地改革便轻而易举了。必须充分估计新区土地改革对于多数干部和群众都还是新的问题，特别是它将最后消灭封建剥削的土地制度，因而必然是一场剧烈的斗争，因而也就必须有充分的准备，才能使运动有领导、有步骤、有秩序地进行，并防止可能产生的混乱。为此，各级政府都应组织有力的土地改革委员会，领导主持这一工作，并应根据各地实际情况，由省、行署拟定实施细则或补充指示，使干部在执行中有所遵循。在减租运动告一段落之后，应有计划地将干部普遍训练一次，一面总结减租运动，一面学习土改政策和实施办法。在分配土地的运动开始之后，仍应运用典型试验然后推广的方法。尤其要教育干部懂得，土改和减租、退押、反霸一样，任何时候都要依靠群众组织力量，依靠贫农雇农，坚固地团结中农，并在群众觉悟的基础上去完成任务，随时警惕和防止脱离群众的官僚主义、命令主义。必须使每一地区的每一步骤都做得非常踏实，严防单纯完成任务、简单粗糙、急于求成等偏向，以利达到提高群众觉悟与发展生产的目的。由于土改是要贯穿全年的任务，故每一步骤都应很好地注意和生产的联系，在土改进行期间，要明白宣布谁种谁收、只向新分得土地的所有人按减租后的标准缴交一定租额的政策，以免贻误农事，懈怠耕作，影响生产。同时要在运动中，时时刻刻注意发动与教育农民，加强农协组织、农村政权的民主改革和建立人民武装，加强农民内部团结，防止发生侵犯中农利益的错误，以确立群众优势，巩固运动的成果。另一方面，必须随时警惕地主和反动分子的破坏，并应加强人民法庭工作。对于守法地主，则应帮助其在劳动中改造，使之变为有用的新人。

在民族杂居地区，对少数民族人民已经提出同样实行减租退押和分配土地的要求，不考虑是不对的，但完全与汉族区域一样实行也是不妥当的。在这些地区，如果已经实行了区域自治或联合政府〔8〕，如果少数民族人民绝大多数真正赞成，是可以实行的。但在实行当中应该允许例外，即少数民族自己不赞成在那一地区实行，甚至不赞成对那一家实行时，就不应在那一地区或那一家实行。总之，有关各少数民族的改革事宜，必须通过各族人民代表会议，依据少数民族自己绝大多数人的意愿并经过他们的同意才能进行。

四、继续稳定物价，发展工商业和农业。稳定物价是恢复和发展生产，安定人民生活，建设强大国防力量和经济力量的重要条件。因此一方面要加强对市场的组织和领导，加强国家经济的领导力量，防止由于工作发生错误或因投机捣乱而可能引起的物价波动；另一方面要保证完成国家税收任务，一切税收人员应与爱国工商业者合作，做到按期缴纳税款，使国家收支正常，这乃是稳定物价的可靠基础。由于物价稳定，铁路交通的修建与恢复，农村购买力的增加，已经出现了在国家指导下有计划发展工商业的条件，中央已公布了私营企业条例[9]，鼓励私人资本大批地投到有利于国计民生的事业上去。我们在实际工作中，尤须继续贯彻一年来已具成效的公私兼顾、劳资两利、发展生产的政策。公营企业要在依靠工人团结职员的基础上管得更好，进一步地发动与组织工人，开展合理化建议运动，提高生产效率，增加生产。农业方面的工作也要加强，群众运动的每一步都必须与贯穿全年的农业生产联系起来，保证不误农时。而农村改革的具体政策都必须符合发挥农民生产积极性这个基本要求，而不致使这种积极性有所损害。一九五一年农业生产，至少应保持一九五〇年的水平并力求略有提高。对于棉花、烟叶、甘蔗等特种农作物生产，尤应按已定计划保证完成。为了适应由于农村改革而出现的极端有利于发展城乡经济的新情况，必须鼓励公私企业部门，面向农村收购农村土产和使工业品下乡，并有重点地试办合作事业，把城乡交流畅通起来。

五、继续镇压反革命，保守国家机密。敌人是不甘心失败的，他们在公开破坏活动失败以后，必然而且已经在加强隐蔽的活动，必然采取更多的花样进行阴谋破坏。必须提高警惕，加强治安工作，加强检察及法院工作，与特务间谍分子做坚强的斗争。在工矿仓库及一切经济部门，必须认真防范反革命的破坏，因为这是当前特务匪徒进行破坏的主要方面之一。必须坚决贯彻首恶必办、胁从不问、立功受奖的政策，纠正宽大无边的错误做法。一切国家机关和军事机关，都应认真进行保守国家机密与军事秘密的教育，建立严密制度，抓紧检查，丝毫不容疏忽大意。

六、加强文教工作，组织学习运动。学校教育应在现有成就上前进一步，继续谨慎而及时地进行必要改革，树立教员、学生为人民服务的观点，使学校教育与社会需要及国家建设相结合。工厂、农村、部队和学校都迫切地需要精神食粮，应逐步地向着满足他们要求的方向努力，动员团结一切愿意为人民服务的爱国知识分子进行这一工作。要结合抗美援朝运动，肃清帝国主义文化侵略的影响，继续开展人民的政治学习运动。西南人民的政治学习，解放以来已获得良好的成绩，但仍需加强。组织干部学习运动，并建立经常、系统的学习制度，以提高干部的思想理论水平，改进干部工作作风，加强工作效率。

七、进一步巩固团结，加强人民民主统一战线。半年来我们的团结是很好的，正是有了这种良好的团结和一致，我们才获得了不少的重大成就。今后工作任务更为繁重，完成这些任务，各民主阶级、各民主党派、各民族人民必须更好地团结起来，在毛主席和中央人民政府的领导下，依据《共同纲领》的原则，分清敌我，向着共同目标一致努力。各级人民政府与协商委员会及各级人民代表会议的工作必须加强，并使之巩固起来，以发扬人民民主统一战线的伟大作用。要加强西南人民内部团结，尤其应该着重于各兄弟民族之间的团结，在这方面，我们应该做更多的工作，更认真地建立民族自治区人民政府和民族联合形式的人民政府，更认真地从经济上、文化教育上去帮助各少数民族获得进一步的发展。有了这种爱国的民主的大团结，就使我们可以很好地完成任务，建设西南，并和全国人民一起，建设我们的国家，也就使我们能够和全世界以苏联为首的爱好和平的人民团结一致，打败任何敢于侵犯我们的帝国主义，胜利地保卫我们的国家和世界和平。

注　释

〔1〕代本，见本卷第153页注〔4〕。

〔2〕格达，即格达·呼图克图，西康省甘孜县（今属四川省）白利寺活佛，后任西南军政委员会委员。一九五〇年七月为劝说西藏地方政府进行和平解放西藏的谈判，前往西藏，经过昌都时，于八月被西藏反动分子毒死。

〔3〕会门，旧中国的民间结社，有三合会、哥老会、大刀会、在理会、洪门等。这些组织的成分主要是破产农民、失业手工业者、流氓无产者等。他们以封建迷信为联系纽带，有的还拥有武装。一些会门曾进行过反抗官僚、地主压迫的斗争。这类组织由于普遍存在着封建性、落后性，往往容易被反动统治阶级甚至日伪所利用。

〔4〕《共同纲领》，见本卷第7页注〔3〕。

〔5〕西康，见本卷第11页注〔1〕。

〔6〕中央访问团，这里指中央人民政府一九五〇年七月至一九五一年三月向西南少数民族地区派出的中央民族访问团。

〔7〕十二条任务，指一九五〇年七月二十七日西南军政委员会主席刘伯承在西南军政委员会第一次全体会议上所作的《西南区的工作任务》报告中提出的十二条主要工作任务：一、解放西藏，巩固西南国防；二、继续肃清土匪特务，巩固革命秩序；三、实行反恶霸、减租、退押和准备实行土地改革；四、恢复和发展经济，继续调整工商业；五、争取平衡收支，继续稳定物价；六、进行整编复员工作，节减财政开支；七、克服灾荒与救济失业工人；八、禁种鸦片，严办烟贩，禁绝烟毒；九、文化教育工作；十、少数民族工作；十一、

加强干部学习，改进干部作风；十二、建立各级人民代表会议制度，巩固人民大团结的统一战线。

〔**8**〕联合政府，见本卷第157页注〔2〕。

〔**9**〕私营企业条例，指一九五〇年十二月二十九日政务院第六十五次政务会议通过的《私营企业暂行条例》。

对党外人士应该多做工作*

（一九五一年二月六日）

中央：

西南军政委员会第二次会议从一月二十五日开始，历时五天，会议开得很好。党外人士对西南半年来的工作多表示赞扬，对提前土改一致赞成。在发言中多人说到抗美援朝，对我国国际地位之提高，甚感兴奋。这次党外人士在大会上发言的较上次会议多一倍，且较有内容，其原因是：（一）我志愿军在朝鲜作战胜利，伍修权〔1〕在联合国发言理直气壮。（二）物价一直是稳定的，工业建设已开始见到成绩，不少老头子去参观二十九厂〔2〕坐上成渝路的火车，看到自己造出来的钢轨，非常高兴。（三）西南各地的清匪、反霸、减租、退押运动，发展是正常的，有好几位委员如陈筑山、周太玄等人，都亲自到过农村，听到农民诉苦，得知恶霸罪恶之多，实在是闻所未闻，也看到我们干部和农民群众在处理问题时入情入理，不但无隙可乘，而且受到了感动。尤其是看到农民已经起来，大势所趋不可抗拒。陈筑山在前次会议上的态度是很不好的，这次则列举所见事实证明工作做得很好，并反省过去见解不对。所以从这次会议得出经验，应

---

* 这是邓小平为中共中央西南局起草的电报。

该对这批人多做工作，特别是吸引他们到农村去参加土改运动，这不但可以教育他们，而且能够减少运动的阻力。

西 南 局

二月六日

注　释

〔1〕伍修权，一九五〇年十一月作为中华人民共和国大使衔特派代表出席联合国安理会讨论武装侵略台湾案会议，十二月任外交部副部长。

〔2〕二十九厂，今重庆钢铁公司。

严格控制征用土地*

（一九五一年三月七日）

这个问题是值得注意的，请军区党委会加以讨论。（一）只征用急需者。（二）不是马上用的不征用。（三）对征用土地浪费者（自己耕作在内）应加约束，甚至处分。

* 这是邓小平对中共重庆市委关于中国人民解放军西南军区等单位征用土地问题请示的批示。

在少数民族地区建立区域自治或联合政府的经验必须加以重视*

（一九五一年三月二十八日）

各地并中央：

兹将康定地委工作情况报告[1]转发你们。这个报告说明了在少数民族地区或民族杂居地区建立区域自治或联合政府[2]的重要性。康定区因为建立了自治区人民政府，不但团结了藏族，而且各种工作都进行得比较顺利，这个经验在有少数民族的地区必须加以重视。

西 南 局

三月二十八日

注 释

〔1〕指一九五一年三月十八日中共西康区委报中共中央西南局的《康定地委三个月来工作综合报告》。《报告》简要介绍了三个月来康定地区的政权建设、民族工作、参军工作及泸定汉人区减租、退押、清匪、反霸运动等各项工作情况，提出了在今后半年内普遍健全县区两级政权、深入开展抗美援朝运动、坚决镇压反革命和普遍开展贸易工作等任务。

〔2〕联合政府，见本卷第157页注〔2〕。

---

* 这是邓小平为中共中央西南局起草的电报。

在重庆市第一届工会会员代表大会上的讲话

（一九五一年三月二十九日）

各位代表同志们：

首先我代表西南局向重庆市工会会员代表大会致以热烈的祝贺。西南解放了一年又三个月，重庆已有一年四个月了。在这一年四个月中，西南各界人民首先是重庆工人阶级做出了伟大的贡献。如果我们的党和政府不把我们的基础放在工人阶级、农民阶级和其他民主阶层上，如果我们不诚心诚意地依靠工农，团结小资产阶级、民族资产阶级及其他爱国分子，我们就不可能设想在这一年四个月时间中把局面稳定下来。

重庆解放前夕，工人同志保护了工厂，有一些积极分子、工程师为了保护工厂献出了他们的生命，这是值得全西南人民纪念的。解放后，由于工人阶级弟兄们的努力，我们的接管人员才有可能把这个复杂的、庞大的生产机构很好地接管过来。我们接管以后很困难，没有原料，没有销路，很多工厂开不起工；民主改革很需要，但是一时来不及搞。我们站在工人阶级长远利益的立场，曾经要求工人兄弟忍受一些暂时困难，要求大家降低工资，这是一件困难的事。但当我们把道理讲明以后，工人同志们勇敢地接受了这个号召。许多人包括一部分共产党员在内，曾经怀疑工人阶级是不是能成为领导阶级，他们总是觉得农民阶级可爱，他们似乎觉得工人阶级没有农民阶级贡献大。但事实教育了这些人，事实证明，工人阶级只要明了这一政策符合国家利益及工人阶级长远利益，他们就勇敢地站起来接受，完成这个号召。我们看到，正是工人阶级以伟大的气魄接受这个号召，而且发挥高度的劳动热忱，才能够获得今天许多巨大的成绩，所以我们要感谢工人阶级。

在这一年多，我们有很多成绩。工会一天天健全起来了，生产逐步地恢复，有些工厂开始有了成本计算。有很多工厂企业由于工人阶级的觉悟提高，不但进行了改革，增加了生产，节约了许多原料，降低了成本，渡过了困难，并且在发展生产的基础上改善了生活。这说明一个问题，工人阶级的生活福利是随着国家经济发展而好起来了。由于原料节约、成本降低、生产发展，国家在生产发展中积累了资本，更进一步发展了工业。发展生产，积累资本，不是单单为了改善工人生活。虽然一个国家在开始必须依靠农业来积累资本，但这是有限的。大量的资本必须从工业中来积累。为了工人阶级长远利益，必须搞好生产，积累资本，再来发展工业，这样才能使我们国家如同毛主席所指示的那样由农业国进步到工业国。当然随着生产发展，资本积累，其中有一部分也必须用来改善工人生活，正如我们所提出的“生产长一寸，福利长一分”的口号。这个口号是从全局来说的。当然，哪一个工厂、哪一个企业搞得很好，也是应该奖励的。

在这一年中，我们在工厂企业中清出了一些反革命分子，这是一件大事。敌人在工厂中布置了一批特务，如果不肃清，我们就不可能有计划地来搞建设。这一年多来的成绩是工厂、企业中所有的工人、职员、技术人员和派去的军事代表们共同努力的结果，我们相信在一年四个月努力的基础上，在工会会员代表大会的领导下，工人阶级在一九五一年能获得更大的成绩。

同志们，大家知道我国是工人阶级领导的人民大众反对帝国主义、封建主义、官僚资本主义的人民民主专政国家。工人阶级领导是通过自己的政党——共产党来体现。这个体现是名副其实的，首先从政治上来说是共产党领导。中国在近百年来自从出现了工人阶级以后，特别是在五四运动以后，工人阶级从自在阶级变为自为阶级，出现了共产党。我国经济有了百分之十的工业，这是工人阶级劳动创造的结果，而不是资本家创造的。但我们还是农业国，要变成工业国，就是要用我们的劳动积累资本，用我们的劳动创造工业，工业比重不仅是百分之十，而是到二十、三十、五十、七十，使我国成为一个先进的工业国。农民要翻身，要斗倒地主，但光是平分土地还不是翻身。当农民还用落后工具，而不是用机器成为集体农场生产者的时候，还不是真正翻身。机器是由工人阶级创造的，工人阶级要支援农民阶级翻身，要支援土改。从长远利益出发，这两个阶级联合起来，我们国家就可能很快发展成为一个工业国。毛主席根据马列主义原理，指出这个目标是可以实现的。首先我们推翻了国民党统治，成立了新的人民共和国，在政治上有了保障。但不是说在政治上有保障条件就够了，不是的！还要努力创造许多条件来准备建设国家，要经过有计划的经济建设，使我们国家一天天成为工业国。我们要向着毛主席所指示的道路前进，由农业国到工业国，由落后到先进，由新民主主义到社会主义，如苏联所走过的一样。我们要从四方面来努力：第一，深入开展抗美援朝运动，这是一件很大的事，不是很容易的事；第二，支援农民土地改革；第三，肃清反革命分子；第四，在现有基础上，把我们的机器效力更好地组织起来、发挥出来，并且为有计划地建设工业、农业准备干部。这四方面缺一不可，否则我们就不可能建设好国家。

抗美援朝运动直接影响到我们国家的很多方面，包括我们的生产以及人民的思想。我们革命的敌人是帝国主义、封建主义和官僚资本主义。土改后再过几年，封建主义、地主阶级就要消灭（封建残余及其影响不是一时能消灭掉的，是个长期教育的问题），官僚资本主义的资本财产被没收了，消灭了，剩下就是帝国主义。虽然帝国主义打跑了，但不等于解决了问题，他们在华盛顿、伦敦天天想侵略我国。美帝侵略朝鲜，想从台湾、越南等地造成对我国的包围。中国人民志愿军支援朝鲜就是保卫自己国家。只要帝国主义存在一天，我们就不能轻视它。帝国主义不但直接侵略朝鲜，还组织大批特务来中国进行破坏、挑拨离间、造谣。例如，上次大逮捕就发现有美帝指使的间谍打进了机关、工厂，但我们发现还太少。所以，要随时注意帝国主义的挑衅。这是敌情方面。从内部来讲，人民往往容易疏忽，认为土匪肃清了，可以高枕无忧。还有人有自卑感，总觉得扁鼻子不如高鼻子，总觉得勤劳的中国人不如外国人，总觉得有五千年古老文化的聪明的中国人不如帝国主义者。这是由于中国人民长期受帝国主义、封建主义的压迫，有的人把自尊心磨灭了，看不到我们民族的智慧和聪明，看不起自己。我们要克服这种自卑心，树立自尊心与爱国心，发挥创造性和自觉性，来建设我们的国家。明了敌情，我们就能更努力地发展生产。帝国主义并不比我们强，帝国主义欺侮我们只有百分之十的工业，如果我们把国家经济中的工业变成百分之二十、三十、五十，到那时，帝国主义就不敢轻视我们。所以，抗美援朝运动必须结合我们的生产，这是件大事情。我们要警觉敌人的侵略，加快建设我们的国家。

现在全国加速进行土地改革，中南、东南已完成一万万人口的土改，西南在春耕前已完成一千万人口的土改，在今年秋天要完成四五千万人口的土改。土改后农村出现了崭新局面，农民购买力提高了，大大刺激了城市工业发展。所以不消灭封建主义，就不可能发展工业，我们要坚决拥护农民土改。有少数工人、职员也有土地，应该有伟大的气魄去支援农民，不要为了一些利益做地主阶级的尾巴。明年完成土改，这是几千年来没有完成的事。土改后工业发展就有基础了，如东北土改后，农民对布的购买增加了十倍，西南经土改后，农民购买布也比以前增加了一倍。

比土地改革还要困难的就是肃清反革命分子。进行土地改革，我们的敌人是公开的地主阶级。而反革命分子则有两种，一种是公开的，一种是隐蔽的。同时，我们对敌情不了解，尤其是隐蔽的敌人，破坏手段最毒辣，危害最大。在这次镇压反革命分子中，我们镇压了一批，有一些该杀的杀了，该抓的抓了，该管的管了，但还是没有肃清，要随时提高警惕性。现在农村中的敌情比较清楚，而工厂却混进了许多旧军官、地主、恶霸、特务，对此我们注意得不够。刚解放时反革命分子公开打游击，由于解放军是打游击的老手，结果他们失败了，在绝大多数地区的土匪被我们肃清了。于是，反革命分子就有计划地散布到我们的经济部门中进行破坏活动。重庆市南岸一个仓库被烧掉，二十九厂〔1〕遭到特务连续破坏，造成很大损失。如果我们不注意，特务的破坏就会更多、更重大。特别是在最主要部门，一旦被破坏，损失是无法计算的，如电厂就可以影响到其他部门，而这种部门刚巧又是敌人要来破坏的重点。尽管志愿军将美帝打败了，国防巩固了，土匪肃清了，土地改革了，但如果反革命分子还隐藏在我们企业中，甚至可以大胆地进行破坏，我们就不可能建设国家。如二十九厂去年十二月超额完成任务，今年二月便只能完成百分之六十，并不是工人不努力，而是特务的破坏，所以大家都要提高警惕。创造一部机器要许多人，要花费好多气力，但破坏一部机器只要一个人，南岸仓库也只一个人一包炸药就烧掉了。但是我们也不要怕，反革命分子总是少数，只要我们大家经常注意，就是最隐蔽的也可以发现，可以把这些反革命分子捉出来。同时，我们又要把反革命分子和有一般政治问题的人区别开来，如过去参加国民党、三青团〔2〕、一贯道〔3〕等，要防止在肃清反革命分子过程中，这些有一般政治问题的人发生恐慌情绪。如发生这种情形是危险的。今天对于参加反动党团、反动会道门〔4〕的人进行登记，是为了弄清楚情况。只要登记讲清楚了，就是放下了包袱。特务造谣说，“现在农村杀大恶霸大地主，进一步就是杀小地主，再进一步就是杀富农”，“城市现在杀特务，下一步就是杀国民党员、三青团员”。我们杀特务、反革命分子，是因为他们破坏国家建设，破坏我们工厂，我们杀的就是这些该杀的，我们管的也仅是这些该管的。工厂、企业中的党、团、行政部门，要团结有一般政治问题的人来反对反革命分子，这样我们的工作就做好了。我们要团结广大群众，告诉工人弟兄应该加入自己的工会，退出迷信落后的反动组织。

我们还要在国营、私营企业中继续进行改革。我们不要认为改革光是私营企业的事，国营企业过去长期在反动派统治下，更要加紧改革。一年来，我们改革有了成绩，有的国营企业改革得较好，更多的是不太好。我们要继续改革，为将来的大生产准备条件。同时还要准备许多技术人员，根据东北的经验，生产发展了，就感到各方面的技术人员都缺乏。总之，我们领导同志要想到未来的生产发展，进行必要的准备，尤其是要从工人中培养一批技术人才。要提高工人文化、技术水平，组织学习政治，既发动劳动竞赛，又发动学习竞赛，造成很好的学习风气。将来建设国家要在工人中大批提拔干部，工人同志不应固步自封，要提倡尊重技术人员、管理人员。同时技术人员也要好好改造自己，向工人学习，尊重老工人。技术好的同志，要把技术教给新同志，这样就能大大提高劳动效率。

我们的口号是依靠工人阶级，具体内容就是依靠工人团结职员。工会就是实现依靠工人团结职员的组织。工人是经过工会来管理工厂，在私营工厂中工会代表工人与资方协商，所以必须加强工会工作。我们在工厂的党和行政领导必须了解这一点，依靠工人阶级不是空洞的，而是实际的。一年来工会工作做得很不够，这次大会要好好讨论，如何努力克服官僚主义，如何实行批评与自我批评，如何教育工人，如何把工人组织起来。所以，我们说在工厂中党委要领导工人，主要是依靠工会。工会要实现领导就必须教育工人，让他们认识到工人阶级的长远利益。如果工会忽略工人的目前利益，忽略了解决能够解决的问题也是不对的。当然，有时工人提的一些要求不能立刻办到，我们也要向工人讲清楚。工会应该特别注意到应该办而又能办到的任何一件事，哪怕是一件小事，党、团组织也应该注意。我们要经常关心涉及每个工人利益的每一件事，包括如何进行技术学习，如何注意卫生，关心工人政治、文化、技术水平的提高，关心工人的身体健康。工会不是官僚主义机关，工会干部、代表要始终在工人群众中，明了他们的思想、要求，才能不脱离群众。还要培养更多的积极分子，这样才能使现有的劳模或积极分子不会脱离群众。现在有些劳模感到很累，觉得积极分子不好当，或者成了开会干部，往往一当积极分子就脱离了群众。十件事由一个积极分子去做当然吃不消，假如由十个积极分子去做就容易了。现在积极分子脱离群众，领导方面要负一部分责任，同时自己也要负责，不能因当了模范而骄傲。工人群众选举我们当劳模，是由于我们工作做得好，所以劳模不是永久的，今天是劳模，可能明天就不是劳模。因此，我们要更多地培养积极分子，才能使积极分子不脱离群众。

今天是重庆市第一届工会会员代表大会。我希望今后要多开这种会议，但不要经常这样隆重，经常这样就变成负担了。第一次大会应该隆重些，今后开会要简单朴素，而且还要扩大些。领导不一定都要作大报告，只要每次能解决一个问题也好，这样才不会脱离群众，真正把领导的意图贯彻到工人群众中去，才能体现工人经过工会来监督国家大事。这种会议是很有意义的，我希望各位代表把这次大会决议很快变成工人群众的行动。

注　释

〔1〕二十九厂，见本卷第211页注〔2〕。

〔2〕三青团，即三民主义青年团，是国民党控制青年的工具。一九三八年正式成立，一九四七年并入国民党。

〔3〕一贯道，见本卷第197页注〔2〕。

〔4〕会道门，会门和道门的合称。是旧中国时期以封建迷信为联系纽带的民间结社。这类组织具有封建性和落后性，往往容易被反动统治阶级和帝国主义势力所利用。新中国建立后，人民政府明令取缔会道门。

减租退押运动中必须注意的几个问题*

（一九五一年四月一日）

各省区党委并报中央：

根据最近一个时期四川几个地区清匪、反霸、减租、退押运动和土改实验情形来看，由于恶霸匪首分子大批遭到镇压，由于群众在斗争中进一步受到教育，并开始得到大批的经济利益，农村斗争确已进到更加普遍深入的阶段。一方面，农民群众的积极性、斗争性更大地提高，群众卷入斗争的范围更广大，给予地主恶霸政治经济上的打击更重；另一方面，地主恶霸势力的反抗挣扎亦来得更厉害。我们的方针无疑是继续放手深入发动群众，打垮地主阶级的一切反抗、挣扎的企图，保证清匪、反霸、减租、退押运动和土地改革的完全胜利。但是为了更有效地打击地主阶级并适当地解决贫雇农问题，在斗争策略上更好地分化敌人和孤立敌人仍然是完全必要的。因此在运动逐步深入中，必须对下列问题引起注意，才能使运动始终纳入正轨，避免运动在后期可能产生的一些偏差。

第一，凡属经过退押的地方，大都着重于在惩治不法地

* 这是邓小平为中共中央西南局起草的电报。

主上做文章，借以进一步地削弱大地主和一部分中等地主，适当满足贫雇农，这是完全正确的。但在这个问题上，同退押一样会广泛地牵涉到城市工商界。据川北阆中材料，兼地主的城市工商业者大部分在农村都有违法事件，都在被处罚之列，不少地方农民像退押一样进城找工商业者要罚金，有的还因为工商业者比较容易拿出钱，因而在罚金数目上订得较大，也有罚了一次又加一次的。因此，工商界反映心里无底，影响到一部分人经营的积极性。我们必须重视这种反映。要知道退押时间较短，而惩治违法地主是结合土地改革进行的，时间很长。如果因此而影响到工商业者经营的积极性，甚至大批歇业，这对国民经济、对农民都是非常不利的。在退押阶段，城市工商业者是退得较快的，在尚未退押的地方，仍应鼓励他们早日退清，割掉封建尾巴，但在违法问题上，则应主动地照顾一下资产阶级，使他们感到有底，以便集中力量消灭封建势力。在方法上应普遍采用阆中的经验（已转各地），即经过工商联的组织，由兼地主的工商业者自报在农村中的违法事件，包括隐藏地主和反动派的财产在内，自认处分或罚款，然后公议从轻处罚。处罚的数目以不得超过其违法数额的一倍到两倍，只能按违法的轻重，不能按财产的多寡确定罚金。有的则只向农民认罪，不科罚金，总以不使工厂商店关门为原则。再者，城市的工商业者兼地主与地主兼工商业者的界限很难划分清楚，我们对于两者的工商业部分，都应同样对待，只需追究地主将在退押土改中应交给农民的东西逃避到工商业的那一部分。我们这样处置，有些农民是会有意见的，所以需要耐心地向农民解释清楚，说明只有这样处置，才真是符合于农民利益的。

第二，在退押中，一般小地主和一部分中地主退得较快较好，在运动中打得也最狠。对于减租退押中守法的小、中地主，在处理违法事件时，则应加以适当照顾，从轻处罚或不科以罚金，只向农民低头认罪。我们有些地方在处理违法事件中，往往因为这一部分地主好搞，而把斗争的矛头仍然对准他们。这一方面，从政策上看不出守法与不守法的区别，看不出守法有什么好处，自然要增加地主顽抗的心理；另一方面，又不能集中力量对付在以往运动中打得不重的大地主和一部分中地主，且易在运动中形成僵局。要告诉各级党委和干部，在凡属退押运动大体告一段落，即达到百分之七十以上的地区，必须在策略上明确地区别守法的和不守法的，使守法的感到有底、有好处，才有利于鼓励地主在劳动中改造自己变成新人，使他们感到有出路，才不至于为反动分子所煽动，铤而走险。区别守法与不守法，就是在大地主中也是重要的。

第三，根据有些地方的经验，只要我们能将矛头主要集中于违法的大地主和一部分中地主，而对违法的兼地主的工商业者和小地主从轻处分，仍是可以适当满足贫雇农要求的。而我们从地主阶级身上搞出一批果实给贫雇农，藉以充分发动贫雇农成为农村的领导力量，这是不能动摇的方针。凡是对这方面注意不够的地方，必须切实检讨和纠正。

第四，最近发现有些地方采用“算剥削账”的方法，适用之于说理斗争，启发农民阶级觉悟是可以的，但作为地主赔账的计算方法，则是不妥当的。因为这种方法更使一般人感到无底，且易使运动难于掌握，形成混乱，所以必须坚决纠正。至于把“算剥削账”的方法用之于城市，则更是错误的和危险的。

第五，凡属退押和违法处置业已基本结束且已适当满足了贫雇农要求的地方，除了少数必须继续追究外，对于一般地主则应从“少”、“不”〔1〕两字加以调整，从速结束退押和违法处理，禁止节外生枝。这样不但可以安定绝大部分地主，而且不致助长农民的侥幸心理，便于鼓励他们转入生产，从自己的劳动中发家致富。

第六，由于西南各地运动的发展是不平衡的，上述这些规定完全适用于那些业已基本完成退押并适当地满足了贫雇农要求的地区。这些地区应把这个指示发到县委。至于那些退押运动还在初期的地区，则暂时还不宜传播下去，以免障碍这类地区运动的开展。

西 南 局

四月一日

注　释

〔1〕“少”、“不”，见本卷第110页注〔5〕。

在西南局第二次城市工作会议上的插话和讲话要点

（一九五一年四月十六日——二十五日）

一、关于依靠工人阶级问题。目前工厂工作的接管阶段大体上已过去。此后，必须在镇压反革命和发动工人的基础上搞好生产管理。要注意在发动工人的基础上团结和改造职员，发挥职员的积极性。凡是经过民主改革的，应成立正式工会。工会成立后要提拔一批积极分子当工会干部，这样工会与群众联系的问题就能得到解决，工作也较易深入开展。

二、关于建党问题。什么时候开始建党？在农村是土改以后，在城市工厂则是经过民主改革和镇压反革命以后。工厂支部与党委不同，支部主要的任务是团结群众，保证生产计划的完成，而不是也不可能独立决定生产计划。工厂的生产计划订了以后，各车间应以工程师或车间主任为主传达布置，然后支部讨论如何保证执行，支书不能包办代替。目前主要是反对不愿在工人阶级中建党的倾向。所有工厂党委都必须注意培养工人干部。

三、关于镇压反革命问题。镇反不能单由公安人员来搞，应各方面力量配合来搞。特别要注意两条：一是领导要掌握，要稳，不能只叫群众来搞；二是要大张旗鼓，多加宣传，动员社会力量站到我们这边来。

四、关于统一战线问题。统战问题主要是在城市，城市的统战，第一对资产阶级，第二对知识分子，把这两方面做好了，统战工作就基本上做好了。

五、关于民主建政问题。大城市区代表会议很重要。十万人口以上的城市要设区，小城市以不兼管农村为宜，但城区和厂矿附近有农村，则仍可划入。城区可设区政府或镇公所。市政建设必须首先为工人阶级和劳动人民服务。在城市里，一切为生产、为工人阶级。

对土改和镇反运动的领导务必掌握政策，力戒粗枝大叶*

（一九五一年四月二十一日）

贵州省委并告各地报中央：

同意你们的整风计划及内容。在你们的党代表会议上，望着重要求各级党委和领导同志对于工作的领导，特别是对于土改和镇反的领导，务须兢兢业业、掌握政策、明了情况、及时指导，力戒骄傲自满、粗枝大叶。因为我们西南各地以往工作都是有成绩的，群众发动起来了，干部信心提高了，因而也就最容易产生自满情绪和疏忽大意，对政策掌握不如过去那样细心谨慎了，对下面的检查不如过去那样严格了，这样就很容易出乱子。川南资中县最近在惩治不法地主、追赔偿的问题上，发生打杀多人的严重事件，很显然地，就是由于上述毛病的结果。我们除告川南区党委切实检查外，望各地同样警惕引以为戒。今天西南各地除部分地区外，减租退押运动已到末期，明目张胆的暴露的恶霸反革命分子，或已处决，或已逮捕，而最核心的隐蔽的反革命分子，还未受到致命打击，但这不是单靠或主要靠轰轰烈烈的群众镇反运动所能解决，而是要从细密的侦察工作和长期斗

---

* 这是邓小平为中共中央西南局起草的电报。

争中去解决。在今天杀得很有效果很高兴的时候，如果不谨慎从事，不掌握得更紧，不把杀人批准权收缩到区党委，捕人权收缩到地委，很容易犯错杀人的危险。又如在惩治不法地主问题上，如果我们不很好地掌握，不严格地区别守法与违法，分别地对待大中小地主，策略界限不清楚，也很容易犯错误，且易为坏人所乘。川南资中事件就是这样发生的。所以，运动越深入、群众运动越高涨、干部越高兴的时候，就是我们各级党委越要加强领导的时候。因为这往往就是最容易出毛病的时候。在最近各地整风中，使大家明了这一点是很重要的。

西 南 局

四月二十一日

搞好土改的关键是把党的队伍整好*

（一九五一年四月二十六日、五月二十五日）

一

云南党组织目前的核心任务是土改。要搞好土改，核心问题在于要把党的队伍整好，这是关键问题。要把整党的重点放在县的领导机关。县很重要，它是领导机关，又是执行机关，一个政策法令能不能贯彻执行，主要看县。整党中第一件大事是把领导搞好，要分清哪些是组织问题、思想问题、敌我问题、党群问题。对土改，地委、县委若只是原则赞成而具体不赞成，就不能领导土改。云南处于国防线上，土改要尽可能加快，现在加上一个整党，因此，工作步骤要稳当一点，不能看到其他地方已经完成而勉强去追。不要比，要从云南实际情况出发。我们反对消极怠工，但又要防止急性病。

（一九五一年四月二十六日在中共中央西南局会议上讲话的节录）

---

* 这是邓小平一次讲话的节录和为中共中央西南局起草的一份电报。

二

凡属党内不纯的地区，无论镇反或土改，均不可免地要发生混乱。你们对于这种地区，暂停杀人、捕人和群运，集中力量于调整组织和进行生产，这种处置是必要的、正确的。

（一九五一年五月二十五日为中共中央西南局起草的给中共云南省委电报的主要部分）

为重庆市第一届文学艺术代表大会题词

（一九五一年五月四日）

人民特别是工农群众，需要更多的与他们有切身联系的为他们所乐见乐闻的作品。

邓小平敬题

关于云南少数民族地区政权建设的指示*

（一九五一年五月十四日）

云南省人民政府并报政务院：

五月四日电悉。

一、经过各族人民代表会议选举了政府委员会的专区应否定为一级政权问题，我们考虑结果，认为这种专区仍不宜定为一级，而与其他专区一样是省人民政府派出的督导机关。建立专区级政府委员会的目的，是在于团结各族代表人物参与政事，便于使上级政令能在各族人民中顺利推行，又便于解决各族人民之间的问题，达到团结之目的。不把这种专区定为一级，也不至于妨害这种目的；反之，如果定为一级，增加政权层次，则有侵越省政府和代替县政府职权，有上下隔离、降低行政效能之弊。

二、专区各族人民代表会议的职权为听取和审议专员（代表委员会）关于执行省政府各项政令情况的报告，讨论有关各民族间的团结问题和关系到全专区性质的地方行政问题，选举专区人民政府委员会。这种代表会议定为一年一次即可，遇有重大问题则召集临时代表会议。专区的经常领导

---

* 这是邓小平为西南军政委员会起草的电报。

集中于专区人民政府委员会。

三、专员、副专员仍应由省政府任免，专区代表会议只选举委员会委员，由省政府批准任命。专员、副专员为该委员会之当然的主席、副主席。这样才能与专区及省之督导机关的行政体制相符合，人事调动也较灵便。但为了照顾民族团结，专员或副专员的人选，要尽可能地物色少数民族中的适当人物充任。

四、专区、县区乡各级联合政府[1]与其他地区一样全称某某专区（或某县某区某乡）人民政府，及人民政府委员会，不必加上各族二字。联合政府的实质表现在委员会委员及代表会议代表的名额是按照各族人口比例选派的，在政治上各民族是平等的。但在讲话中应多注意提醒这就是各族人民的联合政府。

五、实行民族区域自治的县区乡，全称某县某族自治区人民政府，某县某区某族自治区人民政府，某县某区某乡某族自治区人民政府。一律简称某县（区乡）人民政府。

六、上列五条意见连同云南省府五月四日电报一并呈报政务院，请予以审核批示，一边通令全西南各地一体遵行。在政务院未批复前，云南省府可依上列指示试行。

西南军政委员会

五月十四日

注　释

〔1〕联合政府，见本卷第157页注〔2〕。

各种会议都出专刊往往过于形式主义*

（一九五一年五月二十九日）

钦岳、胡光〔1〕同志：

鉴于多次经验，各个会议都出专刊，往往流于形式主义，实际上看的人很少，花费很多。而且现在各种专业会议很多，专刊如多，下面同志必感头痛，所以我不主张司法会议出专刊。请你们与司法部一商。

我的报告因无时间改，请退司法部存案即可，不必登载。

敬礼！

邓 小 平

五月二十九日

注 释

〔1〕钦岳，即周钦岳，当时任西南军政委员会副秘书长。胡光，当时任西南军政委员会办公厅主任。

---

* 这是邓小平写的信。

在西南各界庆祝和平解放西藏办法协议签字大会上的讲话

（一九五一年六月八日）

《中央人民政府和西藏地方政府关于和平解放西藏办法的协议》[1]，五月二十三日在人民祖国的首都北京正式签字了。这一有重大历史意义的事件，立刻引起了全国人民的欢欣鼓舞。这是在各族人民的伟大领袖毛主席的感召之下，全国民族大团结的胜利，这是《共同纲领》[2]正确的民族政策的光辉成就。对于协议的商谈签订，中央人民政府的代表和阿沛·阿旺晋美[3]为首的西藏地方政府代表团的努力，是值得赞扬和感谢的。

藏族是我国具有悠久历史的民族之一。一百多年来帝国主义侵入中国，也侵入西藏，他们千方百计企图使藏族人民变成帝国主义的奴隶。中国的清朝政府和国民党政府一方面屈服于帝国主义的侵略，一方面残暴地压迫和剥削全中国各少数民族的人民。中国的反动统治阶级采取挑拨离间藏族各部分的手段，以达其奴役藏族人民的目的。帝国主义则利用藏族对清朝政府、国民党政府的仇恨情绪培植藏族中的分离主义者，以达其侵略目的。因此在很长时期内，藏族和汉族之间是不团结的，藏族内部也是不团结的。由于受历代反动政府的压迫，以致西藏在经济文化等各方面，长期陷于停滞衰退的境况，人民生活愈来愈贫穷愈痛苦。这是帝国主义和历来的反动政府侵略压迫的结果。

现在和平解放西藏办法的协议达成了，这一协议的签订，给予西藏人民的历史以及西藏人民与祖国关系的历史，带来了划时期的变化。依据已经签订的协议，西藏人民即将获得和平解放，从而永远脱离帝国主义侵略势力的奴役，永远回到祖国大家庭中来，和国内其他兄弟民族一样充分享受民族平等和区域自治的权利。西藏人民即将从黑暗境遇转到光明，人口将逐渐增多，经济将逐步发展，人民生活与文化将逐步得到改善与提高。这是可以肯定的。

西南军政委员会、西南军区将在毛主席、中央人民政府和中央人民革命军事委员会的领导下，坚决地贯彻执行协议，加紧准备并动员西南全体人民支援入藏部队，以巩固国防。严格教育进入西藏地区的部队及一切工作人员，认真执行协议，遵守毛主席的民族政策，尊重西藏人民的宗教信仰及风俗习惯，严守纪律，努力帮助西藏人民的文化建设和经济建设。有关西藏的各项改革事宜，人民有所要求时，亦将根据协议所定，采取与西藏领导人员协商的方法解决。

最后，正如毛主席所说，藏族与汉族的团结，藏族内部的团结，只有在中国人民打倒了帝国主义及国内反动统治之后才有实现的可能。今天在毛主席的伟大感召下签订了协议，根据协议，达赖喇嘛[4]所领导的力量与班禅额尔德尼[5]所领导的力量，都团结起来了。中国境内各兄弟民族空前团结起来，西藏内部也空前团结起来，多少年来未能解决的问题得到了解决。团结是战胜敌人的基础，从此基础出发，我们将看到侵入西藏的帝国主义势力被彻底驱除，将看到祖国在西藏地区的国防得到巩固。

我们坚信，在以阿沛先生为首的代表团和一切藏族爱国主义者的努力下，协议的全部规定必能顺利实现。我们热烈地祝贺西藏人民的和平解放，祝贺藏族和国内各民族的光明幸福的前途。

西藏的和平解放万岁！

中国各民族大团结万岁！

中华人民共和国万岁！

中国各民族的伟大领袖毛主席万岁！

注　释

〔1〕《中央人民政府和西藏地方政府关于和平解放西藏办法的协议》，于一九五一年五月二十三日在北京签订。协议共十七条，主要内容是：驱逐帝国主义势力出西藏，西藏人民回到祖国大家庭中来；西藏地方政府积极协助人民解放军进入西藏，巩固国防；在中央人民政府统一领导下实行民族区域自治；西藏的各项改革事宜，中央不加强迫，西藏地方政府应自动进行改革，人民提出改革要求时，得采取与西藏领导人员协商的方法解决；等等。

〔2〕《共同纲领》，见本卷第7页注〔3〕。

〔3〕阿沛·阿旺晋美，当时是西藏地方政府派往北京谈判和平解放西藏问题的首席全权代表。

〔4〕达赖喇嘛，指达赖喇嘛·丹增嘉措，当时是西藏地方宗教和政治领袖之一。

〔5〕班禅额尔德尼，指班禅额尔德尼·确吉坚赞，当时是西藏地方宗教和政治领袖之一。

在西南局委员会第六次全体会议上的报告要点

（一九五一年六月十一日）

一、抗美援朝、土地改革和镇压反革命等三大运动都按计划进行，发展是正常的，成绩是很大的，干部是很努力的。在土改（退押与惩治不法地主）与镇反的后期，有简单粗糙的毛病，无政府无纪律的倾向又在滋长。我们在领导上则有控制不严的缺点，这个教训必须记取。

二、抗美援朝不是一个临时的或附带的工作，而是一个在政治上和思想上具有革命根本性质的任务，必须坚持努力，继续贯彻和深入下去，防止“差不多了”的倾向。

经验证明：抗美援朝运动对各种实际工作推动很大，今后必须按照中央六月一日指示[1]，认真领导各阶层群众订立、检查和修订爱国公约，使之成为树立坚固的爱国思想和经常地推动实际工作的形式。

捐献飞机、坦克、大炮的运动必须大力推行。西南应以捐献三千亿元[2]为目标（每人五斤到八斤米）。这样一个大数目，没有深入的爱国主义的教育是办不到的。对于军属烈属的优抚工作务必做好。为了经常地领导抗美援朝运动，必须把抗美援朝会充实与加强起来。今后不宜多开大会（没有开过的地方还应开），而应在每个具体工作中，密切联系到抗美援朝去进行。

三、土地改革运动应按计划进行。对清匪、反霸、减租、退押运动中的遗留问题，应有领导有计划地加以检查和处理，处理的主要目的是：（一）进一步发动贫雇农，树立贫雇农的领导，并坚固地团结中农；（二）安定各阶层的情绪，分化守法的地主，以便孤立和打击顽固的地主；（三）引导各阶层努力生产，解决生产中的困难问题。

发动贫雇农的程度如何，是衡量农民运动的深入程度的主要标志。在土改完成了的地区，必须注意使地主阶级特别是处了死刑的反革命分子的家属安定下来，专门召集他们开会，训示他们不要造反，不要胡作乱为。同时，认真监督和帮助他们劳动改造，给以生活出路。其中能当教员的，可选择一部分分配以教书的工作。处理地主有关退押违法的遗留问题，应尽速结束，原则上对小地主和一部分中地主放宽，采取“少”、“不”两字解决，对于一部分中地主采取“缓”、“少”两字解决〔3〕，对于守法的大地主也不宜节外生枝，对于那些顽抗的大地主必须坚持斗倒，但应宣布退罚数目，使之心中有底。无论大、中、小地主，凡是了清了问题的，必须出榜公布，开会宣布他们所余底财、浮财〔4〕均为其本人所有，允许其自由经营正当的事业，并依法获得保障。

对地主的遗留问题采取这种政策，可以大大安定富农乃至中农的情绪，对生产的恢复和发展有很大好处。而且也可以使地主心中有底，较快地拿出该拿的东西，借以继续解决贫雇农的生产资料和生活资料的问题。

准备在秋收后解决分山、分塘的问题。

完成了土改的地区，今后的中心任务是生产、教育和建政。

四、镇反应坚决按照中央公安会议[5]的方针和西南局五月二十三日所订计划执行。

严密地控制运动，下面不得机动。组织力量将现押人犯在六、七、八三个月内基本上清理完毕，认真组织劳动改造。工作方法上严禁草率粗糙，脱离群众。必须认真根据北京市的经验，吸收党外人士参与镇反工作，经验证明这样做有利无害，不这样做是错误的。中层问题[6]，在四、五两月整风中，专署级以上机关大体上摸了一下底，应继续进行精密的调查研究，准备材料，以便于今冬明春弄清中层问题。县级暂时不搞。但公安机要部门则不能等待，要大张旗鼓地宣传、教育干部和群众，提高对反革命的警惕，防止松懈麻痹。

五、任何时候都不要忽视对于农业生产的领导。指定专人专管这件工作，随时检查、发现问题和及时解决问题，特别是注意帮助贫雇农解决生产中的困难问题，保障今年有一个好的秋收。对夏荒要认真注意。

六、由于农村土地改革引起了经济情况的巨大变化，提出了一系列的新问题，要求我们去逐步地解决。现在的情况是：（一）农民获得减租、退押果实超过七十亿斤米，大约还有百分之六十至七十在农民手中，急需找寻出路，现在多买多存粮食，引起了粮食市场的恐慌；（二）产品普遍不够市场的需要；（三）城市的产品多不合农民的需要，农民要的城市又没有；（四）私营工商业大部还未得到改造，公私关系在有些地区还未妥善解决，故私资经营积极性还未充分发挥起来；（五）国营经济的发展不如私营经济发展得快；（六）土改后地主还有不小力量投到经济事业中来；（七）有一部分工商业转到了农民手中，如不好好组织，有被破坏的危险；（八）农业经济由集中到分散，百分之六七十的新分得田地的贫雇农的生产资料极端缺乏，如不注意扶持，不但增产困难，且有减产危险；（九）我们现有的经济机构和力量远远落后于经济形势的发展，如不注意，有控制不住的危险。

解决的办法，目前要从下列几点着手准备和开始进行，才能避免盲目性，才能逐步地解决上述新问题。这些办法是：（一）在完成了土改的地区，应把建立合作社成为领导经济工作的中心任务之一。为了连接城乡，进一步改善农民的经济地位；为了增强社会主义经济成分的领导地位，减少私营商业对于农民的中间剥削；同时也为了引导农民的果实使之用于有利的方向，引导农民走向集体主义，合作社就是解决这些问题的最重要的环节。为了避免走老区的弯路，新区的合作社必须坚决地按照合作社章程所定原则去组织，今年不可能大量建立，但应着手训练干部、进行宣传、创造典型、积累经验，准备明年大发展的条件。（二）在目前建设大工业尚有困难的条件下，应注意发展公营的小型工业。我们已有一部分资金准备投入地方小型工业，这是一个不小的力量，应有计划有领导地去建设，纠正某些同志只想搞大的不想搞小的这种不正确的倾向。（三）由于市场的刺激，私人手工业已有相当的恢复，有的还有了一些发展，应重视这个力量，好好地加以组织和领导。（四）加强财经委员会及工商部门对于工商业的指导，避免盲目性。对于私营企业的改革及公私关系的调整，仍应按已定方针认真进行。（五）扶持贫雇农应视为党和政府在农村的长期方针。（六）党委加强对于经济工作的研究和领导。

七、学校教育方面的混乱状态必须结束。严格禁止随便招生，一切经过人事部和党的组织部。现在普遍存在随便占用校舍，随便给学校师生派差事，随便调教员调学生，过多的会议和劳作使学生疲惫不堪、无法学习，这些现象必须纠正。现在高中学生太少，今年秋季大专学校须招收新生一万一千名，而高中及相当于高中毕业者尚不足六千名，这种脱节现象，必须设法克服。小学普遍增加，大多增至一倍到两倍，教员极缺乏，应计划从地主子弟中改造一部分，调至外县当教员。由党的宣传部及青年团负责组织和领导小学教师联合会的工作。

八、干部工作。土改完成之后，土改干部的绝大部分，调合作社、银行、贸易、工业等做经济工作。大批培养农民的积极分子和乡村贫苦知识分子担任区乡政权民运工作。一九五二年西南各部门需要补充八万干部，应即由组织部拟定计划，分由各区招收和训练。

九、整党工作除云南应按省委计划稳步进行外，其余各地均应于今冬开始，明春完成。在城市及完成土改的农村，应按全国组织会议〔7〕决议，稳步地进行党的建设工作。

十、党的领导经常注意在思想上防止骄傲自满情绪，在组织上克服无政府无纪律状态，在工作中反对命令主义。坚持运用各种人民代表会议的形式去进行各项工作。

注 释

〔1〕这里指一九五一年六月一日中共中央发出的《关于开展订立爱国公约和捐献武器运动的指示》。

〔2〕这里指旧人民币，见本卷第20页注〔1〕。

〔3〕“缓”、“少”、“不”，见本卷第110页注〔5〕。

〔4〕底财，指当时地主拥有的房屋、土地等不动产。浮财，指当时地主拥有的金钱、首饰、粮食、衣服、什物等动产。

〔5〕中央公安会议，这里指一九五一年五月十日至十五日在北京举行的第三次全国公安会议。

〔6〕中层问题，指当时镇压反革命工作中，清查隐藏在军政机关、企事业内部的反革命分子。

〔7〕全国组织会议，这里指一九五一年三月二十八日至四月九日在北京举行的中国共产党第一次全国组织工作会议。

民族杂居地区土改不采取群众斗争的方式*

（一九五一年六月二十日）

你们对于民族杂居的腹地，在实行土地改革时，采取召开民族代表会议讨论解决的办法和只搞减租、退押、分土地，不搞清算、违法赔偿，也不采取群众斗争的方式，而采取协议、调解、法院裁判等方式。我们认为这个方针是正确的，惟“和平土改”四字含义不大准确，以不采用为当。

---

* 这是邓小平为中共中央西南局起草的给中共云南省委电报的主要部分。

反封建把头斗争要做到稳准狠*

（一九五一年六月二十三日）

在城市中不应提“退押金”、“追旧欠工资、算虐待账”的口号，在反封建把头斗争中，不能完全搬用农村斗争方式是很对的。

一、封建把头不是依靠其生产手段取得合法利润的，而是依靠其某种恶势力割据地盘，任意敲诈勒索和残酷剥削工人，有的也控制若干搬运工具以出租形式达到封建剥削，应将有工具的封建把头与依靠工具出租者加以区别，以免打击面宽。

二、反封建把头斗争，必须是从反封建剥削做起。废除封建把头制度亦如废除地主阶级地主制度一样，须进行一场激烈的严重的斗争，市委须亲自掌握，以求做到“稳”、“准”、“狠”三个条件。

三、对罪恶大的封建把头，不是“退还”而是依法严办，甚至没收其财产。

---

* 这是邓小平为中共中央西南局起草的对中共昆明市委《关于搬运工人工作几个问题的请示报告》复电的主要部分。

永远记取党的斗争经验和教训*

（一九五一年六月二十五日）

中国共产党建党已经三十周年了。为使所有的党员、团员进一步了解我们的党，今年的纪念主要放在教育上面。今天我讲四点。

一、中国共产党是伟大的、光荣的、正确的。

中国共产党三十年来的历史是中国革命最精华的历史，是中国人民从苦难中站起来斗争并取得胜利的历史。中国人民几千年来，特别是帝国主义侵略的近百年来是灾难深重的。在长期斗争中，中国人民是英勇的，但因为找不到一条正确的道路，结果站起来又被敌人压下去。五四运动才给中国开辟了一条新民主主义的道路。这条道路是从五四运动开始，而又以中国共产党的诞生为其标志，不能设想没有一个代表中国人民——首先是代表中国劳动人民利益的、坚决的、革命的政党，可以把中国的革命引向胜利。正因为三十年前中国共产党诞生了，所以从那一天起，也就确定了中国革命一定要走向胜利。我们的党在成立的宣言中就抱着这样一个信心来领导中国人民，从第一天起党就不断明确地指出了中国人民的斗争方向，即反帝反封建反官僚资本主义，今

* 这是邓小平在中共中央西南局召开的七一纪念活动报告员大会上的报告。

天证明了这个方向是正确的。

为什么中国人民革命是以中国共产党的诞生为其胜利的标志？因为中国共产党是最进步的、最有纪律性与组织性的工人阶级的政党。党内还有一些党员不知道这一点，认为我们的党是知识分子的党或农民的党，这是由于他们不懂党的历史，缺少马列主义的思想。党是从什么基础上产生出来的？是从中国的工人运动的基础上建立的。中国没有工人运动就不可能产生这样一个政党，而没有这样一个工人阶级的政党，中国革命就不可能得到胜利，小资产阶级知识分子、农民也不可能获得解放。有一些党员因为长期在农村中工作，看到农民在党的领导下革命热情很高，在战争岁月中，农民拿出自己舍不得吃的粮食，送他们的子弟参军，似乎农民比工人阶级更先进一点，觉得党内最多的成分是农民，认为农民是革命的领导阶级，这个认识是绝对错误的。农民是英勇的，但农民不可能成为革命的领导阶级，这是世界革命的历史所证明了的，农民必须跟着工人阶级走。同时农民只有在工人阶级的政党——共产党的领导下才能走到彻底解放的道路。历史上中国农民几千年来经过无数次的斗争，都没有获得成功，这正是由于农民是分散的小生产者，缺乏纪律性与组织性，对革命在认识上存在着局限性和一定程度的动摇性。农民要成为有纪律有组织的队伍，制止一定程度的动摇性，只有在工人阶级的领导下才有可能。三十年来，农民运动是在工人阶级先锋队领导下的农民运动。中国农民之所以坚决英勇，是因为有了工人阶级政党的领导。同样今天在打败蒋介石、打败帝国主义以后，如果没有工人阶级的领导，也不可能巩固革命的成果并继续进入到社会主义与共产主义。土地改革以后，按照列宁的说法是农民无时无刻不在生长着资本主义。显然，农民的经济若没有工人阶级的领导逐步达到集体化，那么广大农民仍不能得到解放，已获得的果实也仍将丧失，仍然要走上贫困破产的道路。中国农民直到今天也只有在工人阶级先锋队——共产党的领导下，在工人阶级的支援下走上集体化，才能使他们从经济文化的落后地位彻底解放出来，生活富裕起来。所以认为我们的党是农民党的看法，是绝对错误的。抱有这样认识的党员连起码的党员知识都没有，假若不改正就要掉队。有的农民党员土改后满足于“三十亩田一头牛”，不愿再前进了，这是因为他们没有认识到自己是工人阶级的先锋队。同样也有少数知识分子党员认为我们的党是知识分子的党，他们的根据是因为毛泽东同志及许多领导同志都是知识分子出身，这也是绝对错误的。小资产阶级知识分子与农民一样会在共产党领导下坚决地革命，但也有一定程度的动摇性。党内的“左”倾、右倾机会主义，即是由于小资产阶级意识侵入党内的反映。不能设想，一个由小资产阶级知识分子领导的、时而“左”时而右的政党能领导革命走向胜利。不错，党的有些领导者确实出身于小资产阶级知识分子，但是他们都是用马克思列宁主义思想彻底改造过的知识分子，知识分子没有经过这样的改头换面、革面洗心，既不可能是一个好党员，更不可能担当起领导革命的责任。

共产党是彻头彻尾的工人阶级的政党。马克思说，无产阶级在革命中只会失去自己头上的一条锁链，他们所能获得的却是整个世界。〔1〕所以工人阶级革命是最彻底的，而且由于大机器生产锻炼了高度的组织性、纪律性，是最有前途的。农民不可能这样，农民必须在工人阶级的支援下造出许多拖拉机、电站及近代化的水利工程，农民才能彻底地解除贫困与落后。所以无论工人也好，其他人民也好，其前途与幸福必须建筑在机器化大生产的基础上。工人阶级就代表了人民的光明与前途，是最彻底与最先进的阶级，共产党则是这一阶级最觉悟与有组织的部分，党员必须代表工人阶级的利益，否则就不会是一个名副其实的党员。对农民与小资产阶级一样要以工人阶级的理论教育他们，才能使他们走向社会主义、共产主义的光明前途。

正是因为中国有了这样一个最集中、最有组织纪律性、革命最彻底的工人阶级的政党的领导，才使中国革命经过三十年的奋斗走上了胜利的道路，并将领导我们继续前进，走向社会主义、共产主义，那个时候一切都是快乐、幸福、优越的。我们的党代表着一切人们的希望与光明，只有我们的党才能领导而且正在领导其他阶级纠正错误，走向胜利与光明。

那么，是不是有这样一个党就保证了革命的胜利呢？还不够，还必须要有马列主义的武装。中国共产党不仅是工人阶级的先锋队，而且是以马列主义武装起来的党。党在未成立之前就有许多马列主义小组，如毛泽东同志等就是当时这些小组中的一员。这说明创办我们党的同志一开始就用马列主义武装自己、改造自己，抛弃了小资产阶级的个人主义与自由主义；这也说明中国共产党一走上中国的政治舞台就担当了领导中国人民革命的责任，就以马列主义来教育培养自己，结合中国革命的实际规定了革命的战略、策略和工作方法。只有这样的党才能领导我们前进。三十年的斗争历史证明了我们的党是伟大的、光荣的、正确的。目前它有五百八十万党员，是一个真正具有群众性的党，与人民群众有着血肉联系，取得了人民的信任，正引导着中国人民建设新的社会，并将继续领导人民走向社会主义、共产主义社会。

二、马列主义、毛泽东思想是中国革命的旗帜。

中国共产党之所以是伟大的、光荣的、正确的，就是因为中国共产党是在革命最彻底、最有组织纪律性的工人阶级运动的基础上建立起来的，而又是用世界工人阶级革命的理论——马列主义武装起来的。因此它在革命斗争中提出了正确的符合中国人民利益的纲领、政策、方针与口号，并引导中国人民走向胜利。假若我们的党是小资产阶级或农民阶级的政党，就不可能有明确的革命方向，也不可能领导革命走向胜利。

列宁说："没有革命的理论，就不会有革命的运动。"〔2〕中国共产党三十年来的历史证明了这一点。党的第二次代表大会就正确地确定了革命的性质、动力与任务，以后又一次一次地完备起来，这是因为吸取了世界革命特别是苏联革命的经验，有了马克思列宁主义的思想指导。列宁又说，只有以先进理论为指导的党，才能实现先进战士的作用。〔3〕中国共产党三十年的历史同样证明了这一点，假若没有先进理论武装起来的中国共产党，就不可能使中国人民团结起来走向胜利。党是名副其实的接受先进理论指导的，所以才能起着先进战士的作用。马克思说，理论一旦被群众掌握，就变成了物质的力量。〔4〕这就是说马列主义、毛泽东思想深入人心，与人民群众结合起来的时候，党就密切联系了群众，表现了高度的统一集中，就形成了不可战胜的力量。

中国共产党不仅从建立那天起就用马列主义的理论指导中国革命，而且总结中国革命的经验，在革命斗争中，毛泽东同志发展了马列主义，把马列主义与中国革命的实际结合起来了，这就形成为无比的力量。毛泽东同志说，马列主义是放之四海而皆准的普遍真理，假若不与各国实际结合起来就会变成教条主义。〔5〕毛泽东同志首先是把这个放之四海而皆准的理论变成为中国人民自己的东西，变成为行动的指南。毛泽东同志在一九四一年发表的《改造我们的学习》一文中指出，中国共产党的二十年，就是马列主义的普遍真理与中国革命的具体实践日益结合的二十年。〔6〕如果我们回想一下，我党在幼年时期，我们对于马列主义的认识和对于中国革命的认识是何等肤浅，何等贫乏，而现在我们的认识是深刻得多，丰富得多了。灾难深重的中华民族，一百年来其优秀人物奋斗牺牲，前仆后继，摸索救国救民的真理，是可歌可泣的。但是直到第一次世界大战与俄国十月革命之后才找到马克思列宁主义这个最好的真理，作为解放我们民族最好的武器，而中国共产党则是拿起这个武器的倡导者、宣传者与组织者。马列主义的普遍真理一经和中国革命的具体实践相结合，就使中国革命的面目为之一新。这就是说中国革命之所以胜利，中国共产党能够在革命中发挥先锋队作用，就是因为我党以毛泽东同志为首，将马列主义普遍真理与中国革命的具体实践结合起来了，变成中国人民自己新鲜活泼的东西。同样可以回答，为什么我党在领导中国革命过程中绝大部分时间是正确的，而有的时候是失败并使革命受到了挫折，其道理就在于，是把马列主义与中国革命的实践相结合变成新鲜活泼的东西呢，还是变成死的教条。

党在一九二一年到一九二六年当中大体是正确的，虽然那时党还幼稚肤浅。但到一九二六年发生了陈独秀的右倾机会主义[7]，以小资产阶级的思想领导党和革命。当时毛泽东同志曾经反对陈独秀的机会主义，但陈独秀看不到蓬勃兴起的农民运动，不敢领导广大的农民进行革命，却只看到了上层人物与敌人的进攻，而在革命的紧急关头动摇了，使革命遭受挫折。随后毛泽东同志发表的《湖南农民运动考察报告》即代表了革命的正确方向。正是由于毛泽东同志的正确，才使中国革命在受到挫折后又走上正确的方向。继后是十年的农民革命战争，或称土地革命战争。在此之间又有李立三"左"倾机会主义路线[8]，接着又是教条主义[9]统治我党四五年，致使白区的党组织损失百分之百，苏区损失十分之九。当时毛泽东同志未居于领导地位，正确的方向未能得到坚持，而教条主义以马列主义的词句作外衣，迷惑了许多党员，致使党受到很大损失。中国共产党三十年的经验证明，不将马列主义与中国实践相结合的时候，中国革命就遭受挫折，就受到重大损失。

这些教训在党的历史上是沉痛的，但我们的党终于用毛泽东思想战胜了这些错误。毛泽东思想是将马列主义的理论与中国革命实践结合起来的，以毛泽东思想指导革命是无往而不胜的。在机会主义统治时期，全国各地都受到损失，但毛泽东同志领导的地方没有受到损失。正是由于事实摆在党的面前，使同志们认识到，由于有毛泽东思想才战胜了或"左"或右的机会主义错误，使党又恢复发展壮大起来。一九三五年一月遵义会议[10]以后的十七年更证明了这一点。中国共产党三十年来的斗争是艰苦的，牺牲了许多同志，流了许多血。老同志之所以可贵，正是因为他们深知机会主义路线造成的痛苦，同样也了解毛泽东思想领导下的幸福。百分之九十八的党员没有遭受到革命的挫折，但经验证明：必须使我们的同志懂得，党一旦离开马列主义、毛泽东思想的指导，就遭受挫折，吃了很多亏，懂得没有毛泽东同志的正确领导，不能设想经过三十年而有今天的胜利。

毛泽东思想丰富极了，毛泽东思想是将马列主义普遍真理用之于中国革命的政治、经济、军事、文化、教育各方面，作为一个党员、团员，应该认识中国革命的胜利是与毛泽东思想分不开的。党的第七次全国代表大会〔11〕通过以毛泽东思想为党的指导思想，我们将在毛泽东思想的指导下走向更大的胜利。党章〔12〕规定："中国共产党，以马克思列宁主义的理论与中国革命的实践之统一的思想——毛泽东思想，作为自己一切工作的指针，反对任何教条主义的或经验主义的偏向。"如果党员要想少犯错误，要前进得更快，不致迷失方向，就必须学习毛泽东思想即马列主义与中国革命实践统一的思想。斯大林说过，马列主义理论强有力的地方，就在于它使党能判明局势，能了解周围事变的内在联系，能预察世界的进程，不仅能察知事变在目前怎样发展和向何处发展，而且能察知事变在将来会怎样发展和向何处发展。〔13〕马列主义、毛泽东思想是取之不尽用之不竭的。所有一切带普遍性的问题，都可以从马列主义、毛泽东思想的宝库中取得。如果我们取得了马列主义、毛泽东思想的基本知识，许多问题就会迎刃而解，不致思想不通，不会说党是农民的党，不会只满足于"三十亩田一头牛"。如果共产党员对马列主义、毛泽东思想有了起码的知识，那么对党中央的每一个号召、指示就会有更深刻的体会，就不会犯命令主义、官僚主义的错误。当然马列主义、毛泽东思想的宝库是很丰富的，不可能所有党员都能懂得全部，但只要懂得了基础，就可以少犯错误，在工作中的力量就比不懂的人的力量大得多，特别是在紧要关头不致迷失方向。我们许多同志犯错误就是缺乏理论学习之故。

中国共产党是用马列主义武装起来的，毛泽东思想不仅指导中国革命走向胜利，而且为马列主义的宝库中增加了更多丰富的内容。对于五百八十万党员来说，绝大部分党员缺乏理论修养，这是党的最大弱点。当然，集中的统一的以毛泽东同志为首的党中央，有高度的马列主义修养，有无比的威信与力量，这大大增强了党员的信心，并能使党员从工作中学到一些毛泽东思想。但是有些同志满足于现实的工作成绩，缺乏学习理论的空气，因此在执行政策中忽“左”忽右，一时是命令主义，一时是尾巴主义，时常出现错误。对一个党员来说，缺乏正确的理论修养应当是可耻的。毛泽东同志从来都是重视理论的，我们要成为毛泽东同志的好学生，要把工作做得更好，使自己成为名副其实的共产党员，就必须努力学习马列主义、毛泽东思想。为此目的，党中央已规定了学习马列主义及毛泽东思想的具体计划，我们必须认真执行。两三年后大部分党员都要具有马列主义、毛泽东思想的基本知识，这样我们的事业就会更有成绩，工作就会做得更好。

三、联系群众是我党的生命。

党章规定：中国共产党人必须具有全心全意为中国人民服务的精神，必须与工人群众、农民群众及其他革命人民建立广泛的联系，并经常注意巩固与扩大这种联系。每一个党员都必须理解党的利益与人民利益的一致性，对党负责与对人民负责的一致性。每一个党员都必须用心倾听人民群众的呼声，了解他们的迫切需要，并帮助他们组织起来，为实现他们的需要而斗争。每一个党员都必须决心向人民群众学习，同时以革命精神不疲倦地去教育人民群众，启发与提高人民群众的觉悟。中国共产党必须经常警诫自己脱离人民群众的危险性，必须经常注意防止和清洗自己内部的尾巴主义、命令主义、关门主义、官僚主义与军阀主义等脱离群众的错误倾向。这是每一个党员联系群众必须遵守的原则，是衡量党员品质的重要标准之一。每个党员必须了解对党负责与对人民负责的一致性。我们的党员是不是倾听群众的呼声，向群众学习，并以革命精神来教育启发群众；是不是时刻警惕自己脱离群众的危险，是否存在有尾巴主义、官僚主义、命令主义等脱离群众的倾向，都是值得重视的。党章规定每个党员必须全心全意为人民服务，而不是半心半意或三心二意的，这也是党员的品质问题。

三十年来，我们党之所以能不断领导群众走向胜利，根本的原因就是党不仅从未脱离群众，而且为群众制定了符合他们利益的斗争纲领，并组织他们进行斗争，这是我们党的光荣传统。正因为我们党联系群众，所以人民群众，首先是劳动人民群众响应与拥护我们党的号召，并信赖我们党三十年如一日，不断将最优秀的部分输送到我们党内来，使党由几十人、几万人发展成为几十万、几百万人的群众性的大党。也正因为我们联系了群众，所以我们在革命最困难的时候，也仍能站立起来对敌人进行斗争，并不曾失去斗争的信心。毛泽东同志在谈到大革命的失败时指出，中国共产党和中国人民并未因反革命的屠杀而被吓倒，他们从地下爬起来，揩干净自己的血迹，掩埋好同伴的尸首，又继续战斗！[14]无论在大革命时期、土地革命时期或抗日战争时期和解放战争时期都是如此。我们之所以有信心，除了由于有伟大的理想和社会主义的目标外，还有群众的支持，否则，我们的信心是不可能坚持下去的。

为什么我们党能有群众的信任呢？首先是由于我们党革命斗争的纲领、方针、策略和工作方法的正确。它符合人民群众的要求，代表人民群众的利益。其次是由于党员成为执行此斗争纲领、方针的模范。党员站在人民群众之中，而不是站在群众之外，更不是站在群众之上，所以群众认为党员是他们最忠实的好朋友。如果党员站在群众之外，或站在群众之上，企图以命令来指挥群众，那么，党绝不可能有今天的胜利。如果我们不善于发动群众，一面当群众的学生，一面又当群众的先生，不是引导农民运动由低到高一步步前进，和农民讲清道理，那么他们就不会跟我们走向社会主义的道路。如果我们的党是个农民党，只满足于“三十亩地一头牛”，那么也就不可能继续领导农民前进。我们必须告诉农民，在土地改革之后必须走集体化的道路，一方面支持工人，发展工业，建立工农联盟；同时取得工人的援助，使农业生产机器化，使农民走向彻底解放的道路。走这样的路，人民生活才能逐步提高。因此，我们如果团结了群众，又领导了群众，那么我们就能永远和群众一起前进。

毛泽东同志在《论联合政府》一文中说得很清楚，我们共产党人区别于其他任何政党的又一个显著的标志，就是和最广大的人民群众取得最密切的联系。全心全意地为中国人民服务，一刻也不脱离群众；一切从人民的利益出发，而不是从自己小集团或自己个人的利益出发；向人民负责与向自己领导机关负责的一致性；这些就是我们的出发点。共产党人必须随时准备坚持真理，因为任何真理都是适合人民利益的；共产党人必须随时准备修正错误，因为任何错误都是不适合人民利益的。二十四年的经验告诉我们，凡属正确的任务、政策及工作作风，都是和当时当地的群众要求相适合，都是联系群众的；凡属错误的任务、政策及工作作风，都是和当时当地的群众要求不相适合，都是脱离群众的。教条主义、经验主义、命令主义、尾巴主义、宗派主义、官僚主义、骄傲自大的工作态度等项弊病之所以一定不好，一定要不得，如果什么人有了这类弊病一定要改正，就是因为它们脱离群众。毛泽东同志把联系群众作为我们一切思想行动的出发点，这是很重要的。我们的任务、政策必须是“从群众中来，到群众中去”〔15〕；一切必须来自群众，但同时又必须加以集中、批判和提高，再回到群众中去。因为受小资产阶级和几千年封建社会统治的影响，群众有局限性。如农民吊打地主，我们应该劝止，应说服和教育群众。可是我们有些党员，在纠正了命令主义之后，又变成尾巴主义，他们不加劝止。这是党员的错误，不是农民的错误。要知道，尾巴主义是不可能领导群众前进的，联系群众是我党党员品质的标准之一。

毛泽东同志在陕甘宁边区参议会上，批评我们党部分党员脱离群众时说，一部分共产党员，还不善于同党外人士实行民主合作，还保存一种狭隘的关门主义或宗派主义的错误思想。他们还不明白共产党员有义务与党外人士合作，无权利排斥党外人士的原则，这就是倾听群众意见，要联系群众，而不要脱离群众的原则。陕甘宁边区施政纲领上有一条，规定共产党员应与党外人士实行民主合作，不得一意孤行，把持包办，就是为了防止这一部分还不明白党的政策的同志而说的。共产党员必须倾听党外人士的意见，给别人以说话的机会。别人说得对的，我们应该欢迎，应该跟别人学习。别人说得不对，也应该让别人说完，然后慢慢加以解释。共产党员决不可自以为是，盛气凌人，自己是什么都好，别人是什么都不好。决不可把自己关在小房子里，自吹自擂，称王称霸。除了敌人汉奸以及破坏抗战与团结的人们没有说话的资格以外，其他任何人，都有说话的自由。即使说错了也不要紧的。国事是国家的公事，不是一党一派的私事。因此共产党员只有对党外人士实行民主合作的义务，而无排斥别人垄断一切的权利。共产党是为民族、为人民谋利益的政党，它本身决无私利可图。它应该受人民的监督，而决不应该违背人民的意旨。它的党员应该站在民众之中，而决不应该站在民众之上。同志们，我们这个同党外人士实行民主合作的原则，是固定不移的，是永远不变的，现在应在参议会中好好实行起来。我们应该很好地记住毛泽东同志的这些指示，如果犯有这种错误，就应该很快纠正。今天在抗美援朝、镇压反革命和土地改革运动以及经济、文化建设等工作中，如果和党外人士合作得好，事情就会办好。否则，我们的工作将受到损失，甚至遭受失败！斯大林同志在《联共（布）党史简明教程》的结束语上说，如果党竟在自己狭隘的党的范围内闭关自守，如果它竟与群众隔绝，如果它竟蒙上一层官僚主义的灰尘，那它就会必遭灭亡。布尔什维克党只要是与广大民众保持着联系，就会始终是不可战胜的。这可以说是一个定理。反之，布尔什维克一脱离群众，一失掉自己与群众间的联系，一染上官僚主义的尘垢，就会丧失任何力量，而变成空架子。接着斯大林同志谈到在古代希腊人传说的神话中，有一位叫作安泰的著名英雄。他的父亲据说是海神波赛东，母亲是地神盖娅。他对于生育、抚养并把他教育成人的这位母亲爱慕备至。安泰很有力量，没有哪一个英雄能与他抗衡。因此大家都认为他是个无敌英雄。为什么他这样有力呢？原来他和敌人决斗遇到困难时，便往地上一靠，即往生育和抚养了他的母亲的身上一靠，因而就取得一股新的力量。但他终究有一种弱点，就是生怕别人用某种方法把他跟地面隔开。敌人知道他有这种弱点，于是时时刻刻暗中窥伺他。后来忽然有个敌人，利用了他这种弱点，结果把他战胜了。这个敌人就是海格立斯。原来他把安泰跟地面隔开了，把他举到了空中，竟使他无法再同地面接触，结果便在空中把他扼死了。斯大林同志最后说，我认为布尔什维克颇与希腊神话中的英雄相像。他们也同安泰一样，其所以强而有力，就是因为他们与自己的母亲，即是与生育、抚养并把他们教导出来的群众保持着联系。所以他们只要还是与自己的母亲即民众保持着联系，那他们就能始终稳有把握地保持住他们那种不可战胜的地位。这就是布尔什维克的领导坚强有力而不可战胜的关键。我认为斯大林同志说的这个真理，不仅适用于联共党，适用于中国党，而且也适用于世界上任何一个国家的共产党。

四、团结在以毛泽东同志为首的党中央周围，为党的更加布尔什维克化而斗争。

前面说我党是伟大的、光荣的和正确的，这主要是指以毛泽东同志为首的中央，指党的组织和许多优秀的党员执行了中央的政策，即是从党的整体来说的，而并不是说我们每个党员都是伟大的、光荣的和正确的。朱德同志说：我们的力量是表现在组织上。如果拿一个党员来说，不见得比党外人士强。我们是有缺点的布尔什维克。人人都有缺点，不过程度各有不同。如果我们认识了这些缺点，就可以不断前进。任何党员都不应该自高自大，自吹自擂。目前，许多党员缺乏学习理论的空气，少数党员甚至对政治缺乏兴趣，特别是在经济建设进入高潮的今天，少数同志认为只要把业务搞好就成，因而工作上往往迷失方向。

联系群众虽然是我党的光荣传统，并因此取得群众三十年如一日的信赖，但并不是说我们每个党员都能联系群众。事实上我们党内还有官僚主义、命令主义、尾巴主义，在军队中甚至有军阀主义，个别干部还有打人的现象，此外还有关门主义、不愿和党外人士合作和脱离群众的现象存在。在毛泽东同志领导下，党内曾对这些非无产阶级和非马列主义的思想进行了斗争，当然是以教育为主，使这些坏倾向不能发展，使党内保持思想上、组织上和行动上的一致。党是最有组织性和纪律性的，但同时党内还有自由主义，还有小资产阶级的、甚至是自由资产阶级的思想。有些党员对于违反党的利益和人民利益的现象未进行坚决的斗争，有时为了熟人的面子，或怕别人揭发自己的错误，因而发展了自由主义。老党员过去在极危险时加入党，经过锻炼，这是好的。但胜利后有个别同志骄傲自大，闹生活待遇。今天在全国胜利的形势下，我们要特别防止骄傲自大和腐化的倾向发展。

现在加入共产党，很少冒着生命危险，所以吸收党员要更严格。同时要注意对老党员的教育。党内还可能混入个别的坏分子，对于这些人，必须加以清洗。刘少奇同志号召全党为更高的共产党员的条件而斗争，最近党中央还召开了第一次全国组织工作会议，形成了《关于整顿党的基层组织的决议》，规定了党员标准的八个条件[16]。

每个共产党员必须具备这八个条件，特别是今天，党已是领导全国政权的党，对党员的要求要更高。过去在战争环境，学习马列主义有困难，而现在到处都有马列主义的书籍，有时公家还发给我们，所以有条件学好，也应该学好。今天处在胜利的环境，要求应当更加严格，对于那些不承认党是工人阶级的党、自私自利和满足于“三十亩地一头牛”的同志都必须进行批评教育；对于那些不愿遵守党员八条标准的同志，要劝他们出党；对于新党员同样要给以长期教育，必须合乎标准。当然，在执行中对于工人和知识分子应有所不同，对知识分子要更严格些，因为工人要把马列主义说得很有条理是困难的。但基本条件必须同样具备。

纪念建党三十周年，要总结的经验很多，我今天只提出：（一）学习马列主义、毛泽东思想；（二）密切地联系群众；（三）为党的更加布尔什维克化而斗争。只有这样，我们党才能始终保持高度的组织性和纪律性，我们在工作中才能少犯错误，才能把工作做得更好，不会在重大的政治问题上迷失方向，也不会在胜利的形势下骄傲自大。骄傲自大只是表示他的马列主义的基本知识还太少。只有提高党员的政治理论水平，才能使他们更全心全意地为人民服务，并领导人民群众，为巩固新民主主义制度而奋斗，最后走向社会主义和共产主义。中国共产党的党员，比之苏联共产党员是幸福的，因为我们有马列主义、毛泽东思想的指导。我们纪念“七一”，必须永远记取三十年来党的斗争经验、教训和毛泽东同志给我们的指示，并勇敢地向前迈进！

注　释

〔1〕参见马克思、恩格斯《共产党宣言》（一八四七年十二月至一八四八年一月底），《马克思恩格斯选集》第一卷，人民出版社 2012 年版，第 435 页。新的译文是：“无产者在这个革命中失去的只是锁链。他们获得的将是整个世界。”

〔2〕见列宁《怎么办?》（一九〇一年秋至一九〇二年二月），《列宁选集》第一卷，人民出版社 2012 年版，第 311 页。

〔3〕参见列宁《怎么办?》（一九〇一年秋至一九〇二年二月），《列宁选集》第一卷，人民出版社 2012 年版，第 312 页。新的译文是：“只有以先进理论为指南的党，才能实现先进战士的作用。”

〔4〕参见马克思《〈黑格尔法哲学批判〉导言》（一八四三年十月中至十二月中），《马克思恩格斯选集》第一卷，人民出版社 2012 年版，第 9 页。新的译文是：“理论一经掌握群众，也会变成物质力量。”

〔5〕参见毛泽东《中国共产党在民族战争中的地位》（一九三八年十月十四日），《毛泽东选集》第二卷，人民出版社 1991 年版，第 533 页。

〔6〕参见毛泽东《改造我们的学习》（一九四一年五月十九日），《毛泽东选集》第三卷，人民出版社 1991 年版，第 795 页。

〔7〕陈独秀的右倾机会主义，指一九二七年上半年以陈独秀为代表的右倾机会主义错误。

〔8〕李立三“左”倾机会主义路线，指一九三〇年六月至九月以李立三为代表的“左”倾冒险错误。

〔9〕教条主义，这里指一九三一年一月中共六届四中全会至一九三五年一月遵义会议前以王明为代表的“左”倾教条主义错误。

〔10〕遵义会议，指一九三五年一月十五日至十七日在贵州遵义举行的中共中央政治局扩大会议。

〔11〕党的第七次全国代表大会，指一九四五年四月二十三日至六月十一日在延安举行的中国共产党第七次全国代表大会。

〔12〕党章，这里指一九四五年六月十一日中国共产党第七次全国代表大会通过的《中国共产党党章》。

〔13〕参见《〈联共（布）党史简明教程〉结束语》（一九三八年九月），《斯大林选集》下卷，人民出版社1979年版，第615页。新的译文是："马克思列宁主义理论的力量，就在于它使党能判明局势，了解周围事变的内在联系，预察事变的进程，不仅洞察事变在目前怎样发展和向何处发展，而且洞察事变在将来怎样发展和向何处发展。"

〔14〕参见毛泽东《论联合政府》（一九四五年四月二十四日），《毛泽东选集》第三卷，人民出版社1991年版，第1036页。

〔15〕见毛泽东《关于领导方法的若干问题》（一九四三年六月一日），《毛泽东选集》第三卷，人民出版社1991年版，第899页。原文是："凡属正确的领导，必须是从群众中来，到群众中去。"

〔16〕党员标准的八个条件，指在一九五一年三月二十八日至四月九日举行的中国共产党第一次全国组织工作会议上，刘少奇提出的关于共产党员标准的八项条件：一、必须承认中国共产党是中国工人阶级的党，是工人阶级的先进部分；二、必须具有为中国共产党的最终目的，即要在中国实现共产主义制度而奋斗的决心；三、必须一辈子坚持革命斗争；四、共产党员进行革命斗争必须在党的统一领导之下；五、必须把人民群众的公共利益即党的利益，摆在自己的私人利益之上；六、在革命斗争中必须勇敢坚决；七、必须为人民群众服务；八、要努力学习，使自己的觉悟更加提高。这八项条件经过修改后，写入会议通过的《关于整顿党的基层组织的决议》。

关于西南局工作情况的报告*

（一九五一年六月二十七日）

毛主席并中央：

我们在六月上旬召开了中央局委员会第六次会议，各区负责同志都到了。会议的目的是检查一下最近四个月的工作，并提出今后注意的问题。在会议上我作了一个报告，经过讨论后修改批准了这个报告的要点。西南工作的情况是：

第一，第一期一千三百万人口区域的土改已完成，第二期两千五百万人口区域的土改已于六月初开始。从减租、退押、惩治不法地主中，农民已经获得果实七十三亿斤米。其中减租约占百分之四十至五十。其余均为退押和赔罚所得。多数农民的经济要求已获得适当满足。占农民人口约百分之三十的无租可减、无押可退的贫雇农亦得到了部分的利益，使今年春荒得以顺利渡过，春耕生产得以顺利进行。但据川西材料反映：这些贫雇农每人需得一百二十斤米，才能解决生产资料问题。而现已得到的每人才约六十斤米，尚差一半，要从今后处理地主遗留问题中，特别是要从国家长期的扶植政策中不断地去解决他们的困难。在地主方面，大部分

* 这是邓小平就中共中央西南局一九五一年五、六月工作情况给毛泽东并中共中央的综合报告。六月三十日，毛泽东复电邓小平：“你给中央的报告很好。”

地主已经了清了退押和赔罚；一部分中小地主虽尚未了结，但确有困难，无法了结；一部分大中地主确有能力了结，但采用各种方法，包括利用我们的工作弱点，进行巧妙而顽强的抗拒。我们的干部对于中、小地主办法较多，而对于诡计多端的大地主办法较少。为了多搞一点果实去满足农民的要求，往往一次又一次去整中小地主，运动后期吊打、自杀现象因而增多。鉴于川南资中县的教训，在农民已经得到七十三亿斤米这个情况下，四川、贵州、西康[1]各地均于四月底、五月初胜利地结束了退押运动，这是完全必要的和及时的。但各地都有不少有关退押、赔罚的遗留问题需要处理。这次中央局会议就明确规定了处理遗留问题的原则。一方面对于中小地主放宽，一方面对于那些顽抗的大地主和一部分中地主抓紧。这样做就可以使大多数地主安定下来，觉得可以过活下去，并帮助他们实行劳动改造。这样做，同时就把少数顽抗的大中地主和特务反动分子孤立起来，从而易于集中力量打击他们，迫使他们拿出钱来了结悬案，继续解决一些贫雇农的困难。从西南全局看来，我们经历了剿匪、清匪反霸，减租退押及镇压反革命三个大战役，对封建反动势力的打击是沉重的，但对于反革命的要害打击得极不够。而我们在退押及镇反运动的后期，确有简单粗糙的毛病，打击面也嫌略宽了些，特务反动分子则利用这点鼓动少数地主顽抗，组织被处死刑的反革命分子的家属，乃至儿童进行放火、放毒等等活动。有几个地方还组织了几十人的小型武装暴动。根据这种情况，我们对于那些已经全部或大部退了押、全缴了赔罚款的，以及确实退不起的小地主和大部分中地主采取经济上放松，但在政治上继续严格控制，不准地主阶级进行反攻的政策，分清守法与不法，明白是非界限，中和一下他们的反动情绪，缩小反革命活动的市场，以便于集中力量打击特务反动派，我们认为是适时的和恰当的。

第二，关于镇反问题已有多次报告不再赘述。现在各地正按全国公安会议决议执行。吸收党外人士参加镇反工作，亦已在重庆、贵阳、成都等地开始，收效甚好。有的地方正在做，有的地方做了还未看到报告。我们已督促各地坚决这样做，不这样做是错误的。这次中央局会议一致认为镇反与退押土改结合收效极大，完全拥护中央关于这个问题的指示及中央公安会议的决议。在肯定成绩的基础上，我们认真地检讨了镇反后期控制不严的毛病，责任在于领导机关。首先是中央局未能事先规定更好的控制办法，如中央规定五日一报那样的办法一样，我们把这点看作是领导机关的重要经验。对于个别地委、县委乃至区委那种事前不请示、事后不报告的现象必须严格制止，不能助长无政府无纪律倾向的发展。

第三，中央局会议分析了党内现在的思想情况，认为各级干部工作都很努力，每一任务完成得都很快，成绩很大，进步不小，在工作中是团结、愉快的。但因为工作做得还好，正滋长着一种骄傲自满的情绪，有一部分同志在工作上没有开始时那样兢兢业业了，对于工作的或个人的缺点也不大注意去发现了。命令主义又在重新增长，吊打现象又重新增多，腐化享乐的思想又在抬头，甚至无政府无纪律的倾向也在发展了。这些虽是一部分同志和个别的组织所表现的倾向，但不注意是很危险的。而我们各级领导同志如果迷恋于成绩，对于犯有这些错误的同志和组织采取原谅、包容的态度，把纠正这些错误即纠偏同泼冷水混同起来则是错误的。

对于这些倾向，在四、五月间的全区整风中已有一些揭发和批评，但一般是不深刻的。这要求西南各级领导同志随时注意在思想上克服骄傲自满情绪，组织上克服无政府无纪律状态，在工作中反对命令主义。这是我们今后指导党内思想工作的重点。

第四，这次中央局会议，我们把两个问题放在了领导机关的议事日程上面。一为注意研究经济工作，一为克服现在学校教育工作中的混乱状态。在我的报告中对于经济工作只说了一些情况，解决办法也不多，目的只在于引起我们的注意。学校教育中首先是乱招、乱调，学生中的混乱状态实际上已引起了广大师生群众的不满和不安。我们在六月初开始经过《新华日报》〔2〕提出这个问题后，获得了极好的反映。我们正准备利用这个积极性进一步地推动学校工作的前进。对于这个问题我们将详细整理材料另行报告中央。

第五，这次会议我们讨论了干部缺乏的困难问题。据现在初步统计，今年年底以前必须训练出八万初级干部才能适应明年工作的需要。计银行、财政共三万，合作社一万，贸易一万，宣传系统一万，组织系统一万，其他一万。干部来源主要从农村中较好的知识分子和略通文字的农民积极分子中找。各地负责同志对此十分热心，正由有关部门拟定详细计划，然后指示各地实施。

以上作为我五、六两月的综合报告。

邓小平

六月二十七日

注 释

〔**1**〕西康，见本卷第 11 页注〔1〕。

〔**2**〕《新华日报》，见本卷第 38 页注〔2〕。

紧密地联系群众是我党的光荣传统*

（一九五一年七月一日）

我们以极其兴奋的心情来迎接中国共产党三十周年纪念日。

我党从开创之日起，就是在中国工人运动的基础上，依据马列主义和俄国布尔什维克建党原则建立起来的。因而它在幼年时代就具有高度的纪律性、战斗性以及和中国人民血肉不可分离的联系。它一经出现在政治舞台，就担当起中国革命的领导责任。灾难深重而又勤劳、聪明、勇敢的中国人民，曾不断地进行反对帝国主义和封建统治的英勇斗争，但是找不出一条正确的道路，惟有我们党向他们指出了这条道路，惟有我们党依照马列主义的普遍真理，结合中国的实际而规定了一条正确的政治路线。中国工人阶级和一切劳动人民从切身的经验中，认识到在无产阶级领导下的反帝反封建的纲领，是使他们获得解放的唯一正确的路线，共产党就是他们的希望，他们对于我党的信赖，三十年如一日。共产党员奋不顾身、前赴后继的战斗精神，成为群众的榜样，他们成为群众最亲密的战友和同志。从此中国革命出现了空前的

* 这是邓小平为庆祝中国共产党成立三十周年发表的文章的节选。

规模，它是那样地具有组织性和坚韧性，反动统治的屠杀不足以打散我们的队伍，无数次的挫折不足以损害共产党员和革命人民对于革命必然胜利的信心。即使在白色恐怖最严重的年代里，无数的共产党员和革命人民的血也流在一起，凝结成牢不可破的联系。正是这种血肉的联系，赋予中国革命以无限的生命力，从而在伟大的十月社会主义革命以后取得了中国革命的伟大胜利。

中国共产党人深刻地体会到：中国革命的胜利，中国党与中国人民建立了这样深厚的联系，是与毛泽东同志的名字分不开的。毛泽东同志的《实践论》的发表，无疑地将为中国党更坚固地树立起思想的和理论的基础，它是马列主义的光辉的发展，是中国革命实践经验的总结。毛泽东同志是把马列主义运用于中国实际的杰出模范，是把列宁、斯大林建设和领导布尔什维克的原理，运用于建设和领导中国党的杰出模范。他千方百计地把“实事求是”、“一切从实际出发”、“由群众中来，到群众中去，集中起来，坚持下去”这些理论来灌溉我们的党，来教导我们共产党员。他在党的第七次代表大会[1]上《论联合政府》的报告中指出，在马克思主义的理论思想武装之下的中国共产党，在中国人民中产生了新的工作作风，这主要就是理论与实践相结合的作风，和人民群众密切地联系在一起的作风与自我批评的作风。毛泽东同志正是以这种彻底的唯物主义和热爱群众的思想，领导全党战胜了各色各式的机会主义，克服了和正在克服着来自封建阶级、资产阶级和小资产阶级的各色各式的脱离群众的工作作风，树立了布尔什维克式的正确的工作作风。

中国共产党人从自己的经验中认识到毛泽东同志这些指

示的伟大性，正是由于他们基本上遵从了这些指示，才能在党的正确路线的领导下，把工作做出成绩来。而当他们违背了这些指示的时候，他们就不可避免地要犯错误，在实际斗争中碰得头破血流，并使革命事业遭受损失。

联系群众是我党的光荣传统，我们党的地方组织一般地都学会了“由群众中来，到群众中去，集中起来，坚持下去”的方法，懂得如何把中央的方针与本地的实际情况结合起来，懂得把群众的反映当作衡量党的政策和工作方法是否正确的一面镜子，并据以改正自己的错误，洗刷自己身上的官僚主义灰尘，改进工作方法。所以，党的方针能够符合群众的要求，党的口号立即变为群众的行动，我们的每一个具体工作任务都能在群众自觉自愿的行动基础上，战胜一切困难，扫除一切障碍，取得圆满的胜利，并在运动的每一步中，去耐心地教育群众，提高群众的政治觉悟，并领导群众继续前进。

我们的党史证明，只要我们不脱离群众，和群众始终保持着紧密的联系，我们就会无往而不胜。这不但在工人运动、农民运动和其他一切运动中可以得到证明，就是在我党领导最集中的革命军队的工作中，也可以得到证明。毛泽东同志亲手创建的人民军队就是善于联系群众的榜样。在军队内部的官兵关系方面，在集中的基础上，实行了恰如其分的政治民主、经济民主和军事民主的原则，从而彻底地清除了旧军队的军阀主义，高度地发挥了部队的自觉性和创造性，巩固了官兵之间的团结，增强了纪律性，使我们的军队具有高度战斗力。在军民关系方面，实行了军民团结的原则，实行了军队不单是战斗队，而且是发动群众、组织群众、保护群众利益的工作队的原则，因而它同群众建立了鱼水的联系。它既发动了群众，又获得了群众的支持。它不但是战胜了美帝国主义和蒋介石反动派，取得革命胜利的一支强大的战斗大军，而且是以毛泽东思想高度武装起来和以中国人民的革命精神培植起来的一支政治大军。

联系群众，为人民事业忠贞不屈高度负责的作风，对于我们党的内部生活，必然地发生经常的深刻的影响。用马列主义、毛泽东思想武装起来的中国共产党，以我们的中央为模范，善于分析和掌握革命实际的具体生动的情况，依据群众的觉悟程度和组织程度来决定和审查党的方针、政策和策略，并以无产阶级的思想去教育工人农民和一切劳动人民，因而在每一次每一步的运动中，都具有广大的群众性，运动的每一步都提高了群众的政治觉悟和革命积极性，都更加密切了党与群众的联系，巩固了无产阶级及其政党的领导。我们党还善于根据群众运动的实际反映来检查各级组织和每个党员的立场观点和工作作风，从而易于发现成绩和发扬成绩，发现缺点和纠正缺点；从而易于发现各色各式的机会主义和非无产阶级的思想，迅速地加以克服；从而易于发现混进党内的阶级异己分子和投机分子，并加以清洗。生动活泼的群众革命行动，抚育了我们的党，不断地给党灌输新的血液，教育了我们的党员，提高了他们的政治觉悟和思想水平，加强了党的布尔什维克化。

胜利了的中国人民，正在进行着巩固革命胜利、清除帝国主义的影响、扫荡封建主义的残渣的一系列的尖锐的斗争，这个斗争集中表现于抗美援朝、土地改革和镇压反革命这三大运动上面。这些运动的规模之大、收效之快，对于人民思想影响之深刻，为空前所未有。这些运动的结果，必将给我们的国家奠定稳如泰山的基础，将给国家工业化开辟一条广阔的道路，将给人民带来幸福的生活，将在反对帝国主义和保卫世界和平事业中增强巨大的力量。这些运动之所以获得伟大的成绩，是由于毛泽东同志和党中央所定的方针，完全符合于人民的要求，同样是由于我们的地方组织和共产党员对于毛泽东思想有了进一步的体会，贯彻和发挥了领导与群众相结合的密切联系群众的工作方法。人民群众是那样的热情，他们以最高信赖的心情来接受党和人民政府的每一个任务；他们响应关于抗美援朝的每一个号召，他们在政府法令的范围内自动地没收和分配土地；他们自动地检举和捕捉反革命分子，参加对于反革命分子的审判；他们在工业和农业生产中发挥着高度的劳动热忱；他们把毛主席当作他们的救星，撕下了神像，挂上了毛主席像。所有这些，都是同人民对于党和毛主席的信仰分不开的，也是同党在当前运动中的正确的方针和正确的密切联系群众的工作方法分不开的。

当然不是说，我们已经万事大吉，一切都是好的。相反，我们党还存在着不少重大的弱点。作为整体来说，以马列主义、毛泽东思想高度武装起来的中国共产党是光荣的伟大的，以毛泽东同志为首的党中央的领导是英明的正确的。但是从我们地方组织来说，我们常常要犯一些错误，我们常常要在中央的帮助下，才能纠正错误而继续前进。如果拿党的组织成员来说，我们就还存在着更大的弱点，我们有大量的出身于小资产阶级知识分子和农民成分的党员，有大量的新党员，他们具有革命的热情，但不懂得革命理论和方法，他们对于马列主义、毛泽东思想或者一知半解或者不知不解。甚至有少数党员品质恶劣，缺乏对工人、农民和其他劳动群众的感情，他们的行动不但脱离了群众，而且损害了党的威信。就是我们一些党龄较长的党员，也还缺乏理论的修养，不少同志只有丰富的但是零碎的斗争经验，而缺乏系统的理论把这些经验巩固起来。因而他们难免有时犯教条主义的错误，有时又犯经验主义的错误；有时犯命令主义的错误，有时又犯尾巴主义的错误；有时能够联系群众把工作做得很好，有时又脱离群众把工作做得很糟。我们还有一些同志在胜利面前骄傲起来，自以为经验很多，遇事不考察实际，不同群众商量，坐在上面发号施令，因而犯错误、碰钉子。

克服这些弱点，加强马列主义、毛泽东思想的理论学习，提高党员的水平，纯净党的组织，这是我党中央一贯的指示。在这方面，我们已经进行了不断的工作，但因为这是一件比之打倒帝国主义、打倒蒋介石、打倒封建势力更为艰巨的，对于保障革命前进更为根本的工作，需要我们全党不疲倦地努力。

党在思想上和组织上更进一步地布尔什维克化，党与群众永远保持着最密切的联系，是中国人民事业胜利的保证和取之不尽、用之不竭的革命生命的源泉。

毛泽东同志说，我们打倒帝国主义和国民党反动统治的胜利，只不过是中国革命中万里长征的第一步。所以，我们不能因胜而骄，而应谨守着毛泽东同志的教导，保持我党的光荣传统，紧密地联系群众，引导群众走向更大的胜利。

马克思列宁主义、毛泽东思想的光辉照耀着中国共产党和中国人民。我们的党将永远同中国人民一道前进，不断地战胜内外敌人的阴谋诡计，建设我们的国家，一直走到社会主义和共产主义。

注　释

〔1〕党的第七次代表大会，见本卷第265页注〔11〕。

土改斗争要有方法有策略*

（一九五一年七月十七日）

川东区党委并转合川县委：

程子健、廖井丹[1]两同志从合川回来，反映了合川四区的一些片断的情况。据他们说该区的土改一般是好的，但我们认为有两种现象值得严重注意：（一）该区地主应赔罚数为八千余石，而已赔罚数只两千余石；地主衣服穿得很坏，但并未低头，甚至认为“政策改了，政府对地主开明了，不要紧了”，表面上承认赔罚，实际上装穷，顽抗不缴。这是一方面。（二）据说区党委派去的某同志宣布：“干部打人干部负责，干部暗示打人干部负责，群众打人干部负责。”这已经变成运动中的法律，结果群众的义愤也在制止之列。这自然要长他人志气，灭自己威风；这自然不易掀起群众革命的声势，使地主依理服法，不敢胡作乱为，不敢抵抗。这是另一方面。

如果这种情况属实，那么即使那里分配了土地，也不能认为运动是成功的。必须使同志们了解：土改运动的目的不只是分配土地，更重要的是在树立贫雇农领导、兼顾团结中农的基础上，巩固起人民民主、在乡村亦即是农民阶级对地

---

* 这是邓小平为中共中央西南局起草的指示信。

主阶级和反动分子的专政力量，不准他们乱动乱说，不准他们进行任何反攻。我们之所以反对和平土改，就是因为它即使真正分了田，也没有打坍地主阶级的统治，地主阶级还有力量进行各种各式的反攻。他们在土改过程中小心谨慎，但他们在我们得力干部离开之后就会寻机反攻，包括分化收买农民干部，制造农民内部纠纷，打入农会篡夺领导权等等方式在内。所以，凡属和平土改的地方，将来势必要重新做过，那时的麻烦更多。要告诫所有领导土改的同志们，千万不要迷恋于运动在形式上似乎还顺利、似乎很合政策、似乎很正常。必须明确，如果这个运动地主威风没有打坍，农民没有真正起来自觉自愿地行动，而只是听任干部的摆布，那这个运动不仅不是什么合乎政策，或所谓正常，相反地，它正是违背了运动的目的性，因而也就是不合乎政策、不正常的。

我们这封信的意思，不是提倡打人，打人是不好的，干部打人是错误的，农民打人也应该加以劝说。我们之所以这样说，不是为了可怜地主，他们是罪有应得的，而是说乱打、乱吊会形成僵局，对农民不利。一切着眼于对农民是否有利，这就是在运动中处理各种问题和规定策略方法的立场和出发点。农民在气愤之下打一下地主是一种错误，但如果人为地强制农民不要发泄自己的积愤（当然这时劝说还是必要的），不去扶持群众的革命热情，而去机械地抑制群众的革命热情，这显然也是错误的。

不准乱打、乱吊、乱捉，就必须有另外的方法去对付地主阶级，要懂得这是一场系统的激烈的阶级斗争，在斗争中要有方法有策略。每个好的方法与策略，都必须是既能够团结自己又能打倒敌人。我们反对脱离群众的命令主义或尾巴主义，就是因为它既不能发动、团结和教育群众，又不能分化敌人、孤立敌人，从而顺利地战胜敌人。我们所谓讲理讲法的斗争，是作为一个阶级斗争的内容来提出的，不能误解为这是照顾地主阶级，更不能模糊了群众的阶级意识和阶级行动。人民法庭是一个很有力的工具，运用好了就使群众觉得有冤可伸，打人的事自然就少了。但必须认识人民法庭是一个阶级统治的工具，不是什么阶级调和的工具。它不是在地主和农民之间进行调解，而是要站在农民方面压制地主阶级，不准他们乱说乱动、为非作歹。它不能长地主的志气，而必须是灭地主的威风。

重复地说，土地改革是一场系统的激烈的阶级斗争，这是问题的本质。那些认为中国农村阶级分化不明显，不需要激烈斗争的观点，是资产阶级改良主义的观点，或者竟是地主阶级的观点。

我们对合川具体情况不很了解，也许所说的不尽合乎事实。但是我们很担心西南正在进行的两千五百万人的土改，由于群众发动不够，地主阶级打得不彻底，结果出现一批和平土改的地区，弄得将来重新做过。所以这封信即使某些内容有所出入，也是有意义的。

顺致

敬礼！

西 南 局

七月十七日

注　释

〔1〕程子健、廖井丹，当时分别任中共中央西南局统战部副部长、宣传部副部长。

不开无准备的会议*

（一九五一年八月六日）

不开无准备的会议。尽可能地缩短会议时间，会议长与准备不够有关。

邓

八月六日

* 这是邓小平对西南军政委员会秘书处《关于会议问题的情况和改进意见（草稿）》的批示。

为西南区工业展览会题词

（一九五一年八月十日）

我们的奋斗目标是把落后的农业国变为先进的工业国。

邓 小 平

新形势下的军队干部工作*

（一九五一年八月十日）

干部工作很重要，照斯大林的话来说，干部决定一切[1]。所以应该把这个问题解决好。

首先，讲讲现在条件下的干部工作。现在的条件和过去基本上一样，但有新的因素。决定战争的基本因素和过去一样没有变。打国民党也好，打美帝国主义也好，决定于战争的正义性，决定于正确的战略战术指导原则，还决定于我们军队本身的素质。军队在政治基础上，才能锻炼出更高的技术。技术包括各个方面，主要的是军事技术。全世界人民斗争的对象是美帝国主义，中国人民也不例外。经过抗美援朝战争，我们算摸清楚了这个敌人。从政治上、战略上说，美帝国主义是纸老虎，是能够战胜的；但从战术上说，美帝国主义军队强于其他所有帝国主义国家，美军在帝国主义国家军队中是一张王牌，我们解放军的一切准备是为了对付这个敌人。抗美援朝战争中取得的胜利，我们取得了一些经验。当然，我们有的军一开始就碰伤了，但第一次碰伤关系不大，第二次就打好了。我们最大的收获是摸清了敌人。

过去我们对美帝国主义有两种错误看法，一种不相信美

---

* 这是邓小平在中国人民解放军西南军区干部工作会议上讲话的主要部分。

帝国主义是纸老虎，抗美援朝战争打破了这一观念。美帝国主义将军队的主力用到朝鲜，空军、海军、步兵火器很强，结果美军失败了。在朝鲜这样小的地方出现了美帝国主义军队的主力，而我们的主力根本没动，这说明美帝国主义的脆弱性。这就是说在第二次世界大战之后，美苏两大势力起了根本的变化。中国人民绝大部分人认识到我们是胜利了。人民中间恐美崇美思想过去很严重，经过抗美援朝战争这些思想被扫除了。另一种错误的观点就是对敌人看不起。我们的部队开始所以吃亏就是这个原因，思想上准备不够，对敌人战术上强估计不足。对敌人在战术上要当真老虎打，要这样做准备，要把它看成是个强的军队。但在战略上决定了美帝国主义是要失败的。这两个观点要澄清，不能混淆。我们前方和后方必须这样去认识，第一条美帝国主义可以战胜，第二条战胜美帝国主义还得费力。这两方面都要认清，军队一切要围绕这两方面进行工作。与过去我们面对的敌人相比，现在条件已不同。今天敌人的空军、海军比日本强大得多，就是陆军火器也不知比日本强大多少，与国民党的军队相比，当然更不同。我们所有干部要懂得美帝国主义在战略上是个纸老虎，一定能打败，但在战术上要把它当作真老虎打，要费力。

根据今天形势要求，干部工作主要有四个字，就是“量大质高”。抗美援朝战争的人员伤亡与地形有关系。战场太窄使得人员伤亡较大，但人员伤亡不仅是我们，敌人也一样，像沃克[2]这样的人也死了。如果战场宽些对我们要便宜一些。在抗美援朝战争中，干部的伤亡，其中师团两级比解放战争时期较大，营连干部的伤亡也不小。这一方面说明我们勇敢，另一方面也说明我们干部的素质不够高。我们的干部条条太少，缺乏理论包括军事理论在内，往往吃了亏才得到教训。如果我们的干部有了理论，吃亏就会小，胜利将会更大。形势要求我们的干部量要大、质要高。经验主义是有害的，因此，要提倡学习军事理论。现在一个师有一个坦克团、一个炮兵团，你没有理论，就不能指挥。过去我们是用脚板发动，现在是用汽油发动。过去指挥错了还可以向后转，也容易；现在是用坦克，指挥错了，要向后转就不容易。

我们军队要现代化，干部必须提高素质。特别是营以上干部，素质的提高很重要，乱碰不行。数量也要增加，有许多新的工作需要人去做。我们今年向上输送二万七千个干部，现在西南工作要靠原有的五十七万军队，地方外来干部一万二千人，军队转到地方的干部近三万人，所以地方上的主力是军队干部，县以上一千五百个干部主要的是军队干部。没有这样的军队干部，发动群众、减租退押、土地改革以及扩大军队近五十万人，所有支援前线的工作哪能做得好呢？这是军队很大的功绩。将来土改后，军队再慢慢地分期抽回一些干部是可以的，但数量也不会很大。有一些干部一下子还抽不回来，主要原因是干部缺额很多。今后军队任务很大，要上送各特种兵干部，补齐缺额，还要供给前线。前线伤亡多少个干部，就要补充多少个干部。我们历来是从战争中生长干部的，但不能完全解决问题，还要由后方供给，因此要求干部的量很大。西南应有十四万个干部，现在只有九万，差五万。军委要调一万五千个干部，前线要一万个干部，这就要新生长七万多个干部才能解决问题。所以开这个会是要你们回去生长七万个干部。九万个加七万个，十六万个干部要提高，这就是新条件下干部工作的繁重任务。军区党委提出“宁弱勿缺”、“宁缺勿滥”八个字是正确的。这就是说在不滥的基础上“宁弱勿缺”。所谓不“滥”，是指政治质量要好。

我们军队的政治基础是建筑在五十七万人身上的，更要建筑在渡江作战和十八兵团进军西北以前干部的基础上，而不是建筑在十万个旧军官身上。旧军官中之青年军官，经过改造还可以使用，但基础要放在老干部上，因他们经过考验，有斗争经验，与人民解放军有血肉不可分的关系，这就会保障不“滥”。据你们反映，新提拔的干部积极性高、办法少。如果提拔起来，过一年办法就多了，要放手提拔。有的地方反映，有的干部一下提两级。如果需要提升两级，我看也好。但不是所有老的都要提，当然要和德才兼备结合起来。你们提出办好各级学校、教导团、轮训队，解决这个问题，你们的计划我同意，要把数目补齐，准备上送干部支援前线，以适应形势的发展。因此，现在第一要在不“滥”的基础上大量提升干部，第二要好好教育，提高质量。但光有这两条还不够，一定要加上第三条，即切实管理好干部。军队工作是有成绩的，但容易发生不良现象。对出现的问题不警惕，不加以教育与管理，总有一天要算总账的。纠正了错误，干部得到了提高，就可以继续前进。干部管理还有其他工作，如提升要得当，分配要适合，好的要表扬，要将奖励与惩罚制度结合起来，引导干部前进。我们的干部管理部门就是协助各级党委来掌管干部的，切实管理好干部是党的工作，关系到各个部门，也是所有部门的事，但主要是干部管理部门负责。因此，干部管理部门要将材料供应各个部门，协助党委工作，在党委领导下干部才能管理得好。

所谓爱护干部就是要提高教育干部，这是主要的。要从思想上、政治上、工作能力上、业务上，包括军事、政治、后勤等一步步地提高他们，使他们能担负更多的工作，使每个人有向上心。这样他们对学习就有了兴趣，这是积极的方面。另一方面是纠正他们的缺点，甚至开展对个别典型斗争也是提高教育干部。没有这一方面也不能提高教育干部。还有一方面要解决干部的具体困难。对干部福利必须办的应该积极地去办。有些人对自己的房子很积极，但对别人的事他就不关心，这是思想问题，要从领导者思想上检讨这个问题。干部管理部必须注意干部福利，关心干部切身的困难。在福利问题上要特别注意干部的身体健康。现在再穷也比历史上任何时期都好。干部福利问题要成为干部工作中心之一，在可能条件和制度之内，各级机关都要注意这个问题。应该休养的人员就让他去休养，使所有干部都感觉军队是个大家庭。当然，爱护干部主要是从业务上、政治上、思想上提高，鼓励干部前进，包括奖励、惩罚两方面，并要同时注意关心干部的具体困难。

干部工作很复杂，过去没有专门机关，许多问题没有得到很好解决，所以军委规定成立干部管理部这样一个部门。干部管理部是党委的助手，管理干部主要是党委的工作，干部管理部是在党委领导下具体掌管干部工作的部门，如果党委不掌舵，工作就搞不好。各级党委要支持干部管理部。干部管理部要在党委指导下将业务工作管好，作为党委在干部工作上很好的助手。据说做干部管理工作的同志不大愿意做这个工作。干部管理工作很重要，这是个组织工作，其重要性不比其他部门弱，它不是技术问题，是个政治工作。我们所有部门都有政治性质，而且政治性质都很强。干部管理部的同志要钻到老，因为干部工作还没有入门，人事制度没有入门。干部工作是很复杂的事，是挨骂的事，但挨骂不要紧，要按原则办事。我们干部工作上的奖惩、升降搞好了，干部风气就要变。这个工作不搞好，干部总没有向上心，干部人事调整很难搞好。如果干部工作做好了，干部职级就能很好解决。现在只能拿职位代表德、才、资，所以军委规定要评级，要把职级分清，但今天经济条件办不到，人事制度尚无基础，将来总有一天要这样做，档案工作制度要建立起来。

党委要加强对干部管理部的领导，这是党委重要工作的一部分，无论如何要有两个掌管工作的骨干，配一些经过考验的新知识分子，再配齐一批专门人事工作干部，将来还可从几万受训干部中选出一批人来。干部管理工作一点架子都不搭是不对的，并且要有专人，挂名不行，但不要希望编制中所有人都强，全部配起来就会很好。恐怕一时还不可能，要逐步建立，必须有专职人员和有一两个骨干搭起架子。还必须有各方面的协助，组织部门对干部工作熟悉，可以抽点，宣教部门、司令部都可以抽人来做干部管理工作，党委要解决在这方面的矛盾。掌握干部工作的必须是作风很正派、党性强的人，配角也一定要政治纯洁的人。

注　释

〔1〕参见斯大林《在克里姆林宫举行的红军学院学员毕业典礼上的讲话》

(一九三五年五月四日)，《斯大林选集》下卷，人民出版社 1979 年版，第 373 页。

〔2〕沃克，指沃尔顿·沃克，美军第八集团军原司令。在侵略朝鲜的战争中，于一九五〇年十二月二十三日在作战败退途中因车祸身亡。

不严肃对待群众反映问题的恶劣作风是不能容忍的*

（一九五一年八月三十一日）

霖之、荻秋[1]同志：

新华日报编辑部的信转你们一阅。如果情况属实，则市三区政府的作风是极端恶劣的，不能容忍的。[2]

我建议市政府或市委直接干预这件事，弄个水落石出，并追究责任，做出结论，以教育党员和干部。必要时应在报纸上公布这件事。

布礼！

邓 小 平

八月三十一日

注 释

〔1〕霖之、荻秋，即张霖之、曹荻秋。张霖之，当时任中共重庆市委第一书记。曹荻秋，当时任中共重庆市委第二书记、重庆市市长。

---

* 这是邓小平阅看《新华日报》编辑部来信反映的问题后，给中共重庆市委负责人的信。

〔2〕《新华日报》来信，反映重庆市第三区政府专门派干部到编辑部，追查投信《新华日报》反映实际情况的小学教师家庭住址，而且态度不好，对反映的问题不严肃对待等问题。

对叛乱匪首的惩处是重要的政治工作*

（一九五一年十月三十日）

西康[1]区党委：

十月二十六日电悉。同意你们给康定地委的指示，把对叛乱匪首的惩处当作一件重要政治工作去做的原则精神。我们认为，必须利用这一事件在藏族人民中进行充分的宣传教育工作，使藏族人民认识叛乱匪首不仅是各族人民的共同敌人，而且首先是藏族人民的敌人，激起他们对于叛乱的仇恨，从而为巩固藏族人民革命的社会秩序而努力。对于一般胁从分子和其无罪的家属应分别从宽处理，使大家感到是非分明、合情合理。为了使这一工作做得更有效，还可动员藏族人民中有信仰的人物多做宣传工作。叛乱匪首所有可耕地应即分给原耕农民，如土地过多，特别是原来就没有耕种的土地，可收归自治政府处理。

西 南 局

十月三十日

---

* 这是邓小平为中共中央西南局起草的电报。

注 释

〔1〕西康，见本卷第 11 页注〔1〕。

爱国增产，厉行节约*

（一九五一年十月三十一日）

目前，我们的各项工作在困难情形下都有发展。工业稳步发展，农业普遍收成较好；今年的收支基本平衡，市场物价稳定，物价指数上涨很少，人民生活很平稳，一切都是新的气象。但是，新中国建立两年来，由于各方面的大量开支，特别是抗美援朝的需要更大，因此也遇到了很多困难。首先是财政困难。抗美援朝仍在继续，今天我们不能着眼于停，要着眼于打，能够停下来当然更好。毛主席经常说：一切从困难着眼。明年国家是有困难的，如果工作做得不好，物价就可能波动。所以，今天各方面虽然有困难，大家要想法不使物价有波动。抗日战争时期，根据地大灾荒，吃的树根、青草、野菜有三百多种。解放战争期间，陕北缺乏粮食就杀马吃，仗还是打胜了。就是在那种情况下也不让物价波动，也要使收支平衡。实际上我们只要注意了整个收入，注意了节约，主要是节约，也不至于要杀马吃，也不至于使生活水准降低。现在我们还想维持教育工作者以及机关干部原来实际的收入。当然思想上要有准备，在真正遇到困难的时候要忍耐一下。最近在北京与工商界观礼代表见了面，他们

---

* 这是邓小平在西南军政委员会第五十八次集体办公会议上讲话的节录。

觉得似乎西南的税收重了一点。我给他们讲了一个道理：不能说轻，也不能说重，主要是漏税现象多。如果真正按照查账稽征，至少要增加百分之三十至四十的收入。把税收工作做好了就会增加收入。希望企业方面能赚一些钱，农业方面增加产量。要靠增产来增加收入。

目前我们有的开支非常浩大，而应该收的没有收够，特别是浪费现象很严重。所以，我们既要看到好的一面，也要看到坏的一面。铺张浪费的现象在慢慢发展，刚解放的时候要好些，后来越来越铺张，请客多了，人员也不节约了，办公杂费的浪费很多，在建设中的浪费更是严重。最近我们发现革大〔1〕修建校址，没有设计好、没有勘察就动工，结果打下去地基都是水，不能造房子，造成了严重浪费。现在有的地方造的一幢房子的价钱，实际上可以造三幢，至少可以造两幢，这是绝对不合理的。还有一些不急需办的也办了，这也是浪费。还有，无论开一个什么会，总要客客气气，富丽堂皇，这些项目合起来的浪费就不少。有人说，假如我们每一辆汽车一个月节省三分之一的汽油，在全国来说这个数字是很可观的，而且完全可以做到。这说明我们的缺点表现在浪费，这是一个新兴国家很不健康的现象。

今天我们面临的困难虽然很多，但是抗美援朝无论如何要争取胜利，不管是打下去或者是停下来。同时，要使国家物价稳定，生产能够发展，首先是工业能够发展。要能够自己造飞机，造汽车，造拖拉机，纱厂要多织些布出来，糖要够吃，盐要够吃。工业逐步发展后支持农业，从农业增产中积累资金，反过来建设工业，其关键在于我们增产节约。毛主席说：爱国增产，厉行节约，就能保障前线的胜利和后方的建设。中财委陈云主任也要求增产节约，稳定物价。增加收入，税率不能变更，问题是把工作做好，不多收也不少收。今年全国农业税稽征比去年增加了，但真正的增加收入不全是靠税收，更重要的是工业方面要努力，比如贸易方面，力求运转快一些，这就要国家工厂增加产量，降低成本，提高质量来解决问题。要采取各种方法节约，每个单位都要考虑节约，包括人力、物力两方面。一个人每年总要几千斤米，节约一个人就节约几千斤米。在全国来说闲人是多了，当然有些还是不能不养的，有些还不完全是浪费。首先军队要减少一些人，但不等于减少战斗力。各个地方政府、党以及群众团体机构，也可以减人。这两年来总是在加人，当然，一方面是业务发展需要，但是，另一方面要考虑是否需要这么多人。要实事求是，真正要多少人就用多少人，主要从改进工作方法，提高工作效率来解决问题。真正能解决问题的是节约。过去有些开支是过分的，可以简单些，要防止铺张。这样全国就可节约很多钱，而且节约下来的都是现金。一天天积累资金，推进工业，就可使国家富裕，人民的生活也就可以一天天好起来。所以今天我们一点一滴地积累资金，搞工业，使中华人民共和国始终欣欣向荣，这才有远大的前途。

注　释

〔1〕革大，这里指西南人民革命大学，一九五〇年五月十四日在重庆成立。先后在成都、川北、川南、西康、云南、贵阳成立分校。一九五三年十月停办。

一九五二年的工作任务*

（一九五一年十一月九日）

一九五二年的工作任务，仍是极其繁重的。抗美援朝战争还没有停止，必须增加生产，厉行节约，以支持中国人民志愿军。财政情况向我们提出了从精简节约中来保证物价稳定的责任。一九五三年即将开始国家的计划经济建设，我们要同全国各地一道，完成各项准备工作。敌人的破坏将变本加厉。

因此，明年须完成下列工作任务：

一、精简节约，严禁浪费。这是保障抗美援朝战争胜利的方针；这是积累资本，加速国家工业化的方针；这是树立国家和人民的良好风气的方针；这是当前稳定物价的可靠保证。而现在浪费现象则是全面的、极其严重的，还有严重的贪污问题。

实行这个方针的办法是：（一）节约兵力，减少开支；（二）精简机关，减少人员；（三）缩紧开支，清查资财；（四）提倡节约，严禁浪费；（五）组训民兵，准备征兵。

在群众中号召进行爱国增产节约运动。各级党委必须认真地领导这个运动，每个部门和单位都要订出计划，贯

---

* 这是邓小平在中共中央西南局委员会第七次全体会议上报告的要点。

彻执行。

二、土改及土改后的农村工作。土改按原订计划执行，即在明年春耕前，四川、西康[1]两省，贵州大部，云南五十五个县（占人口半数以上）基本完成，其余在年底以前完成。完成土改必须包括分山完毕。土地证以在复查之后颁发为宜。土改完成之后，应无例外地实行一次复查运动。复查运动的内容包括下列各项：1. 处理遗留问题，进一步地发动群众，对于大约百分之二十工作不好的乡村实行补课；2. 评好产量，打下农业税的巩固基础，并刺激农民积极增产；3. 颁发土地证。复查工作不宜拖得太长，一个乡以不超过二十天为宜。

土改后的农村工作，应转入生产、教育和民主建政。同时注意建党。

（一）关于建政。

1. 为了便于建立乡人民代表会议制度，便于培养和提拔干部和便于深入工作，必须划小区乡。兹规定乡以乡人民政府所在地为基点，半径一般不超过三十华里，乡的人口少不得少于五百人，多不得多于一万人，一般以三千人左右为宜。

2. 超过六十万人的县亦可酌情划为两个或三个县。

3. 区辖乡不得超过十个，县辖区可超过十个。

4. 乡为农村政权的基础单位，乡以下不设村。以乡为单位建立人民代表会议。乡人民代表会议代表名额定为二十人（如五百人的乡）到八十人（如一万人的乡）。乡之下按自然条件划为居民小组，人民代表兼组长，代表多的乡，可按自然条件由几个代表选一主任代表。

5. 乡脱离生产人员少可以两人，多不超过六人。每人每月的生活费，以一百五十斤米为原则，过低则不足以养廉。

6. 重划区乡时，应尽可能以原有场镇为中心，不要把场镇分割给两个以上的区乡去管辖。凡属较重要的场镇，得视需要另设等于乡级或区级之场镇人民政府，直归区或县管辖。

7. 西南在目前情况下，一年内仍以农民代表会议代行人民代表会议的职权，但该乡场镇其他民主阶层得选代表参加。

8. 省与省、县与县间的毗连地区须做调整者，可由相关省区党委协商调整，尔后呈报备案。

（二）关于生产。

加强农业生产的领导，要求明年按常年产量增产百分之五，至少不低于今年的产量。拟订计划，修筑塘堰，增多水田面积，并防旱灾。提倡饲养家畜，特别是养猪，以解决肥料和增加农民收入。讲求饲养方法，以减少牲畜死亡。有领导、有计划、有重点地建立合作社，这件事必须积极地进行。动员农民在自愿基础上组织农业互助组，经过农业互助组织和合作社组织，逐步地引导农民走向集体道路。明春进行一次大的植树造林及护林的运动。

（三）今年秋季前完成土改的地区，今冬明春的工作重心应放在：1. 进行复查工作；2. 积极领导生产和合作社、互助组的工作；3. 大量开办农村积极分子训练班，并从训练班中有计划地吸收党员，建立各乡的临时支部。

（四）加强人民武装自卫队的组织和领导。

（五）妇女青年等项工作仍由农会领导。在农会领导之下，形成经常的妇女代表会议制度。

（六）认真管制反革命分子，防止地主的反攻。对于那些尚在本地利用封建关系散布反动影响的地主，可以专区为单位，迁移至外县居住，以利管制和改造。

三、省区以上党委一律于明年五月将领导重点转向城市，主要转向工业，转向各项经济工作；地委、县委则将重点置于乡村，但应分出一部分力量注意城市工作。

有计划地抽调一批得力干部到工矿企业中去领导民主改革和领导生产。在中央投资有限的情况下，应大力发扬建设地方工业的积极性，把发扬积极性与防止盲目性结合起来。关于企业的领导方针，根据中央的历次指示及李富春〔2〕同志在政协会议上的讲话实行。

四、关于财政经济。不可盲目地扩大经济作物的面积，而应以提高产量为主。警惕粮食仍然不足的情况，加强粮食增产的领导。今冬应注意大量增种油菜的工作。明年贸易缺粮数亿斤，将给各地分配任务，动员农民把粮食卖给国家。明年税收公债量大，必须加强税务工作，保证完成任务。随时警惕市场情况，保证物价稳定。

五、开始注意学校教育工作。坚决调一批共产党员和同情分子到大中学校去，首先到中等学校去担任校长、副校长、教导主任或政治教员等项职务，领导思想改造运动，摸清学校情况，以便准备好条件，迎接后年的学校改革运动。调干部的计划由组织部商同宣传部拟定之。

六、遵照全国第四次公安会议的方针进行镇反工作。清理中层〔3〕的工作在明年六月以前完成。

七、把整党与整风结合起来，同时可以结合清理中层。于明年五、六两月（贵州是六、七两月，云南可按自己情况定），即土改完成之后，分批集训所有党员，进行整党和整风。整党的目的在于使每个党员受到八条标准〔4〕的教育，同时清洗少数蜕化分子出党。整风的目的是总结工作，布置今后工作和讨论生产、节约问题，形成节约、增产风气。

八、军队将抽调一批干部转入地方工作。土改完成地区，也将有一批干部调整工作。明年工业、教育两项均需质量较高的干部，故各区对干部调配应作通盘考虑，同时以适当数目供给西南级工矿企业及学校之需。

九、加强马列主义和毛泽东思想的学习，与党外人士一道组织《毛泽东选集》学习会或研究会，克服目前干部中正在滋长的轻视政治的倾向。

注　释

〔1〕西康，见本卷第11页注〔1〕。

〔2〕李富春，当时任政务院财政经济委员会副主任、重工业部部长。

〔3〕清理中层，见本卷第245页注〔6〕。

〔4〕八条标准，指一九五一年三月二十八日至四月九日举行的中国共产党第一次全国组织工作会议上通过的《关于整顿党的基层组织的决议》中提出的共产党员标准的八项条件。其主要内容是：一、必须承认中国共产党是中国工人阶级的党，是工人阶级的先进的有组织的部队；二、必须具有为中国共产党的最终目的，即要在中国实现共产主义制度而奋斗的决心；三、终身英勇地坚持革命斗争；四、在党的统一领导下进行斗争和工作；五、把人民群众的公共利益，即党的利益摆在私人利益之上；六、经常开展批评与自我批评；七、全心全意地为人民群众服务；八、努力学习马克思列宁主义、毛泽东思想。

结合实际情况做好各项主要工作*

（一九五一年十一月十七日）

九个多月来，我们在毛主席和中央人民政府的领导下，遵循本会第二次全体委员会议[1]决定的工作任务和各种决议，进行了各项工作，都获得了新的成就和胜利。

西藏已和平解放，整个中国大陆出现了历史上从未有过的统一。人民解放军进藏部队在西北、西南人民和藏族同胞的支援下，已经胜利地进抵拉萨，并受到以达赖喇嘛[2]为首的西藏地方政府和僧俗各界人民的热烈欢迎和拥戴，表现了中国各民族大团结的胜利。这不但粉碎了帝国主义的侵略阴谋，而且打下了巩固西南边陲国防的基础。

抗美援朝保家卫国运动，已在西南各地普遍开展。全区广大人民，包括各民族、各民主党派、各民主阶级和各种宗教信仰者，占城市百分之八十和乡村百分之六十左右的人口，都参加了这个伟大的爱国运动，受到了抗美援朝运动的爱国主义教育。有二千六百四十余万人参加抗美援朝、反对武装日本、保卫世界和平的示威游行。投票反对美国武装日本的人数在四千二百五十万以上，签名要求缔结五大国和平

---

* 这是邓小平在西南军政委员会第三次全体会议上的报告。

公约〔3〕的有四千五百五十余万人。为响应中国人民抗美援朝总会的号召，各界人民在爱国增产基础上，已认捐飞机二百零九架、大炮一十九门、高射炮二门，多数地区业已完成而且超过了缴款的任务。全区大中城市百分之八十至九十的人口和乡村百分之七十左右的人口，都订立了爱国公约。伟大的抗美援朝运动对各项工作起了极大的推动作用，各阶层人民更加广泛地团结起来，提高了政治觉悟，基本上摧毁了亲美、崇美、恐美的错误思想，提高了民族自信心和民族自尊心，真正感觉到了作为中国人民的光荣。但就运动的情况看来，没有受到抗美援朝爱国主义教育的空白地方仍然不少，有的爱国公约流于形式，这是值得注意的。

土地改革工作已完成两期。业经完成分配土地的地区，包括一百七十二个县（其中七十一个整县）、八个市，共计四千四百一十二个乡、三千七百余万人。由于土地改革运动是在清匪、反霸、减租、退押、惩治违法地主等一系列斗争基础上展开的，又由于运动中执行了依靠贫雇农、团结中农、中立富农、消灭封建的正确路线，所以，运动是有领导、有步骤、有秩序的，发展是正常的，加上不断地积累经验，工作一期比一期做得更加踏实仔细，群众发动也更加充分深入。据现在估计，约有百分之二十的土地改革地区，工作尚不够彻底，贫雇农的发动还不够充分；而在土地改革完成的地方，在一部分干部和农民积极分子中，正开始萌芽着一种“换班”、“松劲”的思想，因而不法地主得以乘机反攻和阴谋破坏。这些现象，要在今后工作中加以补救和纠正。

自去冬起，西南全区依靠广大人民的革命积极性，展开了大张旗鼓的镇压反革命运动，形成了历史上从未有过的有领导有秩序的群众运动高潮。由于运动的开展是在群众的政治觉悟已有了提高的基础上，由于各民主党派、人民团体和各界人士的热烈拥护并参加了镇压反革命的斗争，以及各级人民政府和公安、检察院、法院、司法等机关的努力，目前在全区大部分地区，反革命势力都受到了沉重的打击。群众拍手称快，高呼“人民政府有法有天”，从而大大提高了人民群众的政治积极性，社会秩序空前安定，人民政权也更加巩固了。但是镇压反革命运动的范围和群众发动的程度还不平衡，有一部分地区镇压得不够彻底，群众没有发动起来或发动得不充分，有少数地区和某些方面的反革命分子至今还未开始镇压，还有待于今后继续彻底地贯彻镇压反革命的方针。

物价保持继续稳定，工商业和农业有了显著的恢复和部分的发展。部分公私营工业进行了初步的民主改革，在依靠工人、团结职员、搞好生产的方针下，工人的劳动热情和主人翁的感觉大为提高，生产逐步上升。由于我们大力组织与领导土产推销，组织城乡交流，有计划地加工订货，加上土地改革后人民购买力的提高，目前城市工商业已呈现淡季不淡、旺季更旺的好转现象。成渝铁路在全体员工的努力和西南人民的热烈支持下，渝隆（昌）段已经通车营业，今年年底可铺轨至内江。农业生产方面，今年收成较好，加上农民翻身后生产情绪极为高涨，今年粮食产量较去年增加近百分之二。工业原料作物的产量大都超过去年，棉花已超过战前水平。水利方面，因兴修塘堰等小型水利而增加的水田达二百万亩，超过原计划一倍。这些都是我们在工农业方面的若干成就。但在工农业发展的情况下，出现了一系列新的问题和新的困难，诸如市场扩大与产品不足的困难；工矿企业中的民主改革不够，因而难以迎接伟大的爱国增产任务的困难；农业方面的肥料困难和贫雇农在土地改革后仍存在着的生产资料与生活资料不足的困难等等，都需要我们进行一系列的工作，加以妥善地解决。

文化教育工作方面，结合开展抗美援朝、土地改革、镇压反革命三大运动，人民政治觉悟有了显著提高。又由于文教工作者的努力，在人民群众中展开了广泛的有组织的反帝国主义和反封建主义的思想教育，开始了对各种错误思想的批判运动，推动了各界人民爱国运动和反帝反封建的思想斗争。在学校教育方面，结束了一些不应有的混乱状况，大大提高了教师学生的积极性。但不可否认，思想改造运动这项工作，我们远远落后于全国各地，而学校教育，则较文教工作的其他方面进步更慢。克服这种现状，有待于今后的努力。

少数民族工作又有进步。全区已先后成立了民族自治区及民族联合政权一百五十多个。参加工作的少数民族干部已有数万人，并还在大量培养。此外，在经济、贸易等方面，我们采取了扶助发展的方针，大力收购土产，供应日用品，因而逐渐改善了少数民族同胞的生活。在文化教育医药卫生等方面，也做了不少工作。这样就大大改善了民族关系，加强了团结。各少数民族地区的同胞，热烈响应人民政府的各种号召，西康〔4〕藏胞积极支援入藏部队，凉山彝族同胞自动捉拿土匪、特务近千人，都是最好的证明。

以上这些成绩的获得，使全区工作又前进了一步，走上发展轨道。为进一步发扬成绩，使西南工作赶上全国其他地区，以便争取抗美援朝斗争的最后胜利和迎接国家建设的艰巨任务，我们应遵照毛主席的指示和全国政治协商会议第三次会议的精神，结合西南当前实际情况，着重做好下列各项主要工作：

一、开展爱国增产节约运动。

抗美援朝的伟大斗争还在进行，为了继续坚持这个正义的斗争，我们需要继续加强工作，按照毛主席所说，增加生产，厉行节约，以支持中国人民志愿军。开展广泛的群众性的增加生产、厉行节约运动，就是争取抗美援朝斗争胜利的有力保证，就是加速国家建设的根本方针。它不仅可以保证市场的继续平稳和人民生活的安定，还可以树立与发扬我国人民勤俭朴素艰苦奋斗的传统风气。应该指出，目前我们在生产方面的缺点很多，铺张浪费现象严重，必须从各个方面进行检查，订出增产节约计划，大力贯彻执行。

在工矿企业方面，应教育团结全体工人、技术人员和职员，进一步提高设备利用率，加强机械的检修、保养及保安工作，加强技术管理和资金管理，节约资金，节约原料，减少废料，降低成本，提高产品质量，克服大材小用、优材劣用的现象。在进行基本建设工作时，要严格地根据基本建设程序进行勘察、设计和施工，加强工程现场的检查，严格控制和纠正基本建设中的严重浪费现象和贪污行为。一切工矿企业领导干部，必须认真实行民主管理，充分发挥工人、技术人员与职员的积极性，把部、局、厂矿的计划变成车间小组的群众行动。每个车间或小组都应根据详细检查的结果，订出增产节约的计划。所有工人、技术人员和职员都应提高政治警惕性，防止暗藏特务反动分子进行各种破坏。同时建立严格的责任制度，把责任事故减少到最低限度。

在农业方面，要求在一九五二年按常年产量增产百分之五，至少不低于今年的水平。为此必须大力提倡修筑塘堰，发展小型水利；提倡植树造林，严密注意防止旱灾；提倡饲养家畜特别是养猪，以增加肥料，禁止宰杀耕牛，改善饲养方法，以减少牲畜死亡。在已完成土地改革的农村中，有重点、有计划地建立合作社，动员农民在现有互助合作组织的基础上，本着自愿的原则，建立和发展临时的或常年的各种互助组，以收组织起来、克服困难、增加生产的实效。鉴于粮食仍感不足的情况，各种经济作物的面积不宜盲目地扩大，应该以改良品种，讲求耕作技术，提高每亩产量的方法达到增产的目的。此外，在农村中还应提倡节约备荒，曾经在个别地方发生的大吃大喝现象应加以纠正。

在林业方面，要严格纠正伐木工作中存在的严重浪费材料现象，把伐木计划和植林护林任务结合起来，防止地主盗卖树木。

在财粮贸易方面，应该加强业务学习，改善与提高经营能力，加速资金周转，减低商品流转费用，克服机构、设置、运输、保管等方面的浪费现象，并更好地为国家建设服务。一切税收人员和工商业者应该更积极地发扬爱国热忱，保证税收任务的完成。

一切机关工作者，应该把增产节约的任务贯彻到每件细小的事情中去，反对铺张浪费、华而不实的作风，克服工作中的文牍主义和官僚主义，紧缩与合并重叠机构，减少不必要人员，为节省国家开支、提高工作效率而努力。

爱国增产节约运动是全国人民的中心任务，也是我西南人民的中心任务。全西南人民必须动员起来，把它作为各厂矿企业、各机关、各界人民订立与修正爱国公约的主要内容，认真贯彻执行。

二、加速完成土地改革。

全区第三期土地改革业已开始，依据我们主观能力，应争取在一九五二年底前，全区除不应该进行土地改革的少数民族地区外，全部完成土地改革的任务。四川、西康两省全部应争取于明年春耕前基本完成此项任务。分配和处理山林的工作，亦应在明年底前同时完成。凡属完成了土地改革的地区，应无例外地实行一次复查运动。复查运动内容包括下列各项：（一）处理遗留问题，进一步发动群众，对于大约百分之二十工作不好的乡村实行补课；（二）评好产量，打下农业税的牢固基础；（三）颁发土地证。经过复查工作，就可使农民在确定土地权和评好了产量的基础上，大大提高生产积极性。在今年秋季前完成土地改革的地区，除应该进行分配处理山林与复查工作之外，还应该积极领导冬季生产，大量开办农村积极分子训练班，进一步提高他们的政治觉悟，克服“换班”、“松劲”思想，以防止地主的反攻，并经过这批积极分子组织全体农民，进行长期的贯彻始终的生产、教育和民主建政这三项基本工作。

三、认真进行工矿企业和行业的民主改革。

把旧社会遗留下来的那些服务于帝国主义、封建主义和官僚资本主义的旧企业，改变成为人民的适应于新民主主义经济需要的新企业，其先决条件即在于实行工矿企业以至行业的民主改革。民主改革的基本方针是“依靠工人，团结职员，搞好生产”，其主要内容则是管理民主化和生产合理化。经过民主改革，一方面，要做到充分发动群众，启发工人、技术人员和职员的主人翁感觉，清除一切暗藏在工矿企业和行业中的特务破坏分子和封建把头分子，并在群众觉悟的基础上实行民主管理，一改工矿企业的面貌；另一方面，在民主运动的基础上，建立各种生产管理制度，以达到增产节约的目的。在这方面，我们已进行了初步工作，并开始获得一些成绩。经验证明，不论公私企业，凡执行这一方针的，工人群众的生产热情就大大提高，一切不合理现象就有可能得到纠正，暗藏的破坏分子就逐渐被检举出来，从而改进了组织领导，减少了事故，增加了生产。但必须指出，我们国营的工矿企业的民主改革还仅仅是开始，已开始了的大都也极不彻底。而在私营企业方面，除个别厂矿外，一般还未能认识民主改革的重要性，仍未下定决心认真实行民主改革。特别是在建筑、搬运、码头、木船等重要行业中，除个别外，都还没有进行任何改革，以致大大影响国计民生，阻碍公私经济的发展。在这些没有进行改革或改革得极不彻底的公私企业中，工人没有发动或者发动很不够，封建把头与旧的不合理管理制度，仍旧压在工人头上，机构臃肿，冗员充斥，以及贪污浪费现象严重存在。反革命分子活动无从检举，以致事故迭出，造成国家人民财产的巨大损失。因此，今后必须以国营工矿企业和重要行业为重点，认真进行民主改革。同时说服和鼓励资方在劳资协商的基础上，自觉地进行改革，使国家现有的公私设备能力得以充分发挥，以克服目前生产不足的弱点，并在完成爱国增产和支援人民志愿军这个光荣的政治任务方面尽到自己的责任。

四、继续深入开展镇压反革命的斗争。

去冬以来，全区进行大规模的群众性的镇压反革命运动，获得了伟大胜利，给反革命分子以严重打击。但在以往的运动中，只是对于那些已经暴露或比较容易发现的敌人打击得比较彻底，而对于那些隐蔽暗藏在人民内部的反革命分子，特别是背后组织者，则打击得很不够，有的甚至还没有开始打击。在一般干部和人民中，常常是痛恨那些显露的或蒙受其直接危害的反革命分子，而对于那些隐蔽的实际上危害更重、危险性更大的反革命分子，却往往易于丧失警惕。因此，我们不能以既有成绩为满足，不能因胜而骄，以致丧失我们的革命警惕性。我们既然懂得敌人一分钟也不会放松反革命的阴谋破坏活动，我们就必须在巩固已有胜利和发展胜利的方针下，继续深入地开展镇压反革命的斗争。凡一切镇压得不彻底或根本未动的地区和部门，应该配合中心工作，在普遍深入发动群众的基础上彻底加以镇压。凡过去镇压得比较彻底的地方，也应该继续发现那些隐蔽得更深的特务破坏分子，随时警惕他们采取更巧妙的方式来进行各种破坏活动。对于混入机关、学校、工厂、企业部门的特务反动分子，尤应发动群众，经过缜密的侦查工作，加以发现和惩处。对于现有人犯，应该贯彻劳动改造政策，这是以强迫劳动消灭反革命分子的重要手段，也是彻底改造犯人成为新人的一项基本政策。对于分散交给群众实行管制的一般反革命分子，应该实行行政管制与群众监督相结合、思想教育与监督劳动相结合的政策，并视其改悔程度，在一定时期之后分别情形加以处理，或加重其处分，或取消其管制，以鼓励多数勇于改过，成为新人。对于反革命分子的家属，则应进行争取和教育工作，不能把他们当作反革命分子对待，并使他们明了反革命分子的罪恶，拥护人民政府严厉镇压反革命的正确措施。

五、文化教育工作。

最近毛主席在政协会议开幕词中指示我们，思想改造首先是各种知识分子的思想改造，是我国在各方面彻底实现民主改革和逐步实行工业化的重要条件之一。同时，这次政协会议在决议中规定要“广泛开展思想改造运动，有系统地组织对于马克思列宁主义与中国革命实践相结合的毛泽东思想的学习运动”。在这方面，虽然我们曾结合抗美援朝、土地改革、镇压反革命三大运动进行了一些工作，获得了一定成绩，但不应过高地估计这种成绩，而应认为这仍是我们最弱的环节。例如，最近有些学校在纠正只搞运动忽视学业的倾向后，又滋长着另一种只搞学业轻视政治的倾向，有人认为“学会数理化，走遍天下也不怕”。甚至个别教师劝说学生不要到国营工厂去实习，个别学生认为参加国庆游行也是妨害学习，不愿参加各种政治活动。这说明旧有学校教育事业是使理论与实践脱节的，如不在毛泽东思想指导下加以改革，是很难适应目前祖国国防建设与经济建设需要的。因此，我们必须坚决响应毛主席和政协全国委员会的号召，在西南教育界、文化界和各种知识分子中，广泛开展思想改造运动，系统地学习马列主义与中国革命实践相结合的毛泽东思想，用批评与自我批评的方法，肃清帝国主义与封建主义反动思想的影响，批判各种违反人民利益的错误思想，确立新民主主义理论与实践一致的教学方针，以适应国家建设的需要。各地小学教师则应成立小学教师联合会，参加思想改造运动，努力改造和提高自己，确立全心全意为人民服务的思想。各级学校必须继续深入进行抗美援朝的爱国主义教育。在土地改革后的农村中，必须普遍开展冬学运动。在广大工农劳动群众中加强时事政治与增产节约的爱国教育。

六、少数民族工作。

我们要坚持谨慎稳重的方针，使民族团结工作前进一步。根据以往经验，通过各族各界人民代表会议，在少数民族聚居区建立民族民主区域自治政府，杂居区建立民族民主联合政府〔5〕，不但符合《共同纲领》〔6〕中的民族政策，也是发扬民主、团结各民族的关键所在。同时，必须从经济、贸易、文教、卫生等方面予各兄弟民族以扶助。在这方面我们已经做了不少工作，今后则应采取更多、更有效的方法，做出更多成绩。为适应以上各项工作的开展，还必须注意少数民族干部的培养，加强各少数民族学院工作，开办短期或临时性的人数多少不等的训练班，大量培养少数民族干部，以应急需。

以上六项，就是我们今后主要的工作任务。做好这些繁重工作，困难很多。但是我们相信，在毛主席和中央人民政府的正确领导下，在人民政协全国委员会第三次会议决议的号召下，依靠各兄弟民族、各民主党派、各界人民坚固一致的团结，必将能使西南各方面的工作获得新的成绩和新的胜利。

注 释

〔1〕这里指一九五一年一月二十五日至二十九日在重庆举行的西南军政委

员会第二次全体会议。

〔2〕达赖喇嘛，指达赖喇嘛·丹增嘉措，当时是西藏地方宗教和政治领袖之一。

〔3〕这里指第二次世界大战以后，世界和平理事会第二次会议为避免世界大战的悲剧重演，发动各国人民参与“缔结和平公约宣言”的签名运动。这个运动要求美国、英国、法国、苏联和中国等五大国缔结和平公约，反对战争。中国政府和中国人民纷纷响应。一九五一年十一月一日，中国人民政治协商会议第一届全国委员会第三次会议通过《关于支持五大国缔结和平公约的要求的决议》，群众的签名运动再度掀起高潮。

〔4〕西康，见本卷第11页注〔1〕。

〔5〕民族民主联合政府，见本卷第157页注〔2〕。

〔6〕《共同纲领》，见本卷第7页注〔3〕。

坚决进行“三反”斗争*

（一九五一年十二月十九日）

党中央根据目前国家和党内的情况，做出关于精兵简政、增产节约、反贪污、反浪费、反官僚主义的决定，非常切合时宜，这是七届二中全会方针的具体化。这次会议就是要讨论如何贯彻执行，把党中央这个决定变成一个群众性的运动。

一、胜利情况下的严重问题。

中华人民共和国成立两年来，无论抗美援朝、土地改革、镇压反革命运动，还是财经工作、党务工作或群众工作，都取得了伟大胜利。我们工作做得不错，但我们往往在胜利面前，特别是在取得很大胜利的时候容易冲昏头脑，因而看不到黑暗的一面和存在的困难。我们要领导人民继续前进，不仅要善于发扬工作中的成绩，更重要的是要发现和纠正工作中的缺点，党中央的决定无疑又一次向我们敲了警钟。从党中央最近发出的通报看，贪污浪费现象不是个别的或少数的，而是普遍的。

两年来，我们发现个别贪污事件也做了处理。但总的来说，对这个问题是麻木的。贪污浪费现象不是停止而是继续

* 这是邓小平在中共中央西南局直属机关党代表会议上报告的节录。

发展。贪污的方法很多，问题很严重。至于浪费的方式也是多种多样。现在大家看到浪费的严重性了，工业部某厂的政治事故就造成重大损失，西南各地在建筑工程上的浪费数字也是惊人的。在各种浪费中比较突出的是公私不分，有权决定开支的人往往浪费更大。有些同志认为革命胜利了，该多享受一点。他们讲“大气”，反对“小气”，说朴素是“小气”，是“农村观点”、“保守主义”。总之，浪费现象是普遍的、严重的，党内外群众对此很不满意。

目前反浪费大家比较重视，但反贪污还不够认真。有些同志说浪费确实严重，但贪污还不很多。这种说法在运动开展后将会被事实驳倒。目前贪污现象发现不多，是因为党组织注意不够，群众未发动起来，贪污分子有意识地打掩护。如果以为目前贪污事件发现得少，说明西南党员水平比别人高，那是完全错误的，实际上是运动还未深入的原故。

贪污现象之所以发生和发展，主要原因是：（一）西南留用人员和新成分多，他们未经过很好改造，带来了国民党统治时期的坏思想、坏作风。（二）更重要的是资产阶级思想腐蚀党员和干部。西南军政委员会直属机关贪污的党员中，科级和处级以上干部有多人，说明资产阶级思想已经腐蚀到我们党的骨干。（三）领导上存在严重的官僚主义，对贪污未加警惕，或者虽然发现了也未认真处理。

二、必须坚决进行反对贪污、反对浪费、反对官僚主义的斗争。

毛主席号召我们增加生产，厉行节约，以支持中国人民志愿军；节约一切可以节约的东西，积累资金，加速经济建设，加速国家工业化。这是今天全国人民的中心任务，也是我们西南人民的中心任务。

贪污、浪费、官僚主义是侵蚀我们党的毒素，特别是胜利后进入城市，资产阶级思想向我们进攻。早在七届二中全会时，毛主席就曾警告我们：“可能有这样一些共产党人，他们是不曾被拿枪的敌人征服过的，他们在这些敌人面前不愧英雄的称号；但是经不起人们用糖衣裹着的炮弹的攻击，他们在糖弹面前要打败仗。我们必须预防这种情况。”〔1〕我们过去对毛主席这个警告认识不够。如果现在还不坚决进行反贪污、反浪费、反官僚主义的斗争，而让资产阶级思想腐蚀我们党，那么，我们就会犯不可饶恕的错误。

三、三反运动〔2〕是一场严重的斗争。

反贪污、反浪费、反官僚主义是一场严重的斗争。首先，因为贪污浪费数量很大，而我们又发现得比较晚，因而它已根深蒂固。我们发现的材料还不多，这是因为还未普遍发动群众，反贪污斗争还未深入。必须指出，贪污分子对我们反贪污的斗争，是必然会用各种方法来抗拒的。例如，贪污分子会尽力把周围的人拖下水，然后恐吓他们，不许他们声张。他们还可能用各式各样的口号来蒙蔽别人，并且也可能设法灭迹，如伪造单据和伪造账目等，所以，我们必须大张旗鼓地动员群众，才能揭发他们的贪污事实。贪污事件也可能牵涉到一些有功劳的、流过汗或流过血的人，但无论如何，原谅他们是不对的。运动开展以后，各个支部和各级领导必须坚持斗争，不能马虎，也不应避重就轻，混过了事。要尽力打破群众思想顾虑，认真为群众撑腰，不要以为作几个报告或者学习几个文件，就可以解决问题了。我们必须用各种各样的办法击败贪污分子的阴谋、抵抗，大张旗鼓地发动群众就是打败贪污分子最好的办法。

在开展反贪污、反浪费、反官僚主义运动时，还必须注意：（一）首先要广泛而深入地做动员工作，包括对所有机关人员及贪污浪费分子进行教育。同时要学习毛主席在中国人民政治协商会议第一届全国委员会第三次会议上的开幕词、斯大林《论节约》、毛主席的《反对自由主义》，把它们作为思想武器。（二）要普遍号召坦白和检举，领导同志要重视群众反映的一切材料，即使情况有些出入也要重视。（三）要适时宣布我们对贪污分子分别对待的方针：对中小贪污分子及一般浪费行为，采取教育改造，以至纪律处分的办法；对严重者才以法律制裁；坦白者从轻或减轻处分，不坦白被人检举出来者加重处罚；对贪污与公私不分的浪费行为应加以区别。（四）奖励和支持那些艰苦朴素的同志，并依靠他们作运动骨干进行这场斗争。（五）贪污时间一般应从解放后算起，即着重检举一九五〇年至一九五一年内的贪污事件。（六）党内外一起动员，严重的典型贪污事件，必须在报上公布或组织公审。（七）在这一运动胜利开展的基础上，各单位应该建立必要的制度，树立良好的风气，订出增产节约提高工作效率的计划，每个党员要修订自己的爱国公约，以身作则带动全体。

四、组织与领导。

根据党中央指示，反贪污、反浪费、反官僚主义运动必须有领导地进行。西南一级机关已经成立爱国增产节约委员会，作为领导机关，同时把主要责任放在所属各部门的节约检查委员会。各单位要成立节约检查小组，并选派那些认识正确、积极负责、不顾情面的同志来担任这项工作。在方法上必须实行相互检查的办法，即自上而下、自下而上检查和几个单位互相进行检查。必须实行首长负责、亲自动手、干部带头，这是搞好这场运动的关键。我们在最近两个月内，务必集中力量搞好这场运动，把反贪污、反浪费、反官僚主义作为我们整风运动的主要内容。为了避免精力分散，我建议把整党工作稍推迟一下。总之，目前我们必须大张旗鼓地动员群众来进行增产节约、反对贪污、反对浪费、反对官僚主义的严肃斗争。

注 释

〔1〕见毛泽东《在中国共产党第七届中央委员会第二次全体会议上的报告》(一九四九年三月五日)，《毛泽东选集》第四卷，人民出版社 1991 年版，第 1438 页。

〔2〕三反运动，指一九五一年十二月至一九五二年十月在国家机关、部队和国营企业等单位开展的反对贪污、反对浪费、反对官僚主义的斗争。

城市的民主改革和增产节约*

（一九五一年十二月二十六日）

一、任务——八十万人的民主改革与一万五千亿元[1]的增产节约。

根据二十个产业统计，全西南百人以上的厂矿共有三百五十九个，职工十九万三千四百八十三人。邮电、铁路、交通运输、海员、农林水利和金融六业共约职工四万九千四百六十人。搬运、建筑和水上三个重要行业共约职工五十四万三千二百四十九人。以上近八十万人的工矿企业和行业为一九五二年民主改革的主要对象。

此外，全西南（缺川北）约有店员十二万零二百九十五人；还有百人以下的工厂作坊一千零二十二个，其中有些重要的如小电厂等，也需要在一九五二年进行改革。对于商店只能择个别重要者试行改革。西南各业有初步组织之职工估计有一百三十余万人，如果一九五二年完成了约八十万职工的主要工矿企业和行业的民主改革，就可以说西南的民主改革工作基本上完成了。

两年来，我们对于厂矿的民主改革做了不少工作，但对过去的成绩不要估计过高。做好了的比重很小，夹生饭很

* 这是邓小平在中共中央西南局第三次城市工作会议上总结讲话的要点。

多，没有动的也多。从镇反来看，比较彻底的百分之二十，不彻底的百分之十七，未动的百分之三十二。如从改革生产来说就更差了。

今后的任务很大、很复杂，要有领导有步骤有方法才能做好工作。全西南各企业的增产节约任务为三万五千亿元，一九五二年我们还要在工业部系统的公营企业中完成增产节约一万五千亿元的任务。民主改革与增产节约是交互结合进行的，其目的都是为了实现企业改革，以迎接国家的计划经济建设。

二、厂矿企业的民主改革。

段君毅〔2〕同志的报告说得很清楚，各城市也多少有了一些经验，我只说下面几点：

（一）一切改革工作必须环绕在生产任务之下去进行。

完成生产计划是国营企业的基本任务。民主改革任务之是否完成，必须包括它是否在运动中打垮了五个方面的敌人〔3〕，启发了群众的阶级觉悟，提高了劳动热忱，改革了一些阻碍生产的不合理的制度，建立了一些合理的制度，从而完成和超过了生产计划，完成和超过了增产节约计划。初步的生产改革，是包括在民主改革范围之内的。一九五二年必须在国营厂矿中做到段君毅同志报告中第四项中列举的各项工作。

过去各系统各部门之所以不协调，就是对于基本任务认识不清的原故。

（二）一切改革工作必须依靠群众去进行。

现在党、政、工、团脱离群众的现象是严重的。由于领导上帮助教育不够，积极分子脱离群众也是严重的，这是我们工作中的真正危险。群众是包括五方面敌人以外的所有工人、职员，以及所谓落后分子在内的。对于落后分子必须坚持争取教育，反对歧视。而发动落后层正是清除敌人的主要办法，也是搞好生产的重要环节。当然这是很艰苦的工作，也是衡量工作是否深入、基础是否深厚的工作。对于技术人员和职员，只要不是反革命分子，都应采取团结和教育改造的政策，工业建设离开技术人员是不行的，必须认识到这点。

（三）群众起来之后，要注意防“左”。

运动的每一步都必须紧紧掌握住争取多数、打击少数的原则。打击面要窄，关键在于领导上的控制，逮捕清洗名单必须经过市委或企业党委的审查批准，每一步的方针和口号必须经过党委讨论及上级的批准。

严格区别责任事故与政治事故，迅速结束责任事故的检查，凡无证据的都可以划入责任事故，并做适当的从宽的处置，以安定多数。对反革命应从政治事故中去发现，但不能与一般事故混淆起来。要清洗或调出一些人，并严格限制于重要部门及有危险性的分子。对被清洗的人，要采取负责态度，妥善安置，不能一推了事。在难于安置时，可用分批清洗的办法，以免造成混乱，陷于被动。对反革命分子家属要多做工作，给以生活出路。在没收财产时，必须给其家属以足够的生产资料和生活资料，甚至可以帮助其找寻生活道路。总之，要做得入情入理，特别防止逼供。

（四）发动群众与教育群众相结合。

要注意交代政策，进行爱国主义共产主义的教育，才不致迷失方向。

（五）肃清敌人的工作不能拖得太长。

一次运动拖长了不利。在运动之前，要进行充分准备，特别是材料的搜集。群众起来之后，领导上估计对敌斗争差不多了，即应迅速转入内部团结工作，开展批评与自我批评，改进必要的生产制度，组织劳动竞赛，争取完成增产节约任务。

（六）领导抓重点，实行专人专责的办法。

所谓重点，就是先公后私，先大后小，先重要后次要，先典型后一般。关于私营企业的改革，必须同资方一块搞。工会也应争取与促进资方改革。指定专人负责搞到底。领导机关的领导同志也可以分工负责指导，南充、成都在这方面做得较好。

（七）完成民主改革的厂矿，要防止松懈麻痹。

三、几个重要行业的改革。

应以建筑、搬运、水上三业为重点。由于它们具有很大、很散、很复杂的特点，所以这三个行业极重要，改革工作比厂矿还困难。

（一）明确方针，只打封建把头和反革命分子，团结一切反封建力量。

（二）群众受压迫甚深，所以群众一旦发动起来后，要掌握领导，注意防“左”。

（三）必须解决群众的问题，如就业、福利等，川东办伙食团的经验就很好。

（四）建筑业私营比重很小，关键在于公营企业的改革和一系列制度的确立。其任务为降低国家基本建设的成本而又能适当改善职工的生活。这项工作以市为单位领导，但应由工业部建筑公司负责逐步地统一规章，交流经验。

（五）搬运业基本上应做到公营，组织公司。在民主改革之后，进行逐步的稳重的制度改革与生产改革。应以改进搬运公司为主，适当地开放自运，但不强调自运。改良搬运工具与安置多余劳动力相结合，不宜太急。各有关部门协同统一步调。

（六）水上业基本上全系私营，应逐渐建立一些公营的木船公司或合作社，以带动改革。领导集中于西南局水上工作委员会，工作则是分散的。木船仍是主要运输力量，但目前大量减少，已显露危机。必须召集一次专门会议，拟定计划、分配任务、成立企业性的组织、明确制造木船的数目、规定分段联运办法。在这方面应由财委计划投资。交通部和公安部门应分别加强木船管理局及水上管理局的组织，统一计划，分区配备。木船码头工作统一于水上工作委员会与木船工会。按照中央指示建立和加强木船工会与船民工会的工作。

（七）其他行业各地可择其重要者进行改革，如成都棉织业。小的分散的暂不进行改革。

四、增产节约与反贪污、反浪费、反官僚主义。

一九五二年在全区增产节约三万五千亿元，其中工业部系统包括地方工业，增产节约一万五千亿元，任务是很大的，但是能够完成的，而且可以超过的，万里[4]同志的报告说得很清楚。各个厂矿企业在规定自己增产节约任务时，目标不能太低，以略有困难但能争取完成为目标，反对保守主义。增产节约，不单是增加了国家资金的积累，更重要的是推动了企业的改革。所有企业都必须以全国最好的厂矿为目标，学习他们的经验，争取向他们看齐。西南工业各方面都落后，必须逐渐赶上全国的标准，反对满足于小的成绩。

完成民主改革与增产节约的任务，在目前就必须抓紧反贪污、反浪费、反官僚主义的斗争。

存在于工矿企业中的贪污浪费现象极端严重，国家的损失极大，而且贪污浪费已成风气，不大张旗鼓反对是不行的。

贪污浪费成风，工作不深入，群众发动不够，生产能力没有充分发挥，是与领导上的官僚主义分不开的。在我们队伍中，饱食终日、无所用心的官僚主义者是少的，而所谓辛辛苦苦的官僚主义则是严重的。普遍存在问题的是：坐办公室，批公文，终日忙碌，没有时间或不愿意到车间，不到车间，公文更多，许多小事也办公文解决，公文旅行，问题很久得不到解决，或者问题已经解决，公文还在旅行；忽视群众意见，群众很积极地提意见，提合理化建议，有的几百条，有的千多条，其中百分之八九十都是关于生产的，而领导上很少用心去研究这些意见，予以采纳或给以解答，于是群众情绪由热变冷了；对于群众的福利不关心或关心不够，各主要厂矿用于福利的钱不少，但往往用得不当，领导自作主张，福利的事不交给群众和工会去讨论；行政和党的领导者大都对工会的观念模糊，工会干部能力较弱，于是看不起工会，群众工作不经过工会去做，以致领导与群众脱节，而工会本身也是脱离会员群众的，群众把它叫作“行政的尾巴”；工厂管理委员会是形式的，无论工厂管理或工会工作，都极端缺乏民主；少数领导者忙于事务，有时管大不管小，有时管小不管大，分工不明，抓不到中心，终日头昏眼花，问题还是得不到很好的解决；也还有人对于严重的事故和严重的贪污浪费现象满不在乎。

总之，官僚主义是严重的，必须纠正，才能完成各项任务。工厂管理民主化，工会工作民主化，特别是领导深入车间，是纠正官僚主义的良剂。

五、其他问题。

（一）在国营和公营厂矿中，必须逐渐实行在党委监督或领导下的厂长负责制。厂长必须是共产党员或非党的布尔什维克。各地党委应注意选派厂长，或由现在的军事代表、党委书记改任。迟派不如早派。

（二）工厂建党问题，照西南局指示执行。

（三）干部问题，各地党委应注意调剂，而以加强厂矿企业为今后干部工作的重点。但各工矿企业必须在民主改革的基础上，坚决提拔一些好的工人积极分子到各个部门和环节中去。现在许多部门完全由留用职员主持，以致“两头动中间不动”，如果我们提拔大批工人加进这些环节中去，至少可以明了情况，问题就好办多了。

（四）小城市的民主改革，不必普遍地搞，只择其中关系于本地最重要的一行一业去进行。在进行小城市民主改革中，必须以发展经济、促进城乡交流为出发点，紧紧掌握只反封建不反资本的原则。对于这个问题，我们还无经验，有待于典型试验，积累经验。各县委必须注意粮食、税务、贸易、银行、合作等财经部门的检查和领导。据了解，这些系统中问题极复杂，贪污浪费现象极严重，各地党委必须警惕，负起责任来。

（五）对于私营商业的联营社，不宜提倡。对于这个问题，中央已有专门指示〔5〕，即按中央指示执行。有些地方的贸易、税务、银行机关用很大力量去帮助私商联营社，反而忽略对合作社的帮助，这是极错误的。

注 释

〔1〕这里指旧人民币，见本卷第20页注〔1〕。

〔2〕段君毅，当时任西南军政委员会财政经济委员会副主任兼工业部部长。

〔3〕五个方面的敌人，这里指土匪、特务、恶霸、反动党团骨干和反动会道门头子。

〔4〕万里，当时任西南军政委员会工业部副部长。

〔5〕这里指一九五一年十二月十九日中共中央《关于旧农贷、私商联营两问题的指示》。

扩建机场万勿浪费民田*

（一九五一年十二月二十九日）

中央军委：

川西现有飞机场十个，原占面积三万亩。据空军系统说，军委、政务院的意见要由三万亩扩大到十万亩。这些机场都接近成都，土地极好，如再扩大七万亩，则至少有七万农民需要安置，这在目前是极其困难的事。我们很难下此决心，因此建议西南飞机场除个别十分必要者外，一般暂不扩大，凡两年内不办的，也不要预征土地，即使个别机场必须扩大，也要精细检查，万勿浪费农田。西南各地因修建房屋仓库，征用不少民田，已引起很大不满，很值得我们警惕。如中央军委同意，即请另电司令部重新审定计划。并盼示复。

西 南 局

十二月二十九日

---

* 这是邓小平为中共中央西南局起草的电报。

西藏军区成立大会应以庄严朴素为主*

（一九五二年一月十日）

张、谭并经武〔1〕同志：

一月六日电〔2〕悉。成立军区大会应以庄严朴素为主，不宜过事铺张，必要的形式与会餐是应该的，但亦以庄严热烈为主，对僧俗官员的会餐似可改为一次。至于具体的预算，可由你们谨慎审核，先行开支。这里我们要提醒一下，你们这一时期在拉萨等地请客送礼等等，都是很必要很对的，但在今后要注意适当收缩一下，以免造成铺张空气，于内于外都不好。当然一切必须的请客和送礼，还是不要吝惜的。

西南局　西南军区

一月十日

注　释

〔1〕张，指张国华，当时任中共西藏工委书记、中国人民解放军第十八军

* 这是邓小平为中共中央西南局和中国人民解放军西南军区起草的电报。

军长。谭，指谭冠三，当时任中共西藏工委副书记、中国人民解放军第十八军政治委员。经武，即张经武，当时任中央人民政府驻西藏代表。

〔**2**〕一月六日电，指一九五二年一月六日张国华和谭冠三给中共中央西南局和中国人民解放军西南军区的电报。电报说，西藏军区成立大会预计在本月二十日左右召开、花费大洋一万五千元。

在三反运动中掌握领导完全必要*

（一九五二年一月十六日）

振华[1]同志：

一月十二日电[2]悉。你对三反运动[3]所提意见很好，大体同意，兹提出几点意见。

（一）在运动中掌握领导是完全必要的，只要一个单位有领导核心，是不会出多大偏差的。凡是出偏差的，其主要原因是该单位的领导者自己不干净，又没有勇气下水首先向群众做沉痛的坦白反省，我们在领导上既没有说服他们带头反省，又没有对那些抵抗运动的领导者及时处理，如撤职、停职反省等，结果群众自发地干。凡有这种偏差的地方，其原因主要来自领导，而不是来自群众。因此在领导上，不要一开始就怕出偏差，不要发生一点不正常现象就惊慌失措，就去规定一些所谓防止偏差的办法，这样做只会阻碍运动的开展。我们不少干部，包括大干部在内，两年来确实受了程度不同的资产阶级的影响，脱离群众的官僚主义作风也是严重的，下面历来就有不满。群众一经起来，就会揭露得体无完肤，说话上也难免过火，特别是那些不愿下水的人往往下

* 这是邓小平写的电报。

不了台，这不但不可怕，而正要用这服药来消干部身上的毒，如果在运动中能使每一个人都消消毒，我们就胜利了。

（二）三反运动与土改在时间上确有矛盾，两者应以何者为先呢？我以为应以“三反”为先，因为在全国范围内的三反运动结束之后再搞那些零星地方的“三反”，恐怕难于收到效果。我想宁肯推迟一点土改，也不要放弃了“三反”的时机，当然，同时要看各县的具体情况去调整工作时间。这点只是我的一个想法，请你们考虑一下。

（三）处理办法不宜过早规定，以免不合实际易陷于被动。西南局有些单位已进入处理阶段，我们正做研究，当不断地将经验介绍给各地。在运动中对顽抗者可作临时性的处置，如停职反省等，也可以逮捕人，但暂时不宜宣判，等到各地问题大体弄清楚后规定比较完备的办法，会妥善些。

（四）对运动的步骤应该是先内后外（主要对资产阶级），但应注意做准备，找几个同志开始做这方面的工作。对此西南局已另有电示，不赘。

邓　小　平
一月十六日

注　释

〔1〕振华，即苏振华，当时任中共贵州省委书记。

〔2〕一月十二日电，指一九五二年一月十二日苏振华给邓小平的电报。电报介绍了贵州省三反运动的情况，提出了指导运动的具体意见：一、指导思想必须明确；二、强调加强运动领导；三、民主检查与处理问题不要机械划分阶段；四、农村坚持只搞七天到半个月的原定计划等。

〔3〕三反运动，见本卷第 319 页注〔2〕。

对待三反运动不能拖泥带水过关了事*

（一九五二年一月二十一日）

各省市区党委：

云南省委一月十六日第三次“三反”[1]报告很好，可作参考。云南省级及昆明市级做得很猛，已收到显著成绩。各地对于那些畏首畏尾的地方或部门，务必严厉督促，甚至不惜改换领导，不让其拖泥带水过关了事。云南省委报告指出正在土改的县有必要进行而且能够进行“三反”，这是很对的。对于邮电、民航等中央垂直系统，各级党委必须负责领导，不要让某些人利用垂直系统钻空子。

西南局

一月二十一日

注释

〔1〕“三反”，见本卷第319页注〔2〕。

---

* 这是邓小平为中共中央西南局起草的电报。

三反运动要达到改造干部思想的目的*

（一九五二年一月二十九日）

从运动中可以看出我们存在的严重问题。大量的政府工作人员毫无例外地在思想上是已经受了资产阶级腐化堕落思想的侵蚀，还不包括其他的铺张浪费在内。运动搞起来后，贵阳的群众反映说，这次是从腐化堕落中解放出来。三反运动[1]要达到改造干部思想的目的。从这次运动看来，所收效果比过去的“三查三整”[2]不知要大多少倍。运动起来以后，绝大多数人从思想上得到了改造，一些人得到了挽救。运动是要达到思想改造的目的，所以，要严肃，要处理得当。在运动中不但要彻底解决思想上的问题，还要解决行动上的问题。

根据北京的经验，运动深入后就发现了“老虎”[3]，所以提出了“打老虎”的口号。云南现在还没有发现“老虎”，证明运动还不够深入。从内外找材料研究发现问题，从具体的一事一案去研究发现线索，是一定可以打到“老虎”的。

要打“老虎”，必须迅速处理中小的贪污案件。处理完后，大量的人即转入思想改造学习，清除资产阶级、封建阶

---

* 这是邓小平在中共中央西南局常委办公会议上讲话的节录。

级腐化思想。同时，对于广泛的群众性的反浪费运动结束后，抽出力量，跟踪追击打“老虎”，如重庆市（工商业）力量不够，可组成一部分力量去协助。

注　释

〔1〕三反运动，见本卷第319页注〔2〕。

〔2〕“三查三整”，是中国共产党在人民解放战争时期，结合土地改革所进行的整党整军运动。三查，在地方上指查阶级、查思想、查作风；在部队里指查阶级、查工作、查斗志。三整，指整顿组织、整顿思想、整顿作风。

〔3〕“老虎”，是三反运动中对有严重贪污行为的干部的称呼。揭发和查清他们的问题叫作“打老虎”。

小城市也要进行五反运动*

（一九五二年二月一日）

云南省委：

一月二十四日电[1]悉。关于你区应否在各小城市向工商界进行五反运动[2]问题，经过我们反复的考虑，认为原则上应在一切大中小城市无例外地开展这个运动，因为这个运动的本质是对资产阶级两三年来对我党疯狂进攻的一个猛烈反击，是迫使资产阶级服服帖帖地在国营经济的领导下去经营工商业，遵守《共同纲领》[3]，不敢再行胡作乱为，同时也可以工商界的五反运动，遂行里外夹攻，搞清内部的贪污分子。此外，这个运动本身还对各民主党派各种知识分子起到思想改造的伟大作用。根据我们了解的情况，资产阶级的进攻不仅在大中城市，而且在小城市也是疯狂的，我们各级干部对此都是警惕不够的。不把资产阶级的丑恶方面，如投机倒把、行贿引诱国家工作人员、偷税漏税、偷工减料、窃取国家经济情报等等事实暴露出来，就不可能使我们一些共产党员的头脑清醒过来。同时没有工商界的“五反”，就很难把内部的大贪污犯搞出来。所以，我们在任何地方都不应该丧失这个机会，而应聚精会神地进行这个斗争。在斗争

---

* 这是邓小平为中共中央西南局起草的电报。

中，无疑地，我们应该对于大多数犯法的工商业者采取从宽处置的政策，从而争取其中的绝大多数组成统一战线，去反对最坏的少数的奸商。只要这样做，只要我们把打击目标缩小到少量最坏的奸商（北京约为一千家，重庆估计亦不过一千家，在一个小城市可能只有几家），就不至于影响到城乡交流和人民生活。同时我们应该发展一批国营商店和合作社去代替那些最坏的奸商，即使某些地方暂时受些影响（很快可以恢复），也不可因噎废食，而不去进行五反运动。至于你们防止可能的混乱，采取稳重的态度，特别在云南主观力量较弱的条件下，是很对的，这似可以用一部分地区先进行，一部分地区暂不进行，一个地方又采取先内后外等等方法去弥补。以上意见请你们再加考虑。

西南局

二月一日

注　释

〔1〕一月二十四日电，指一九五二年一月二十四日中共云南省委给中共中央西南局的电报。

〔2〕五反运动，指一九五二年在全国资本主义工商业中开展的反对行贿、反对偷税漏税、反对盗骗国家财产、反对偷工减料和反对盗窃国家经济情报的斗争。

〔3〕《共同纲领》，见本卷第 7 页注〔3〕。

三反运动的有关政策性解释*

（一九五二年二月十四日）

贵州省委及各地并中央：

二月十一日电[1]已照转中央，我们意见是：

（一）贪污期限仍应规定为自解放之日算起，其在解放前后发接管财者，当然应以贪污论处，但对自动彻底坦白而又交出原物的，可以从轻处分和免予刑事处分。至于在解放以前较久之盗窃国家财产事件，一般不加追究，但对某些情节重大者仍应追究论处，这是我们在宣布政策时多次说过的，与中央条例[2]并不冲突。

（二）对技术人员中之贪污行为必须坚决搞出，在处理时可以分别对待。如对真有本事而又无其他政治问题的，从宽处理，可以酌情予以戴罪立功机会；对没有真本事的，照一般贪污分子处理；对没有本事又有政治问题的，则从严处理。

（三）对贪污数额，国家法令只能以人民币计算，只能按全国标准计算。在中央条例中对贪污分子的判刑标准，不只是根据贪污数目大小（这是主要的），同时还根据对国家损失大小、政治影响、情节轻重、坦白程度等等，作为量刑

---

* 这是邓小平为中共中央西南局起草的电报。

的统一标准，在运用上是活动的，所以不必再按各地物价规定统一价格标准。

（四）条例中也不只规定一亿〔3〕以上者才判重刑，同时规定一亿以下情节重大者也判重刑，而一亿以上坦白彻底者还可从轻，主动者还可免刑。所以只要在处理中能区别对待，就可打破抵抗，并鼓励迅速坦白。

以上是我们根据条例精神及中央一些批示所做的解释，是否得当请中央考虑。

西 南 局

二月十四日

注 释

〔1〕二月十一日电，指一九五二年二月十一日中共贵州省委给中共中央西南局并转中共中央的电报。

〔2〕这里指一九五二年三月二十八日政务院第一百三十次政务会议通过，四月二十一日中央人民政府公布施行的《中华人民共和国惩治贪污条例》。

〔3〕这里指旧人民币，见本卷第 20 页注〔1〕。

关于处理“三反”、“五反”新问题的请示*

（一九五二年二月二十二日）

毛主席、中央并陈、薄、李〔1〕：

三反五反运动〔2〕开展后，无论内部和外部，都产生了一些新的问题。从外部来说，工商业已表现暂时的显著的停滞现象，西南第一季度税收应到一万亿〔3〕，估计只能达到五六千亿，好多税局已经垮了。贸易额大大缩小，国营贸易公司除粮食减少不大外，百货只达百分之三十，工业器材只达百分之十五。由于贸易部门、工业部门不能加工订货，许多私营工业已无事做，资方不敢正面要求加工订货，就以不发工资或要求公家贷款维持伙食等方式抵抗五反运动（有的则确有困难）。由于各种建筑基本停止，造成大量的建筑工人失业，重庆失业人数已达两万三千人。更严重的是由于工商业的停滞，影响到大量的城市贫民的生活，重庆第一区〔4〕三分之一的人口，约有两万人陷于无

---

* 这是邓小平给毛泽东、中共中央并陈云、薄一波、李富春的电报。三月七日，毛泽东为中共中央起草了给邓小平并中共中央西南局的复电。电报中说：“你们关于处理‘三反’、‘五反’运动开展后所发生的内部与外部的一些新问题的意见，中央完全同意。”“请各中央局严重地注意解决邓小平同志电报所提出的那些同样的问题。”

食或缺食的境地，他们对“三反”、“五反”已开始表示不满，特务亦开始借此兴风作浪，如不迅速设法解决，将使我们陷于被动地位，甚至影响“五反”的深入。我们研究认为工商业停滞的原因是：一、“五反”正处高潮，重庆已有两万工商户坦白或被检举，无心经营；二、“三反”之后提倡节约，有些东西，如纸烟、纸张、文具及各种消耗品销路减少，事实上必须减产或关掉一些，纸张、文具目前非常紧张，将来也不够；三、因为“三反”，国营企业或地方企业计划订不出来，也没有人管这些事，凡属依靠国营公营企业生活的私人工商业都无事做，而国家企业、地方工业及基本建设的计划有的是做不出计划，有的又是因为中央各部没有批下来，以致有些国营工厂如轧钢厂无钱发工资，现只好从银行贷款解决。

据此，我们决定了如下紧急措施：一、立即恢复一些房屋修建，因为缺乏设计人员，故决定扩大技术简单的工人宿舍及营房的建筑，重庆市也修整一些路面，这样可把一万三千失业建筑工人安置下去；二、贸易部选择重要行业加工订货，无论如何要垫些资金，对此中贸部也应通盘考虑；三、工业部铁路局也应尽可能地加工订货；四、对所有失业工人包下来加以救济；五、只要我们抓住重点解决建筑工人和私营工业两个问题，就可使市场略为松动、市民生活增加出路，再在“五反”中运用北京经验，迅速处理百分之九十五的工商户问题，以使经济生活早点恢复正常。西南财委正根据这些原则拟定具体办法，并分别报告中财委，有些事情与财经制度可能有点出入，手续也可能不很完备，只要是非做不可的，就要请中财委予以支持。

以上是说的外部问题，其次说说内部问题。“三反”以来，有些机构主要是一些财经机构已经垮了，加之西南干部中的老骨干很少，所以许多事情都系留用人员或新招收的知识分子负责。“三反”之后，估计有一批人不能再用，清洗一批万分必要，但暂时的困难是无人接替这些工作。同时“五反”结束，有些被没收或被赔罚的私人工商业必须派人接管，一般的工作人员可以放手提拔“三反”、“五反”中的积极分子充任，但每一部门的骨干是不可少的。这些问题如不设法解决，国家财经机关很难应付局面。从西南来说，我们想到的办法是：一、大量地、大胆地提拔“三反”中的积极分子；二、坚决地紧缩次要部门，节约人员以加强财经部门，惟节约出的人估计也不会多；三、干部主要来源靠军队。我在一月份的综合报告〔5〕中曾请示中央批准由西南军区拨一万干部给地方，此点仍请中央考虑加以批准。

邓 小 平

二月二十二日

注　释

〔1〕陈，指陈云，当时任中共中央书记处书记、政务院副总理兼财政经济委员会主任。薄，指薄一波，当时任政务院财政经济委员会副主任、中央人民政府节约检查委员会主任。李，指李富春，当时任政务院财政经济委员会副主任、中央人民政府节约检查委员会副主任。

〔2〕三反五反运动，见本卷第319页注〔2〕和第337页注〔2〕。

〔3〕这里指旧人民币，见本卷第20页注〔1〕。

〔4〕重庆第一区，旧区名，今重庆市渝中区。

〔5〕一月份的综合报告，指一九五二年一月四日邓小平给毛泽东并中共中央的关于西南局一九五一年十一月、十二月的工作报告。

加强民族团结，改善人民生活*

（一九五二年三月五日）

关于当前民族工作中的重要问题，中央民族事务委员会第二次（扩大）会议出了四个文件[1]，我们这次西南民族事务委员会全体会议要传达讨论和认真实行。这次中央民族事务委员会有关民族区域自治和民族民主联合政府[2]等问题的决议，对西南来说是完全合乎实际的。两年来，我们已经开始这样做，已经有了很大的成绩。

西南是少数民族种类最多、人数最多的一个区域，各个兄弟民族基本上都团结起来了。今后，根据这次中央民族事务委员会议决议去做，会取得更多的成绩，会使我们团结得更好，工作做得更好。一切有关的重要问题，王副主席[3]都报告过了，大家也讨论过了，所以我没有多少话说，只想谈谈各民族的团结工作。

两年来，西南各民族团结工作是有成绩的。我们说基本上团结起来了，但有时候还有不团结现象；各兄弟民族间基本上是互相信赖了，但有时候还不够信赖。其原因，多半是由于我们做民族工作的同志工作还做得不够，有时候态度不

---

* 这是邓小平在西南军政委员会民族事务委员会第三次全体会议上讲话的节录。

很好，有时候对毛主席和中央人民政府的民族工作政策、方针说明得不够，有时候显得急躁，所以常常发生一些问题。当然，民族间团结以及互相间的信赖，是要经过长期工作才能办得到的，一两千年来的隔阂，不能设想在一两年内就能完全解决。两年来，我们把大的问题解决了，毛主席是各民族的太阳，这个问题解决了，但枝节问题还很多。所以，不管汉族也好，兄弟民族也好，特别是我们的负责同志，要时时刻刻注意到这样的问题，要有意识地解决这些问题。所有的工作人员都注意了，各级负责人都注意了，这些问题大体上也就可以获得解决。如果不加以注意，那么今后还会发生一些不好的事情。

现在我们在做团结工作，在座的各位同志，大家都在做团结工作。但是，我们更要懂得还有人在做破坏工作。这是什么人？就是美帝国主义和国民党反动派。他们为什么要这样做呢？就是要使我们不团结。中国人民的大翻身，这是他们最不满意最不高兴的事，中国各民族的大团结，也是他们最不满意和最不高兴的事。不但今天，将来也是一样。帝国主义存在一天，就每时每刻都在千方百计地挑拨离间，破坏我们的团结，企图达到分裂各民族的目的。民族一旦分裂以后，他们就可以来宰割，就有隙可乘来破坏中华人民共和国，破坏中国人民的幸福，这是我们一定要警惕的。

因此，摆在我们面前的任务，特别是西南民族工作的任务，是要广泛地进行爱国主义教育，传播爱国主义精神。不管哪一个民族的人民，都要懂得一个道理，就是我们无论哪一个民族的生存、繁荣和幸福，都是和中华人民共和国的大家庭、和祖国不可分离的。

中国从鸦片战争以后，一百多年来变成了半殖民地半封建国家，帝国主义骑在我们的脖子上，在那种情况下，汉族翻不了身，各兄弟民族也同样翻不了身。一百多年来的事实证明，在帝国主义奴役下是得不到幸福的。帝国主义这几个字，本身就包含着侵略和奴役其他民族的意思，它决不会帮助任何一个民族翻身，决不会帮助任何一个民族得到幸福，否则，就不叫帝国主义了。如果有人还想从美国、英国那里得到幸福，那就错了。如果有人企图得到帝国主义的帮助来解放自己，那完全是空想，是不可能的。只有在祖国人民的大家庭里，只有中华人民共和国站起来了，各民族人民才站得起来。譬如，过去西藏是帝国主义在那里控制，西藏人民在帝国主义控制下得到解放没有？没有。生活比过去好一点没有？没有。得到幸福没有？没有。又拿云南边境地区来说，有许多地方过去是帝国主义在那里控制，试问多年来那里得到什么好处呢？没有。那里人民的生活是不是幸福了呢？也没有。这就说明了帝国主义一切行为的目的，是要分裂和奴役中国各民族，而不是要来解放哪一个民族。分裂目的，是要把整个中国变成帝国主义的殖民地，把整个中国的各族人民变成帝国主义的奴隶，无论是汉族和其他少数民族都一样。而各民族真正的希望是要使中国强盛起来，也只有打倒帝国主义才能使中国强盛起来。今天，毛主席、共产党领导的中国人民革命已经胜利了，已经粉碎了帝国主义向我们各民族进行分裂的阴谋，已经把帝国主义侵略势力驱逐出了中国，这就给各民族人民的幸福创造了条件。

今天的中国只有在毛主席、共产党领导下，才能真正为各族人民创造幸福。大家要相信这一点，要爱自己的国家，要爱工人阶级的先锋队共产党和毛主席领导的国家，才有可能得到幸福。如今的中国，已不是封建阶级和资产阶级的国家，也不是少数人的国家，而是中国共产党和毛主席所领导的国家，是中国各族人民的国家。所以，各民族人民第一要相信，没有大家庭幸福，就没有小家庭幸福，没有大家庭独立，小家庭也不可能有独立；第二要了解，我们的大家庭不是封建阶级或者资产阶级统治，而是人民民主国家，只有这样的国家才能把各民族人民带到幸福的道路上去。而帝国主义及其走狗国民党反动派要拼命破坏我们的团结，破坏我们的独立和幸福。所以，我们要十分警惕。要热爱我们的国家，热爱我们的领袖。我们一切的希望和幸福，只有在这样一个大家庭里，只有在共产党、毛主席领导下才能获得。所以，今后要更广泛地进行爱国主义的宣传教育，使人人觉得我们国家可爱，这是我们今天要不断努力的工作，这是我们的任务。

要实现这个任务，要使人人觉得我们国家可爱，不是空空洞洞几句话就能解决的，不是只说毛主席好、人民政府领导好将来就会幸福的。人们要问：哪一点幸福？哪一点比过去好？如果我们没有具体事实来答复，人们是不会相信的，或者听了道理相信，一接触到帝国主义和国民党反动派特务的造谣又会不相信了。因此，要使大家从内心里感到我们国家的可爱，首先要使大家觉得这个国家是自己的。过去蒋介石否认中国有少数民族，各兄弟民族自然感觉到那不是自己的国家，自然也感到蒋介石统治的国家是不可爱的，过去各兄弟民族英勇地起来反抗统治阶级就是这个道理。我们为什么说共产党、毛主席领导的国家是自己的，是可爱的？因为共产党、毛主席领导的国家由人民当家作主，各民族一律平等，各兄弟民族自己的事由本民族自己来决定，由本民族自己的干部来管理。在民族聚居地区实行民族区域自治，在民族杂居地区建立民族民主的联合政府。这次中央民族事务委员会议，还做出了保障一切散居的少数民族享有民族平等权利的决定。只要我们按照这次中央民族事务委员会议所订出的几个文件去做，大家就会觉得自己当了家，觉得我们国家可爱。不管是汉族或是少数民族干部，必须要认识到这一点，凡是工作没有做好的，必须认真贯彻执行这次中央民族事务委员会议的决议。如果大家真正起来当了家，谣言来了就会听不入耳；事情办得不好就检讨一下，办得好就继续加以发扬，那么谣言也就没有了。

各民族成立了自己的政权当然高兴，因为上千年来忍受着奴役和歧视，现在自己当家做了主，自然很满意。但如果过去吃不到盐，现在还是吃不到盐；过去穿不上衣，现在还是穿不上衣；过去吃不饱，现在还是吃不饱，这个国家究竟可爱不可爱呢？还是值得怀疑的。所以，我们一方面要从政治上坚决实行民族区域自治和民族民主联合政府，而更重要更根本的问题，是要使各兄弟民族人民的经济生活一天天好起来。没有这一点，爱国主义是巩固不起来的。拿一个民族来说，不受欺辱了，这个国家是可爱的；如果拿每个人来说，生活没有得到改善，还是不觉得可爱。譬如解放前每年只能吃一斤盐，解放后能吃到两斤，甚至三四斤，大家就会觉得生活一年比一年好了。在这样一个国家里，就会觉得前途光明，希望无限。如果过去只能吃两斤盐，区域自治或联合政府实行多年后，还是只能吃两斤盐，那就会问：这个国家有什么可爱呢？所以，我们在民族工作方面，一方面，要真正实行民族平等，实行民族区域自治和民族民主联合政府，从政治上去解决问题；另一方面，要从经济上去帮助他们，使各兄弟民族人民的生活一天天好起来。在这方面，我们要做更多的工作，各级民族区域自治政府或民族民主联合政府，要十分关心人民生活，要在代表会议上聚精会神地讨论这个问题，讨论如何改善人民生活的问题，把它作为一项中心工作。当然，其他的事情还是要做，如要劝他们不要打冤家，要做团结工作。反革命分子要不要捉呢？要捉。譬如，云南边境美蒋特务的武装骚扰，我们要协同人民解放军去消灭。这些都应该做，但更重要的是要把大家的生活搞好。

各级人民政府要注意尽量设法帮助各兄弟民族逐渐改善人民生活，各兄弟民族也要靠自己辛勤的劳动。前几天，我和几位藏族同志谈话说，西康[4]有许多好地方，但那里人民生活很苦，是不是可以靠自己的劳动来改善生活呢？这是完全可能的。譬如说，西康许多地方出产的萝卜有一两尺长、十几斤重，拉萨也一样。这证明那里的土壤很好。如果我们把农具稍微改良一下，地犁得深一些，就可以增加几倍的收获。在康藏地区，一般一口袋种子的耕地，只能收获四五口袋，而人民解放军在那里生产，一口袋种子，就可收到四十几口袋。土地是一样的，只是深耕除草，经营得好一些就可以增加产量。不说产量增加十倍八倍，就是增加一倍，一般也就可以吃得饱，有衣穿，有茶喝了。有的地方纵横几十里很平坦，如果所有负责人，喇嘛寺的负责人、土司和头人，大家把思想搞通了，搞一些好的农具去开垦，也就可以增加大量财富。这次天宝[5]主席从北京买回来一些新式农具就很有用。将来除了种粮食以外，还可以拿一部分土地来种牧草，繁殖牲畜，这样人民生活就会一天天好起来。又如，大小凉山的彝族同胞，原来许多都住在山窝里，传说平坝病多，不乐意下山开荒种好田地，把山下好的土地都荒废了，山上土质差、粮食产量少，当然生活就很苦。如果我们去做一些工作，告诉他们还是下面好，生病不是有鬼，不是地方不好，只要讲卫生，好好防治就可以减少疾病。话说清楚了，他们也会同意下来的。不然再去一些人民解放军试一试，看那里是否有鬼，是否会死人，这样带头去做，使他们下山耕种，彝族同胞的粮食也就够吃了，生活也就会好起来了。

农业发展了，工商业就会慢慢发展起来，经济就会渐渐繁荣起来。大家要多想办法，没有盐吃就想法有盐吃；没有粮食就想法解决粮食问题；生产少就设法使生产增多；疾病多就设法防治。过去总是说这个地方不好，那个地方穷，其实是很富庶的。就云南和西康等地来说，都是很富庶的地方，许多国家还不容易找到这样好的地方。主要是要鼓励大家自己来劳动，人民的生活和幸福要靠自己辛勤的劳动生产来争取。各级人民政府当然应该用各种方法去帮助，主要是组织劳动与物质上的交流，以及研究改进生产工具和生产技术，使生产增加，使他们的生活逐渐得到改善和提高。这样，大家就感觉到在毛主席、共产党领导的中华人民共和国大家庭里，第一是自己当了家做了主，第二是生活好起来了，国家是可爱的；就会认识到过去是受了帝国主义欺骗，现在我们国家要比帝国主义国家好很多倍。这样一比，道理就明白了，大家热爱祖国的感情也就坚定起来了，各民族的团结就巩固起来了。

过去各兄弟民族领袖人物，在本民族内大家都是相信的，但是大家对他们也有意见，一方面是他们为本民族做了一些好事情，另一方面也做了一些不好的事情。现在他们如果带头来做这些有利于人民的事，大家也就更相信他们了。多做一些有利于人民的工作，就成为一个真正的爱国主义者了。各级人民政府和各兄弟民族的领袖人物及积极分子，大家把群众都动员组织起来，人人劳动生产，生活就会一天天好起来，我们的问题就能真正获得解决。

两年来，民族工作仅仅是个开端，虽然做出了一些成绩，但我们不能满足这些成绩。今天我希望认真地从政治上实行民族平等、实行民族区域自治和民族民主联合政府，同时希望大家做一项最基本的工作，就是认真组织人民劳动，从劳动生产中使兄弟民族人民的生活富裕起来。对劳动中的困难必须帮助解决，如果放弃这一工作，那就是最严重的官僚主义。

注 释

〔1〕四个文件，指在一九五一年十二月十四日至三十一日在北京举行的中央民族事务委员会第二次会议（扩大）上，中共中央政治局委员、政务院副总理兼政治法律委员会主任董必武所作的《政治报告》，中央人民政府民族事务委员会主任委员李维汉所作的《有关民族政策的若干问题》，副主任委员刘格平所作的《两年来民族工作的报告》，副主任委员、内蒙古自治区政府主席乌兰夫所作的《关于内蒙古自治区工作的报告》。

〔2〕联合政府，见本卷第157页注〔2〕。

〔3〕王副主席，指王维舟，当时任西南军政委员会副主席兼民族事务委员会主任委员。

〔4〕西康，见本卷第11页注〔1〕。

〔5〕天宝，原名桑吉悦希，当时任中共西藏工委委员、西南军政委员会委员兼民族事务委员会副主任委员、西康省藏族自治区政府主席。

宣传《婚姻法》，反对封建思想*

（一九五二年三月八日）

目前在西南来说，所有一切斗争都必须服从反封建。反封建是一个长期的斗争，比打倒帝国主义、封建地主阶级困难得多。所以，单凭我们的热情来一个限期是办不到的，这是一个思想转变过程，既要坚决做，又要讲究方法。

我们的错误是不做《婚姻法》[1]宣传。有些同志心里很急，想一下把事情做好，这是办不到的。问题严重的是我们干部的封建思想还很浓厚，一个革命若干年的干部，往往在思想上对《婚姻法》还认识不够。打倒封建地主阶级以后，接着就转入建政工作，宣传《婚姻法》在建政工作中应是中心内容之一。我们过去不在没有土改的地区检查《婚姻法》落实情况，而放在已经土改的地区去检查，这是对的。在农村夜校和短期训练班上，加上宣传《婚姻法》和反封建的内容是对的。在各种会议上宣传都是有教育意义的。首先解决干部思想问题，而不是农民封建思想问题。譬如“重男轻女”，就是干部思想问题。这些事干部不过问，谁去管呢？检查一下是一定会收到效果的，但不要检查一下就算了。这

---

* 这是邓小平在西南军政委员会第六十五次行政会议上讨论宣传落实《婚姻法》时讲话的要点。

就是说，我们还需要采取一切有效办法做广泛的群众性教育工作。

农村土改以后，反封建思想（包括婚姻问题）是一个长期教育问题。土改后，第一是树立政治民主作风，第二是反贪污、反浪费、反官僚主义和反封建思想。以宣传《婚姻法》为主题，清算封建思想。如果我们把《婚姻法》作为主题来进行宣传教育，可能得到效果，但不是简单地去抓，而是聚精会神地去做。《婚姻法》要宣传，但在许多重要问题中着重要解决的是封建问题。开展反贪污、反浪费、反官僚主义斗争和反封建思想，再加上宣传《婚姻法》，这样坚持几年以后，我们的农村基础才能巩固。

注　释

〔1〕《婚姻法》，这里指一九五〇年四月十三日中央人民政府委员会第七次会议通过，五月一日公布施行的《中华人民共和国婚姻法》。

处置骚乱事件既要镇静又要坚定严肃*

（一九五二年四月二日、五日、七日）

一

西藏工委及军区并报中央：

四月一日十九时电悉，你们对于反动派骚乱行动[1]的各项处置及军事布置是正确的。你们既已向达赖[2]提出四点通知[3]，就应团结进步分子争取中间分子力争其实现，请首先在实现这四条的斗争中去发现与暴露事件的幕后主持人，并准备给以适当的回击（经过郑重考虑和请示报告）。对这类事件既要态度镇静，又要坚定严肃。否则，反动派将以我为可欺，类似事件将层出不穷，进步分子也将因恐惧而离开我们，以后事情更不好办。请你们考虑目前有无条件组织一个回击，向什么人回击及如何回击，报告中央及我们决定，事态的发展情况尤望随时报告。是否有当，并请中央指示。

西 南 局

四月二日

---

* 这是邓小平为中共中央西南局起草的三份电报。

二

中央：

从西藏工委四月三日电报看来，拉萨骚乱事件似在继续发展，而达赖及中间分子则表现得很软，这是不能及时停止事件发展的原因。似乎只有我们有坚决表示并积极爱护和支持达赖，才能使达赖及中间分子坚强起来。因此，我们同意工委所提四项对策。如何，请中央指示西藏工委。

西 南 局

四月五日

三

中央：

顷接中央四月七日上午三时电示，我们完全同意。我们四月五日一电未发给西藏工委。对于拉萨骚乱事件的处置关系极大，请中央直接指示，今后我们的意见则拟只报中央，不直接答复西藏工委。〔4〕

西 南 局

四月七日

注　释

〔1〕这里指拉萨骚乱事件，即一九五二年三、四月发生在拉萨的“人民会议”的非法活动。“人民会议”是一个由西藏分裂分子支持和操纵，于一九五一年十一月下旬组织起来的非法组织。一九五二年三、四月间，他们组织武装“请愿”，开枪袭击阿沛·阿旺晋美的住宅，反对改编藏军，组织一些喇嘛滋事寻衅，伺机攻击驻藏人民解放军。五月一日，中国人民解放军西藏军区和西藏地方政府分别发出布告，宣布“人民会议”为非法组织，予以取缔。

〔2〕达赖，指达赖喇嘛·丹增嘉措，当时是西藏地方宗教和政治领袖之一。

〔3〕四点通知，其主要内容是：一、命令藏军归营，不得对解放军有敌视行为；二、命令堪布严令喇嘛归寺，并严加管理，不得为非生事；三、严令市政府立即解散所谓“人民会议”，解散所谓“拉萨市解放大队”；四、由藏政府与军区出安民布告，安定人心。

〔4〕一九五二年四月八日，中共中央复电西南局及西藏工委：“同意西南局意见，拉萨骚乱事件由中央直接处理。中央并决定嗣后关于我方和藏方发生的政治、军事、外交、贸易、宗教、文化等交涉、商谈和处理事件，均集中由中央解决，西藏工委直接向中央做报告，同时告知西南局。西南局对这些问题的意见向中央提出。关于西藏党和军区的内部事宜，包括编制、部署、整训、生产、修筑、支援等项仍由西南局和西南军区主管。”

积极做好卫生防疫工作*

（一九五二年四月十二日）

全国的卫生防疫工作，目前加上反对美帝国主义的细菌战，应该比过去更重要一些。但是美帝国主义细菌武器的效果究竟怎样？当然是要死人的，不过也没有什么了不起，主要决定于我们自己的卫生防疫工作。如果没有细菌战，西南流行的鼠疫和伤寒等也要进行防治；有了细菌战，就更要加强防治工作。总之，这是一项长期的工作。

美帝国主义企图造成一种“神经恐慌症”，这样他们就有利了。所以，我们一方面要加强防护，另一方面也不要自己造成恐慌情绪。报纸除注意一般的卫生宣传，如刊载一些反细菌战的信息和夏季灭蚊、灭蝇、环境卫生知识等外，其他的用不着宣传。宣传不当也会发生恐慌的。

我们的工作不是消极的防疫，是要积极地做预防工作。

---

* 这是邓小平在西南军政委员会第六十八次行政会议上讲话的节录。

三反五反运动应防止“左”的偏向*

（一九五二年五月十一日）

一、西南区“五反”[1]自三月份以后，一律按照中共中央历次指示及西南局委员会第八次会议的计划进行，特别是上海的经验对各地帮助甚大，故发展尚称正常。据各地报告，川北“五反”已基本结束；川东、川西两区五月中旬亦可全部结束；贵州除贵阳市走了一些弯路须推迟半月外，其余七十三个县市亦可于五月中旬结束；川南原已进行的五个城市五月中旬可以结束，另将有十七个城市于五月十五日开始进行；云南现只在十六个县市（两个第一类、十四个第二类）进行；西康[2]的十八个城市五月底可以结束。各省区的综合情况报告均已转报中央。重庆市自四月份得到上海经验后，即开始压缩核减严重违法户、完全违法户和违法款的数额，工商界的情绪业已稳定下来。成都市近日即可将违法户处理完毕。昆明市截至五月六日，只剩少数违法户尚未处理。总起来说，西南“五反”除川南即将开始的十七个城市和云南大部三类城市暂时不搞外，五月底可以争取全部结束。

* 这是邓小平给毛泽东并中共中央报告的节录。

二、我们的“五反”在三月份以前因指导上忙于“三反”[3]，故控制不严，又多系配合“三反”进行，出了一些乱子。在正式进行“五反”的重庆等二十余城市，亦因缺乏经验进展极慢。三月份以后，各地按照西南局指示，严格督促各城市将打击面缩小，明白规定：第一类城市严重违法户和完全违法户不得超过工商户百分之三，第二类城市不得超过百分之二，第三类城市不得超过百分之一。现除个别城市打击面仍嫌过大正继续纠正外，一般均已控制在上述比例以下，由此纠正了一些“左”的偏向。工商界也因为摸到了底而情绪日趋稳定，凡是结了案的大都转向积极经营。我们在“五反”中的最大毛病，是对大工商户的处理拖得太久，对工商业的恢复影响较大。全西南不过五千工商大户，他们在工商业及国计民生中起重要作用，他们结不了案，即使百分之九十几的中小户结了案，也不能使经济生活恢复正常。我们在这点上是吃了些亏的。现已通知各地将当地关系经济生活比较重要的大工商户迅速结案，并结合贷款迅速恢复经营。西南财委亦已通知各地将干菜、山货、药材、油脂等土产行业迅速结案，并准备于六月中旬召开土产交流大会。凡尚未开始“五反”的地方，必须一律采用上海先两头后中间的经验，首先把重点放在大户，从速结案，以免再影响经济和生活。

三、“三反”、“五反”对于经济生活影响很大，主要是由于某些行业的经济改组，产生产销失调、部分停业等情况，这些问题只能逐步解决。西南税收第一季度已按我们自己的调整数全部完成；第二季度估计可完成计划百分之九十，主要是重庆税源大减。这一方面是因为大户尚未结案，大宗经营尚未恢复，另一方面也是由于经济改组的影响。例如重庆机器业、橡胶业、皮革业、针织业等，过去全靠政府、军队加工订货，现在则暂时无工可加、无货可订。又如纸、烟等业因产销失调，大大减产，甚至国营工厂的纸、煤、洋灰等产品也暂时过剩，因而税源大减。当然这种情况是暂时的，估计六月份以后定会改变。据各省区报告，全年税收任务仍可以保证完成。我们已告各地尽可能设法加工订货，银行放手贷款，使市场活跃起来。至于工人失业情况在西南各地尚不突出，在一、二月时比较严重，三月份以后多数已分散安插下去。不过在劳资关系上有些新的问题，如工人监督生产问题，工人的劳动态度和如何团结鼓励资方积极性问题等。在公私关系上也存在加工订货算得过苛，使资本家获利太少；国营贸易公司降低物价必须计算到私商的合法利润等问题，都须我们加以严重的注意。中央指出“五反”必须以生产为主，同时指出在对待资产阶级的问题上，防止“左”的偏向，都是非常及时和非常重要的。

四、西南“三反”正加紧进行对大贪污分子的追赃结案工作，因追赃问题多涉及工商界，使结案更加复杂和困难。现决定涉及工商界部分并入“五反”处理，当会快些，估计五月内可大部处理完毕，六月份还会有一个大尾巴，好在各项工作均已恢复，少数人拖长一点影响不大。年内不能追回的违法款则推到明年上半年内缴齐，这样做使资本家缓一口气，市场不致死滞，好处是很多的。至于“三反”建设阶段的各项工作，如思想上的补课和交代社会关系，即清理中层〔4〕等，我们规定省级以上可接着“三反”进行，专区级以下须等到春耕完毕以后进行，以免妨碍生产。

注　释

〔1〕“五反”，见本卷第337页注〔2〕。

〔2〕西康，见本卷第11页注〔1〕。

〔3〕“三反”，见本卷第319页注〔2〕。

〔4〕清理中层，见本卷第245页注〔6〕。

试行在私营企业中实施工人监督生产*

（一九五二年五月二十日）

各省区转各省辖市委并报中央：

兹将重庆市委《关于在私营企业中实施工人监督生产的试行意见》[1]转发你们参考。在这个问题上我们尚无经验，请你们在大中城市中选择一二点试验，并将经验随时报告。至于各小城市则可一律不搞，免致混乱。

西 南 局

五月二十日

注 释

〔1〕一九五二年五月十日中共重庆市委《关于在私营企业中实施工人监督生产的试行意见》提出：在“五反”以后，为使资本家不再犯行贿、偷税漏税、盗骗国家财产、偷工减料和盗窃国家经济情报的违法行为，实行工人监督生产已成为必要，而且条件已经成熟；工人监督的性质是要正确地解决公私关系的问题，前途是走向工业国有化的道路。《意见》还确定了工人监督的职权范围，制订了实行工人监督的步骤与计划，并强调在实施工人监督中必须加强工会工作。

---

* 这是邓小平为中共中央西南局起草的电报。

西南是交通第一*

（一九五二年六月七日）

成渝铁路通车是一件大事，不但是西南，在全国来说也是一件大事，热闹一下还是需要的。军政委员会是重视这件事的，至于具体工作，由庆典筹备委员会去进行布置。

各方面对于工程是很努力的，特别是超额完成计划的很多，由铁路局写一个军政委员会嘉奖令。但是要评好，如果奖励了一部分，得罪了一部分是不好的。要评得公道，如果不公道，还不如不奖励。评好以后发一个嘉奖令，鼓励一下有好处。

西南的铁路建设是全国建设中的一个重点，恐怕今后要争取每年有一条铁路开工。铁是不成问题的，主要是技术问题。过去我们说过要修天成路[1]，现在已经开工了，明年争取川黔路开工，川滇路也开工，甚至争取滇黔路开工。往后的任务是很多的，西南是交通第一，有了铁路就好办事。

---

* 这是邓小平在西南军政委员会第七十三次行政会议上讲话的节录。

注 释

〔1〕天成路，指当时准备修建的甘肃天水到四川成都的铁路，后起点调整为陕西宝鸡，即今宝成铁路。

当前的经济工作和三反五反运动后的建设工作*

（一九五二年六月十二日）

我们近日召开了西南局委员会第九次会议，有各省、区党委负责同志及财委副主任、商业厅长、银行行长参加。这次会议主要讨论经济工作和“三反”[1]后的建设工作，并根据西南局第七次会议所确定的一九五二年工作计划排列下半年的工作日程。会议首先听了刘岱峰[2]同志关于中财委会议的传达报告并做了讨论。

一、“五反”[3]以来，市场的暂时停滞现象是严重的，以二、三两月为甚，四月下半月开始恢复，惟进步甚微，五月下半月开始好转，但仍未恢复正常。总的情况是小城市恢复得好，大、中城市则进展迟缓。以重庆为例，六月上旬的交易额只相当于去年十二月平均每旬的百分之六十。恢复得最好的是成都，六月上旬的交易额已达十二月平均每旬的百分之一百零九，但公营比重加大，私营只恢复百分之六七十。税收情况也是小城市好，大、中城市差。所以恢复经济生活的关键在大、中城市，更在于使约五千工商业大户动起

* 这是邓小平就中共中央西南局委员会第九次全体会议情况给中共中央并毛泽东报告的节录。中共中央将这个报告转发各中央局。

来，故须从下面几方面来研究和解决问题：

（一）迅速而正确地结束“五反”。西南进行“五反”的城镇约三百个，都是在严格控制下进行的，发展正常，一般符合中央政策，在运动中都曾发生一些偏差，但获得了及时的纠正。这三百个城镇大都业已结束，有些大、中城市还剩有几十户、百余户，或因“三反”牵扯，或因案情复杂尚未结案，只要按照政务院指示执行，也易于处理。故我们决定所有城市一律须于七月上半月内正式宣布结束“五反”，重庆现已宣布基本结束。“五反”、“三反”赃款，各城市可根据情况酌情减免一些。我们觉得对待资产阶级既不能太严，又不能太松，太严会大大影响经济生活，太松则会减弱“五反”的严肃性。所以，处理“五反”问题，包括核定赃款要不严不松。在税收上面要严，坚决照税章办事；在加工订货、银行放款、营业分配等上面则应松些。

（二）正确调整“五反”后呈现出的新的公私关系，在这方面目前主要是防“左”。在加工订货上，要纠正计算过苛、工缴过低、规格过严的毛病。在银行贷放押汇上，失之太紧，不能配合当前恢复经济生活的任务，这在西南是较普遍的毛病，必须纠正。重庆市长宣布放宽贷放尺度反映很好，但都担心银行不能照办，值得注意。在贸易工作上，中财委规定的公营暂不超过百分之二十的公私零售额比重在西南是适当的。根据此比例，西南的合作社仍须坚决按照计划发展，但某些行业，如百货等国营比重过大，暂时不宜再行扩大，有些则还须适当缩小，让点市场给私资活动是必要的。最近重庆在联购青麻上规定了合理的公私比重，影响甚佳，刺激了私商的积极性。此外，由于近来全国物价普遍降低，也引起商人的普遍叫喊，感到生意不好做，怕大量进货。因此，确定西南区在一个相当时间内，除个别必须调整者外，以维持现有牌价为有利。

（三）劳资关系也需调整。在工人中，一方面要充分保护工人的热情，监督资方，防止其再施“五毒”[4]，并防止资本家的反攻；一方面要用说服的方法，教育工人遵守劳动纪律，团结和鼓励资方积极生产和经营。对于那些不守劳动纪律和限制资方经营积极性的“左”的倾向，应耐烦地加以纠正。工人监督生产，除正在试行的个别厂店必须加强领导积累经验外，试行范围暂不扩大，以利于安定资方情绪。为了解决和稳定新的劳资关系，成都市采取了五个工人以上的工厂、商店普遍订立劳资合同，四人以下厂店普遍订立爱国公约的办法，收效极好，各地均应仿行。在“五反”过程中，资方拖欠工资的现象极为普遍，应由资方照数补发，但一次补发确有困难，重庆市采取分期的办法实属必要，这个办法各地可以效法。对于工人增加工资的要求，凡属合理而又可能者应予支持，但必须由市委谨慎掌握严格控制，一般说来，目前是不宜于普遍增资的。

（四）对于城乡内外交流，应鼓励私资积极性，主动打通城乡特别是大区与大区、省与省之间的原有的贸易来往关系，开好土产交流大会，银行贷放也应与交流大会配合起来。

（五）对于当前的经济改组情况，各地党委及财委应好好研究，多想些办法，使波动小一些。西南失业工人现约八万，多因经济改组而失业，以建筑、搬运工人为最多。如果我们把已经确定的基本建设和城市建设的计划迅速订出并提早施工，就可以很快地解决这个问题，并可附带地解决现有的半失业的二十万城市贫民的问题。

（六）西南劳改犯数万人，过去因为谋求生产自给，到处乱挤，发展了生产的盲目性，相当地影响了公私经济。今后必须把还未安置的这部分人的问题列入各地财委计划之内，停止盲目性。把这些人安置到比较长远的生产事业中去，而且应以农业、林业为主，才不致向城市乱挤。会议规定每个省、区订出今年内安置劳改犯人的计划，迅速报来批准施行。

我们认为采取上述各项措施，召开一系列的资本家会议、工人会议和四员（采购员、验收员、税收员、放款员）会议加以贯彻，则力争在七月份内完全恢复正常的经济生活是可能的。

二、关于“三反”后的思想建设、组织建设和制度建设，特别是民主生活制度建设，以及结束“三反”的定案追赃工作，我们系根据中央六月十五日《关于争取胜利结束三反运动中的若干问题的指示》[5]精神进行讨论。我们完全同意中央这个指示，并遵照执行。西南“三反”定案工作，一般是严肃的，现已定案的“老虎”[6]力争七月份内处理完毕。思想建设正在进行。在交代关系中，完全遵照中央指示，启发自觉，不追不逼，排列名单，严格控制，这种做法效果很好，既有教育作用，又发现不少新的材料。详情以后再作专题报告。在“三反”中暴露出的一些消极情绪和错误思想，主要是一些小资产阶级的思想，在运动中没有受到应有的批评，故在部分小资产阶级知识分子中，个人主义、自由主义和无组织无纪律现象也有一定程度的发展，而这又主要是与领导干部的消极情绪和放松领导责任有关。其典型例子是在今年五一节公安部某处派勤务时，有些干部不听分配，结果采取抓阄办法解决。这虽是个别情况，但问题是严重的，所以在建设阶段还须注意纪律性的教育，适当地批判各种错误思想。鉴于在一般工作人员中，有的因为曾对领导提过意见，存有怕领导报复的情绪，故在方式上应着重从积极方面教育诱导，禁止来一个批判小资产阶级思想运动或阶段。因为对小资产阶级思想的改造是一个长期的教育过程，不允许采取简单粗暴的方式。

三、关于工业交通的五年建设计划，我们完全同意分配给西南区的任务。这个任务非常繁重，为了保障其实现，西南局及各省、市、区党委必须立即真正地把工作重心转向工业、转向城市。同时，会议决定坚决抽调二十个地委书记、一百三十个县委书记转做经济工作，主要分配到基本建设和现有厂矿中工作。

四、关于下半年的工作排列，会议做了如下的规定：

（一）在“三反”的基础上，争取于七、八两月完成整党与清理中层〔7〕的工作，这是办得到的。党员八条标准〔8〕的教育，有的做了，有的还没有做。没有做者，可在结束整党之后划出一个时间去补课，以免把整党时间拖得太久，妨碍了建党工作。

（二）建党是西南党的工作的主要任务，必须按照中央指示，在明年六月以前完成发展几十万党员的任务，这次会议并做了具体的分配。

（三）对于工矿企业的民主改革，我们规定凡属进行了“三反”的国营企业和进行了“五反”的私营企业，就应宣布民主改革运动的结束，这样的好处是使我们的工作同志能及时地把注意力转到生产上面。

（四）学校改革照原订计划进行，已进行的十二个大专学校要在暑假前结束，其余十校留在下学期开学后进行。中等学校一律采用川北办法，在今年暑假期间用集训教师的方法解决。对小学教师则采用川南办法，用召集代表会议的方法解决。为此，学校改革的任务，今年内是可以大体完成的。

（五）禁毒运动确定暂时不动，但规定各地必须于七月底做好准备，订好计划由西南局审查，然后再看情况规定发动时间和具体政策。在方法上，力求十天左右解决问题，以免波动太长，影响工商业。

（六）乡村建政和干部集训，一律推到秋收后进行，以免影响农业生产。查田评产工作，已有三分之一地区，即进行了土改复查的地区做了；尚未做的地区，也留在秋后进行。

注 释

〔1〕“三反”，见本卷第 319 页注〔2〕。

〔2〕刘岱峰，当时任西南军政委员会财政经济委员会副主任。

〔3〕“五反”，见本卷第 337 页注〔2〕。

〔4〕“五毒”，指五反运动中所反对的资本家行贿、偷税漏税、盗骗国家财产、偷工减料和盗窃国家经济情报的五种违法行为。

〔5〕一九五二年六月十五日中共中央发出《关于争取胜利结束三反运动中的若干问题的指示》。《指示》指出，为了完满结束三反运动，一、必须做好正确定案和适当处理的工作，处理的原则是“斗争从严，处理从宽，应当严者严之，应当宽者宽之”；二、切实做好建设阶段的各项工作，从思想上、组织上、

制度上巩固三反运动的成果。

〔6〕“老虎”，见本卷第335页注〔3〕。

〔7〕清理中层，见本卷第245页注〔6〕。

〔8〕党员八条标准，见本卷第302页注〔4〕。

西南修筑铁路和城市建设问题*

（一九五二年六月十四日）

修筑铁路应接到重庆北碚，否则天府的煤无出路。我主张铁路一年修一条，今年天成路[1]开工，川黔路五三年七月开工，川滇路五四年开工，贵州到昆明的铁路五五年开工。

关于城市建设，重庆、成都、贵阳、昆明都要引起注意。九百亿元[2]应集中用于四个城市，主要用在修下水道。成都四百亿元，重庆三百亿元（包括北碚），贵阳、昆明各一百亿元，成都用不完的拨给重庆。

从这次会议起，各级党委的中心要转入城市工作。根据计划要求，围绕这一任务的城市建设、基本建设、伐木等一系列工作没有强的干部不行。要尽一切力量完成有计划的调配干部，老的县委书记当地级干部来用。方案是今年调一百个县委书记、二十个地委书记。完成土改的地区调一半县委书记出来，四十个地委书记调一半出来，主要搞工业、铁路。

---

* 这是邓小平在中共中央西南局委员会第九次全体会议上讲话的摘要。

注　释

〔1〕天成路，见本卷第 365 页注〔1〕。

〔2〕这里指旧人民币，见本卷第 20 页注〔1〕。

三反五反运动的总结*

（一九五二年六月二十日）

我讲的是如何在“三反”[1]和“五反”[2]胜利的基础上前进一步。

三反五反运动在毛主席和党中央的号召下先后展开，现在已五个多月了。“三反”、“五反”是同时进行而又互相配合的。参加“三反”的党、政、企业系统的工作人员约四十五万人，进行“五反”的城市和重要集镇约三百个。无论“三反”或“五反”，都开展得广泛、深入。“三反”和“五反”现在已到基本结束或接近基本结束的时候，因此，需要把“三反”和“五反”的情况初步总结一下，提出任务，以便在此胜利的基础上再前进一步。

一

对“三反”、“五反”概括的估计。

在三反运动中清查出了一批贪污分子，打出了一批“老虎”[3]，同时还打出了一批经济坐探、“双皮老虎”（即反革命分子），暴露出了严重的浪费现象，揭露出了许多不可容

---

* 这是邓小平在西南党政军机关党员干部大会上的讲话。

忍的官僚主义现象。这些事实说明了运动的必要性与正确性，从领导到群众都受到了深刻的教育。

经过“三反”，纠正了许多官僚主义，这些官僚主义分子在运动中受到了教训，改善了领导与群众的关系。同时，经过“三反”，浪费大大减少，挽救了一批小贪污分子，包括一部分大、中贪污分子，清算了资产阶级思想，进而交代了与资产阶级的关系及社会关系，党及政府对干部的面貌看得更清楚了。在运动中还提拔了大批的积极分子，工作效率提高了，到处出现了新的气象。

“五反”的主要收获，是使党和国家工作人员、干部、党员认识了资产阶级，清算了资产阶级思想。经过“五反”，消除了资本家的“五毒”〔4〕行为，查出了一批“派进来”、“拉出去”的经济坐探，发动和教育了工人阶级，整理了工会组织。五反运动打退了资产阶级进攻，巩固了工人阶级领导，同时也巩固了对资产阶级的统一战线。无论“三反”或“五反”，更大的收获是划清了资产阶级和无产阶级的界限。

获得所有这些成绩的主要原因是，毛主席号召英明，党中央政策非常明确，领导得具体，控制得严格；其次是充分发动和依靠群众，否则，就不可能发现和纠正官僚主义，也不可能发现这么多的贪污分子；第三是及时传播了经验和纠正了偏向，纠正了某些问题的错误观点。正由于采取了这样严肃的态度，运动才走上健康的道路。例如“五反”中有计算过高，“三反”中有逼、供、信的偏向，均及时纠正了。大多数领导干部对运动的意义认识清楚，依靠了群众，运动才获得成功。

“三反”、“五反”的收获是很大的，运动是健康的，但不等于经过“三反”、“五反”什么问题都解决了。譬如，如何对待资产阶级的问题，有些同志还不清楚；在运动中也产生了一些消极作用，如纪律松弛等；官僚主义也不是完全克服了，小资产阶级个人主义等错误倾向都有在思想上弄清楚之必要。如此，才能在“三反”、“五反”胜利的基础上，各方面提高一步。

在结束“三反”时，主要是两件工作：

（一）定案追赃要求实事求是，反对虎头蛇尾、放虎归山，同时，也反对不实事求是的定案。是则是，非则非，应降者降之，应升者升之。

（二）批判资产阶级思想，划清资产阶级与工人阶级的思想界限，改进在“三反”中所发现的工作缺点，以便在思想上、组织上、制度上巩固三反运动的成果。

二

划清资产阶级的界限及对资产阶级的认识问题。

三反五反运动之后，一方面大家深刻认识了资产阶级丑恶的一面，认识了资产阶级投机取巧、损人利己、唯利是图、享乐至上的阶级本质。对于这一点，“五反”前很多同志体会不够，对毛主席在七届二中全会上的警告也体会不够。但在另一方面也要认识到，正如毛主席所说，中国民族资产阶级在中国革命史上，他们也曾经表现过一定的反帝国主义和反官僚军阀政府的积极性。[5]从这方面说，民族资产阶级是革命力量之一。此后，他们举手通过了《共同纲领》[6]，在新民主主义的建设中，他们还是一股力量，一脚踢开他们的“左”的思想是错误的。这就说明了民族资产阶级是带两重性的阶级，我们必须要有正确的认识。在《共同纲领》第二十六条中说：“中华人民共和国经济建设的根本方针，是以公私兼顾、劳资两利、城乡互助、内外交流的政策，达到发展生产、繁荣经济之目的。”“使各种社会经济成分在国营经济领导之下，分工合作，各得其所，以促进整个社会经济的发展。”第三十条中说：“凡有利于国计民生的私营经济事业，人民政府应鼓励其经营的积极性，并扶助其发展。”第三十七条说：“关于商业：保护一切合法的公私贸易。……但对于扰乱市场的投机商业必须严格取缔。”条文是根据资产阶级的两面性，用毛泽东思想的阶级分析的观点制定的，“五反”又是根据《共同纲领》的原则来进行的，其目的是使《共同纲领》得以贯彻和保障。经过“五反”，暴露出一些糊涂的观点，需要加以澄清。

有人以为“五反”之后，资产阶级就会老实了，不至于再犯“五毒”了，这是一种幼稚的想法，不是从资产阶级的本质上去看问题。“五反”教育了资产阶级的大多数，但有一部分是会旧性不改的。“五反”后发现资本家在茶铺中做生意，互相成交，不上账，不纳税，这就是资产阶级的本质。如果我们今后的工作做得好，“五毒”是会减少一些，但不等于没有。所以必须加强国营经济的领导和工人阶级的监督作用，使资产阶级不致再施“五毒”。

有人以为资产阶级在国家生活中无须加以重视了，这是一种“左”倾的错误观点。他们忽视了资产阶级在发展国民经济事业中曾经起到的和将继续起到的作用。

有人以为从此对资产阶级的统一战线没有必要了，无须对资产阶级进行工作了，这同样是一种“左”倾的错误观点。资产阶级向国家向工人阶级的猖狂进攻，其“五毒”罪行发展到不可容忍的地步，如任其发展，是有来自资产阶级破坏统一战线的危险的。我们的“五反”不但巩固了国家和工人阶级的领导权，而且把资产阶级从悬崖绝壁的境地挽救过来，从而巩固了统一战线，这是符合国家和人民利益的。我们应做更多的工作，既要反对其重犯“五毒”的消极一面，又要鼓励资方发展有利于国计民生事业的积极一面。

在公私关系方面，应一本历来的政策，随时注意调整公私关系。过去的毛病在于对资产阶级的“五毒”罪行缺乏警惕性，在资产阶级和我们内部资产阶级分子与经济坐探的夹攻下，国家和人民受到了严重的损失。今后在这方面引起警觉是完全必要的。但要防止走到另一方面的错误，忽视对有利于国计民生的工商业的鼓励和扶助。例如加工订货的合理利润计算过低，在验收成品时规格订得太严，银行不积极贷款，规定太苛，公私营业分配不恰当等都是不好的。“五反”对资本家不能过严，也不能过宽，核实定案必须恰当，表现好的可以降级核减，退赃时间可以放宽，但税收是国家法令制度，一点不能放松。

在劳资关系方面，主要是保护工人的积极性，同时纠正一些“左”的现象，如老板吃一餐饭不准开支，资本家的儿子读书不准开支，要资本家参加劳动而自己休息等。这些都不能怪工人，主要是我们的工作未做好。由“三反”和“五反”所引起的暂时的不正常的状态需要合理解决。工人监督生产，除了已进行的几十个企业外，暂不扩大试行范围，俟取得经验后再行推广。但加强监督，防止资本家再施“五毒”，必须主要采取订立劳资合同及爱国公约的方法。成都的经验很好，规定五人以上的工厂、商店一律订劳资合同，四人以下的厂店订爱国公约，各地可以仿行。其他如城乡、内外、经济改组等一本《共同纲领》办事。

“三反”、“五反”后，必然会出现一个新的气象，以适应国民经济的发展和国家计划经济的建设。我们除了加强国营经济和合作经济之外，还必须充分发挥私人经济的积极性，使之互相配合起来，以便早日出现一个经济发展的新高潮。

三

内部清算资产阶级思想问题。

西南各地三反运动已进入建设阶段，正进行清算资产阶级思想和交代与资产阶级关系和社会关系的工作，从思想上和组织上巩固了“三反”的成果。经过了这一步骤，党和国家工作人员的觉悟和水平均大大提高了，对人事问题清楚了，因而也就达到了纯洁内部的目的，同时也解决了整党的主要问题。但是，不等于“三反”、“五反”就完全肃清了国家经济中的资本主义思想，这种思想仍不断地反映到实际工作中去。我们机关工作人员中不但有被资产阶级“派进来”、“拉出去”的资产阶级分子，更重要的是有大量的小资产阶级知识分子，其中有相当一部分人或出身于地主、资产阶级家庭，或受欧美资本主义教育中毒较深，其思想更为接近资产阶级。正如毛主席所说，上述各项小资产阶级成分，构成广大的人群，他们一般地能够参加和拥护革命，是革命的很好的同盟者，故必须争取和保护之。其缺点是有些人容易受资产阶级的影响，故必须注意在他们中进行革命的宣传工作和组织工作。[7]“三反”中揭发了大批的贪污分子、蜕化分子和严重的浪费行为，证明了资产阶级思想侵蚀的严重性，不少人在资产阶级猖狂进攻之下倒下去了，有的甚至变成了经济坐探。同时，初步清算了在技术人员和教学人员中的资本主义思想。他们不少人崇拜欧美，否认或怀疑苏联先进技术，对群众的智慧和合理化建议采取冷淡或拒绝的态度（我们有些共产党员不幸也是如此），在教学中脱离实际、散布毒素、宣传英美，各方面采取不负责任的态度。同样也暴露出国家经济工作中的资本主义思想，在工矿企业中的保守思想，贸易合作的资本主义经营方式，对农业的合作道路采取官僚主义和形式主义的态度。因此，要联系自己的业务来清算资产阶级思想，才会起到教育的意义。

我们有些同志要求资产阶级也抛弃其阶级思想，企图用马列主义、毛泽东思想去改造他们，当然是天真幼稚的想法。但对每一个国家工作人员，则必须用马列主义、毛泽东思想来改造教育他们，抛弃资产阶级思想，并在实际工作中尤其在经济工作中纠正资产阶级思想。

“三反”、“五反”暴露了资产阶级丑恶一面之后，又出现了另一种情况：有的人不敢负责任了，有的不愿做经济工作，怕和资本家接触了，机关的总务采购都不愿干了，怕上当，怕犯贪污错误。有人说不是“今后从严”吗？这除了少数一些人是持抗拒态度外，主要表现出一部分小资产阶级分子的软弱性和动摇性。为什么你对自己今后是否会贪污这一点都没有把握了呢？难道除了经济工作以外的其他工作就没有贪污的机会吗？问题是“真金不怕火烧”，主要看自己的脚是否站得稳。这种思想实际上是一种逃避责任、逃避斗争、逃避现实的右倾思想，也是一种放弃工人阶级领导权的思想。你想，在什么岗位上能逃避接触资产阶级的现实呢？更不用谈思想的影响了。我们对资产阶级有团结有斗争，所以清算资产阶级思想是必要的，而且是一个长期的工作。

四

反对官僚主义后，领导上确有改进，这是带有普遍性的情况。但一部分领导者表示不敢领导，实际上是放弃领导。在运动中群众对领导提了很多意见，一些领导同志就怕犯错误，个别品质极坏的还采取报复行为。有一个老干部反映，他提了科长的意见，整编中被清洗了。从这点说，官僚主义仍在横行。另一方面，广大干部群众在“三反”后，积极性提高了，但有个别的部门个别的人出现了不遵守纪律、不尊重领导的现象。如某单位在“五一”派勤务大家不愿去，结果采取抓阄的办法，这是极坏的现象。“三反”后，一般工作人员不愿负责不敢负责的工作态度也很严重。比如“多一事不如少一事”、“当一天和尚撞一天钟”、“按酬给劳”、“事不关己高高挂起”的工作态度；怕犯错误，做起事来束手束脚，银行有人在数钞票时手脚会抖，满面汗流不敢拿出手帕来揩，怕被人怀疑装腰包。此外，也还出现了一些强调个人兴趣的个人主义，认为“做小事太委屈了”，也暴露了一些平均主义思想。这些都是小资产阶级非无产阶级思想的表现，在“三反”中未受到应有的批判。

关于小资产阶级思想的特点，列宁说，小有产者即小业主（这一社会阶级，在欧洲许多国家里，有极广大的群众代表），由于在资本主义制度下经常受到压迫，且异常急速地陷于贫困和破产，所以容易转到极端的革命狂热，但不能表现坚忍性、有组织、有纪律和坚定精神。这种革命狂热之动摇不定，华而不实，以及迅速转为驯服、消沉和幻想，甚至转为“疯狂”地醉心于某种资产阶级的“时髦”思潮——这种本性是人所共知的。[8]毛主席也说，革命力量的组织和革命事业的建设，离开革命的知识分子的参加，是不能成功的。[9]但是，知识分子在其未和民众的革命斗争打成一片，在其未下决心为民众利益服务并与群众相结合的时候，往往带有主观主义的倾向，他们的思想往往是空虚的，他们的行动往往是动摇的。因此，中国的广大的革命知识分子虽然有先锋和桥梁的作用，但不是所有这些知识分子都能革命到底的。其中一部分到了革命的紧急关头，就会脱离革命队伍，采取消极态度；其中少数人就会变成革命的敌人。知识分子的这种缺点，只有在长期的群众斗争中才能克服。此外，毛主席的《关于纠正党内的错误思想》一文应该好好学习。小资产阶级思想反映到实际中来，不是“左”就是右，因此，必须加以改造才不致犯错误。有些人只愿承认有小资产阶级情调，不愿说有小资产阶级思想，认为比上不足、比下有余，有点小资产阶级个人主义算不了什么。所以，批判这些小资产阶级思想及其在实际生活中的表现是非常重要的。我们必须克服各种消极作用，加强政治责任心和纪律性，以巩固“三反”、“五反”的成果，使革命队伍中的每个人都在思想上政治上提高一步。但是，小资产阶级思想的克服是一个长期的教育过程，绝不允许来一个清算小资产阶级思想的什么阶段。

五

“三反”后的建设工作。

“三反”、“五反”接近基本结束，七月可完全结束。我们要在“三反”胜利的基础上进行一系列的建设工作——思想建设、组织建设和制度建设，以巩固运动的成果。建设工作中央有专门指示，要消除资产阶级思想，耐心地批评各种小资产阶级思想，但不必搞成一个运动。方法是展开批评与自我批评，加强马列主义、毛泽东思想的学习，从九、十月份起实行正规的学年制，以加强思想建设工作。组织上、制度上的建设，中央也有指示。组织建设的中心内容是整编。整编的目的在于确定编制，精简机构，提高工作效率。制度建设的内容包括民主制度，新的财务制度，基本建设制度，人事制度，工作、生活、学习等制度及监察和检查制度。制度建设的中心是民主制度。民主制度的关键在于首先健全机关党内的民主生活，而党员代表大会和代表会议则是最适当的组织形式，应定期召开，认真进行；其次则为机关内的民主生活制度的建立，而机关工作人员的代表会议和小组会议，以及每年一次的民主检讨制度，均应按期进行。

以上就是“三反”结束阶段的工作任务。

注 释

〔1〕“三反”，见本卷第319页注〔2〕。

〔2〕“五反”，见本卷第337页注〔2〕。

〔3〕“老虎”，见本卷第335页注〔3〕。

〔4〕“五毒”，见本卷第371页注〔4〕。

〔5〕参见毛泽东《中国革命和中国共产党》（一九三九年十二月），《毛泽东选集》第二卷，人民出版社1991年版，第640页。

〔6〕《共同纲领》，见本卷第7页注〔3〕。

〔7〕参见毛泽东《中国革命和中国共产党》（一九三九年十二月），《毛泽东选集》第二卷，人民出版社1991年版，第642页。

〔8〕参见列宁《共产主义运动中的“左派”幼稚病》（一九二〇年四月至五月），《列宁选集》第四卷，人民出版社2012年版，第142－143页。新的译文是：“小私有者，即小业主（这一社会类型的人在欧洲许多国家中都十分普遍地大量存在着），在资本主义制度下一直受到压迫，生活往往异常急剧地恶化，以至遭到破产，所以容易转向极端的革命性，却不能表现出坚韧性、组织性、纪律性和坚定性。被资本主义摧残得‘发狂’的小资产者，和无政府主义一样，是一切资本主义国家所固有的一种社会现象。这种革命性动摇不定，华而不实，而且很容易转为俯首听命、消沉颓丧、耽于幻想，甚至转为‘疯狂地’醉心于这种或那种资产阶级的‘时髦’思潮——这一切都是人所共知的。”

〔9〕参见毛泽东《中国革命和中国共产党》（一九三九年十二月），《毛泽东选集》第二卷，人民出版社1991年版，第641页。

现在民族工作的中心环节是团结问题*

（一九五二年六月二十一日、七月十日）

一

现在民族工作的中心环节是团结问题，不是所谓“阶级斗争”。所谓“阶级认识”，以后还是不要作为教育的主要内容。在政治内容方面，主要是爱国主义和国际主义问题。

学校中清洗了一些有政治问题的人是必要的，但处理要非常慎重，因为这些人往往就是民族中的上层分子，甚至其中全部是上层分子，所以在处理时需要非常慎重。这里还包括一部分没有毕业的学生，应该加强教育，给予毕业，否则是会不利的。这样做好处很多，做工作后，这些学生还是可以进步的。我们的报纸对于民族学院的开学、毕业情况没有宣传，这样不好。几个学院的开学、毕业情况，以后要注意报道。各民族学院的活动应该成为报纸报道的内容。在全国，西南是多民族地区，应该很好地注意这项工作。

（一九五二年六月二十一日在西南军政委员会第七十四次行政会议上讲话的摘要）

---

* 这是邓小平一次讲话的摘要和一次讲话的节录。

二

民族工作是全国范围的根本工作之一。有了民族团结，才可以谈到国家强盛、国防巩固、经济繁荣、人民生活改善。为了达到各民族团结，必须有正确的民族政策和各民族间互相尊重、互相帮助、互相学习的风气；并且要有一批热爱祖国、联系群众、懂得政策的各民族干部。希望同学们努力学习，充分掌握马列主义、毛泽东思想武器，回到本民族地区后更好地发挥作用。

（一九五二年七月十日在西南民族学院第二期开学典礼上讲话的节录）

为《重庆日报》创刊题词

（一九五二年八月五日）

发展生产，交流城乡，是城市工作的中心任务。
祝贺重庆日报创刊。

邓小平

图书在版编目(CIP)数据

邓小平文集:一九四九～一九七四年.上卷/中共中央文献研究室 编.
-北京:人民出版社,2014.8(2014.8 重印)
ISBN 978-7-01-013822-0

Ⅰ.①邓… Ⅱ.①中… Ⅲ.①邓小平著作-文集 Ⅳ.①A491

中国版本图书馆 CIP 数据核字(2014)第 176852 号

邓 小 平 文 集
DENG XIAOPING WENJI
(一九四九——一九七四年)
上 卷

中共中央文献研究室 编

人民出版社 出版发行
(100706 北京市东城区隆福寺街 99 号)

北京汇林印务有限公司印刷 新华书店经销

2014 年 8 月第 1 版 2014 年 8 月北京第 3 次印刷
开本:680 毫米×960 毫米 1/16 印张:25.25 插页:1
字数:290 千字 印数:50,001—70,000 册

ISBN 978-7-01-013822-0 定价:51.00 元

邮购地址 100706 北京市东城区隆福寺街 99 号
人民东方图书销售中心 电话 (010)65250042 65289539